U0947370

当年明月 著

明朝那些事儿

增补版

第叁部

太监弄乱的王朝

北京联合出版公司
Beijing United Publishing Co.,Ltd.

目录

目录

第一章

朱高炽的勇气和疑团

○ 事实证明 这个体态臃肿的大胖子确实是一个仁厚宽人的皇帝 在他那肥胖残疾的外表下 是一颗并不残疾的 温和的心

历经千辛万苦的大胖子朱高炽终于登上了皇位，定年号洪熙。

事实证明，这个体态臃肿的大胖子确实是一个仁厚宽人的皇帝，在他那肥胖残疾的外表下，是一颗并不残疾的、温和的心。

他登上皇位后，立刻下令释放还在牢房里面坚持学习的杨溥同学，并将其召入内阁。此时杨士奇和杨荣已经是内阁成员。明代历史上最强内阁之一——“三杨”内阁就此形成。

但此时一个问题出现了，虽然大家都知道内阁是皇帝最为信任的机构，其权力也最大，但由于这些内阁成员仅仅是五品官，要让那些二品尚书向他们低头确实是很难的。

这个问题看似很容易解决，既然如此，那就改吧，把内阁学士提成二品，不就没事了吗？

事情哪里有那么简单！你说改就改？你爹留下的制度，尸骨未寒，你就敢动手改造？正统的文官们在这个问题上一向是很有道理的。

可是不改似乎又不行，问题总得解决啊。

在这个世界上的无数国家民族中，要论聪明程度，中国人绝对可以排在前几位，而其最大的智慧之一就在于变通。这样做不行，那就换个做法，反正达到目的就可以了。

所谓此路不通，我就绕路走，正是这一智慧的集中体现。

朱高炽没有改动父亲的大学士品位设置，却搞了一套兼职体系。

他任命杨荣为太常寺卿，杨士奇为礼部侍郎，金幼孜为户部侍郎，同时还担任内阁大学士。这样原先只有五品的小官一下子成了三品大员，办起事情来也就方便了。

“三杨”内阁

“三杨”性格互补，能够互相扶持，齐心协力辅佐朱高炽

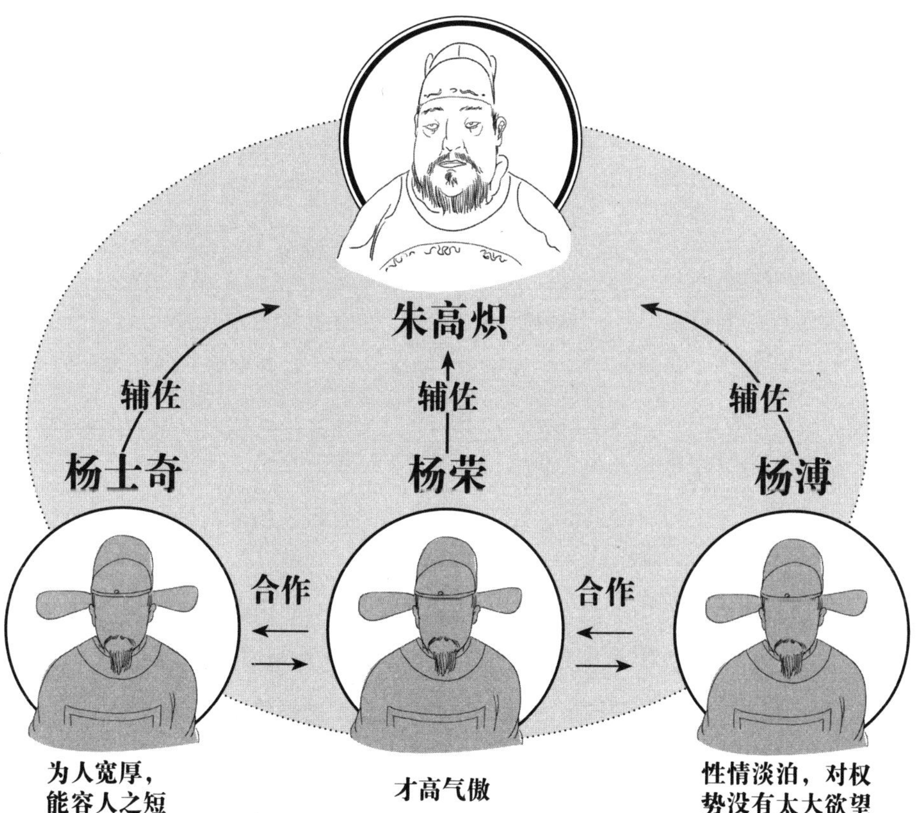

目的达到了，父亲的制度也没有违反，从此这一兼职制度延续了二百多年，并成为了内阁的固定制度之一。

这类的事情在之后的历史中比比皆是，每看及此，不得不为中国人的智慧而惊叹。

登基后的朱高炽并没有忘记那些当年和他共患难的朋友，洪熙元年（1425），他用自己的行为回报了他的朋友。

在一般人看来，皇帝回报大臣无非是赏赐点东西，夸奖两句，而这位朱高炽的回报方式却着实让人吃惊，在历代皇帝中也算极为罕见了。

同年四月的一天，朱高炽散朝后，留下了杨士奇和蹇义，他有话对这两个人说。

在当年那场惊心动魄的斗争之中，无数人背叛了他，背离了他，只有这两个人在他极端困难的情况下，依然忠实地跟随着他，杨士奇自不必说，蹇义虽然为人低调，却也一直在他身边。

年华逝去，大浪淘沙，这两个历经考验的人绝不仅仅是他的属下，也是他的朋友。

朱高炽注视着他的两个朋友，深情地说道："我监国二十年，不断有小人想陷害我，时局之艰难，形势之险恶，心中之苦，我们三个人共同承担，最后多亏父亲仁明，我才有今天啊！"

回顾以前的艰难岁月，朱高炽感触良多，说着说着竟流下了眼泪。

杨士奇和蹇义也泣不成声，说道："先帝之明，也是被陛下的诚孝仁厚所感动的啊。"

朱高炽没有辜负杨士奇的期望，他确实是一个好皇帝。

虽然他是一个短命的皇帝，皇位还没坐热，就去向他父亲报到了，但在其短短一年的执政时间内，他维持了大明帝国的繁荣。

内容就不细说了，千篇一律，什么恢复生产、勤于政务，等等。废话我实在不愿写，估计也没人喜欢看，如有意深入探究，可参考相关教科书。

在我看来，这些都是皇帝的本分事情，而真正能够体现朱高炽的宽仁并给他留下不朽名声的，是这样的一件事：

我们已经说过，朱棣是永乐二十二年（1424）七月去世的，根据规定，如无特殊情况，皇太子在父亲死后可以马上登基为帝，但是，绝对不能马上将当年改换成自己的年号元年，必须等到第二年，老爹的尸体凉透了，才能立下自己的字号。

比如朱棣永乐二十二年七月去世，朱高炽立即即位，并有了自己的年号洪熙。从七月到十二月，实际上已经是他的统治时期，但这段时间还是只能算在永乐二十二年内，只有到第二年，才能被称为洪熙元年。

在这段时间内，是皇太子们的适应期，用通俗的话说，就是走出自己父亲的影子。一般在这段时间内，新皇帝们还不敢太放肆，对父亲们留下的各项命令政策都照本宣科，即使想要自己当家做主，改天换地的，也多半不会挑这个时候。

可是就是这个忠厚老实的朱高炽，在尚未站稳脚跟的情况下，在这段时间内，就敢于更改自己父亲当年的命令。

这在当时的很多大臣们看来，是大逆不道的事情。

十一月的一天，朱高炽突然下达诏令：凡是建文帝时期因为靖难而被罚没为奴的大臣家属们，一律赦免为老百姓，并发给土地，让他们安居乐业。

靖难之时，朱棣杀人无数，罚奴无数，齐泰、黄子澄、方孝孺等人也被定性为奸臣，此事已是板上钉钉，断无更改之理。

然而此时，他的儿子朱高炽却突然下了这样一道旨意，让很多大臣措手不及，可更让他们吃惊的还在后面。

朱高炽接着问大臣："齐泰和黄子澄还有无后人？"

大臣半天才反应过来，答道："齐泰有一个儿子，当年只有六岁，所以免死，被罚戍边。黄子澄没有后代（后得知，黄子澄有个儿子当年改姓逃脱，后被赦免）。"

朱高炽沉吟许久，说道："赦免齐泰的儿子，把他接回来吧。"

他接着问："方孝孺可有后代？"

大臣们目瞪口呆。

方孝孺？您说的是那个灭了十族的方孝孺？

十族都灭了，还去哪里找后代？您不会是拿死人开心吧！

可皇帝已经下令了，就快去查吧。

这一查还真查出来了，虽然没有后代，但确实有个亲戚。

方孝孺的父亲方克勤有个弟弟叫方克家，这位方克家有个儿子叫方孝复（方孝孺的堂兄），当时也被罚充军戍边，至此终于回家了。

比起这些宽仁行为，更让人吃惊的是朱高炽所说的一句话。

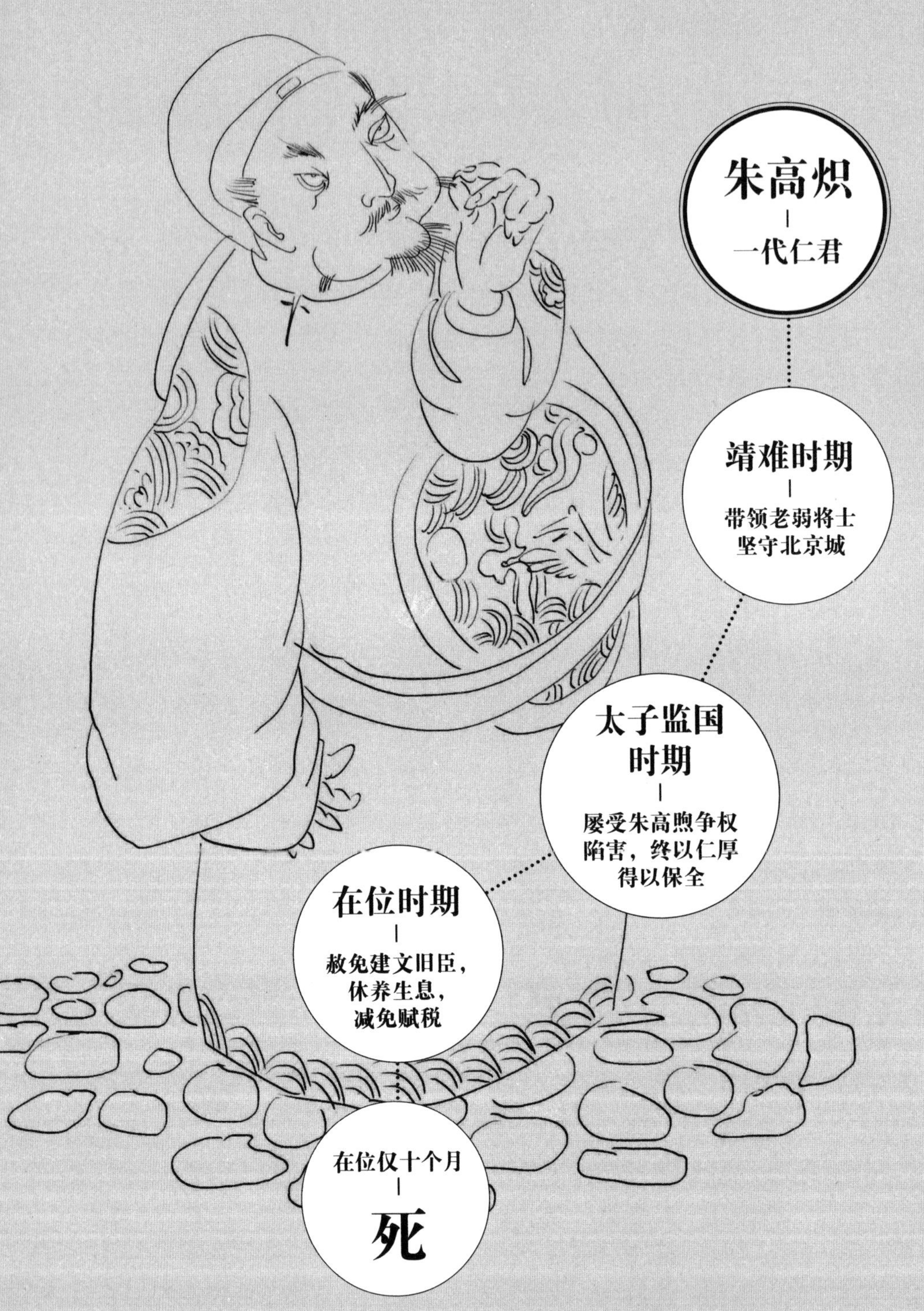

朱高炽
一代仁君
靖难时期
带领老弱将士
坚守北京城
太子监国
时期
屡受朱高煦争权
陷害，终以仁厚
得以保全
在位时期
赦免建文旧臣，
休养生息，
减免赋税
在位仅十个月
死

朱高炽当着满朝文武大臣的面说道：“建文时期的很多大臣，都被杀掉了，但像方孝孺这一类人，都是忠臣啊！”

底下的大臣们又是一片目瞪口呆，鸦雀无声。

忠臣？您父亲不是说他们是奸党么？到您这里就给改了？那么说您父亲还是杀错了？

就在这样的一片争议声中，朱高炽完成了他的壮举。

在立足未稳之时，朱高炽敢于凭借自己的正义感和良心改正自己父亲的错误，不畏人言，不怕反对，这是毫无疑问的壮举。

真正的仁厚也是需要勇气的。

朱高炽是一个勇敢的人。

虽然这位明仁宗短命，只做了一年皇帝，在明朝的所有皇帝中排名倒数第二，但他仅凭这一件事情，就足以对得起他谥号中的那个仁字，也无愧他一代英主的美名。

如果让这位明仁宗接着干下去，相信大明帝国一定能够繁荣兴盛，欣欣向荣，但还是应了那句老话——“好人不长命”，洪熙元年五月，只做了十个月皇帝的朱高炽病重，不久之后就去世了。

这位厚道的皇帝就此结束了他的一生，但他的义举将始终为人所牢记。

至少那些被赦免的人会记得。

◆ 谋杀的疑团

皇帝的位置又空了，但这个位置注定不会空太久，很多人都排队等着呢。

朱高炽病重，英明神武的太子朱瞻基自然十分关注，但除此之外，还有一双眼睛盯着皇位，这自然就是我们的老朋友朱高煦。

朱高煦虽然屡战屡败，却屡败屡战，以帝国主义亡我之心不死的决心和毅力，数十年如一日地坚持搞阴谋，搞破坏。朱高炽十分仁厚，并未因此处罚他，只是警告而已。而这位无赖兄弟却越发嚣张跋扈，现在眼见朱高炽病重，他也开始了自己的又一次夺位阴谋。

吸取上次的教训，朱高煦加强了情报工作，安排了很多眼线时刻盯着朱高炽，当然不是为了保证他的安全，而是要确定他什么时候死。

他的计划是这样的，考虑到京城的三大营要收拾自己手下那些虾兵蟹将易如反掌，出兵攻打没有把握，几乎等于自杀，他决定拿朱高炽的儿子朱瞻基开刀。

他准备等到朱高炽的死讯传出后，便立刻在道路上埋伏士兵，等朱瞻基奔丧路过之时，一举将其击灭，然后趁乱登上皇位。

朱高煦对自己的计划很有信心，何来信心？来自作案时间。

之前说过，他的封地在山东乐安，而太子朱瞻基在南京（根据惯例，太子守南京），只要死讯传出，太子必然会从南京出发，所需时日很长，而他却可以从容不迫地安排好士兵等着太子的到来。

乐安离京城很近，南京离京城很远，朱高炽一死，最先得到消息的自然是我朱高煦，等你听到风声，赶来京城的时候，我的士兵早就在路上等着你了！

我有充分的作案时间，朱瞻基，你就认命吧！

朱高煦的主意应该说是不错的，但不幸的是，他遇到了一件十分奇怪的事，这件事情不但使他的计划落空，也在历史上留下了一个谜团。

洪熙元年五月，朱高炽逝世。朱高煦得到消息，十分高兴，估计到朱瞻基赶到这里还有一段时间，他不慌不忙地安排士兵准备伏击。

可出人意料的事情发生了，他作好准备，可是左等右等，朱瞻基就是不来，没等朱高煦吟出“今夜你会不会来”的词句，就收到了一个不幸的消息——朱瞻基已经赶到京城，继位为皇帝。

怪哉，真是怪哉！

参考消息 **应梦而生的孙子**

朱高炽能登上皇位，很大程度上是沾了儿子朱瞻基的光，而朱瞻基得到朱棣的喜爱，在某种程度上则得益于朱元璋。据说在朱瞻基出生的前一天晚上，当时还是燕王的朱棣做了一个梦。在梦里，朱元璋将一个大圭赐给了他，上面镌着“传之子孙，永世其昌”八个大字。所谓大圭，就是皇帝所执的玉质手板，是皇权的象征。朱瞻基满月以后，朱棣前往探视，见这孩子脸上一团英气，觉得自己梦中的情境得到了印证，立即满心欢喜，从此便对这个孙子格外疼爱。

难道朱瞻基会飞不成，或是他能预知未来，未卜先知？

这不但是朱高煦的疑问，也是后人的疑问。

关于这一点，史料上有很多不同的记载，有的说朱高煦袭击太子只是传闻，实际上太子是接到丧报后从容赶到京城的，有的说朱高煦是没有准备好，等到太子过去了才派兵出去埋伏的。

还有一种说法就比较骇人听闻了：

朱瞻基比朱高煦更早知道自己父亲的死讯。

路途远近是客观事实，只要报信的人不是在路上扎了帐篷，睡个几天几夜，乐安的朱高煦一定会比南京的朱瞻基更早知道消息。当年没有电话、电报，也没有飞机，你就是想破脑袋，也找不出朱瞻基比朱高煦更早知道死讯的理由和方法。

其实方法是有的，也是唯一的可能性。

如果这一说法属实，我们就只能得出一个结论：

朱瞻基不能预知未来，却创造了未来。

他谋杀了自己的父亲。

如果你对这一推论感到不满，也不要找我，因为这个推论并非我首创。实际上，明仁宗朱高炽的死亡原因一直以来都是历史悬案，到目前为止有几种说法：一种说法认为朱高炽纵欲，加之身体有病，最终病死。另一种说法认为是他的儿子朱瞻基等不及父亲传位，谋杀了他。因为从朱高炽死亡前后的一些迹象（如登基礼仪已备）表明，朱瞻基可能已经做好了登基的准备。

前一种我们不去说它，单说后一种，事实上，朱高煦极有可能在路上设置埋伏，因为从他在后来朱瞻基已经登基，情况诸多不利的情况下也要造反的行为来看，他犯上作乱的决心是很大的。这么好的机会，他应该不会错过。

那么为什么他没有遇上朱瞻基呢，这其中就有几种原因，可能是朱瞻基绕开了大道，也可能是朱瞻基听到父亲病重，提前出发，更有可能是朱高煦没有准备好，错失机会。

对于这个问题，我不可能给出任何答案甚至推论，这可能注定又是一个永远的谜团。

历史的魅力可能就在于它永远有无数的谜团让人们去探究，却总也找不出答案。

纵欲而死也好,被谋杀也好,反正不是自然死亡（很少有皇帝能遇上这个殊荣)。

我们最终也只能得到一个肯定的结论:

朱高炽死了，朱瞻基继位。

仅此而已。

当然了，我们不应该忘记可怜的阴谋家朱高煦，这位同志搞了几十年阴谋，却一事无成，多次眼见煮熟的鸭子飞掉，从父亲到兄弟，再到兄弟的儿子，就是没有自己的份儿，说实话，搞阴谋居然搞到这个份上，实在可悲可怜。

如果要评最成功的阴谋家,姚广孝一定能排在前三名,而朱高煦注定会名落孙山。

但如果要评最可怜搞笑的阴谋家，朱高煦必能当仁不让，名列前茅。

真是悲哀，悲哀的阴谋家朱高煦就是这样空等了几十年，他的耐心已经磨灭殆尽，在他的心中，已经立下心愿:

下定决心，排除万难，一定造一把反!

参考消息 **皇帝是个高危职业**

尽管皇帝是一份很诱人的职业，但风光的背后，却隐藏着巨大的风险和挑战。据统计，历史上一共有八百多人从事过这份工作。他们的平均寿命只有三十九岁，除了个别幸运儿外，很多人属于非正常死亡：有被毒死的，有被勒死的，有被饿死的，有被砍死的，有被闷死的，有被烧死的，有得怪病死的，有纵欲过度死的，甚至还有掉厕所里淹死的。关于仁宗皇帝的死因，明代陆釴的《病逸漫记》有记述:“仁宗皇帝驾崩甚速……予尝遇雷太监……云……盖阴症也。”此书时人读之，仁宗纵欲而死的说法就这样通达市井了。

第二章

朱瞻基是个好同志

朱瞻基是个好皇帝　不是小好　是大好

朱瞻基是个好皇帝，不是小好，是大好。

他勤于政事，恢复生产（不要怪我说废话，好皇帝都是差不多的），关心民间疾苦，他经常去民间私访，但绝对不是乾隆皇帝那种下江南的方式，他微服出访，不讲排场，不向地方摊派，不给地方增加负担，每次只带侍卫出行。

有一次，他去给父亲上坟（谒陵），回来时路过昌平（今北京昌平区），看到农田里有几个老农在很辛勤地干活，类似这种的劳动模范皇帝自然十分喜欢，他便叫身边侍卫叫了一个农民过来问话，询问他们为何如此勤劳耕作。估计这位农民不知道他的身份，于是皇帝得到了一个自己绝对想不到的答案。

农民回答他：我们春天耕种，夏天耕耘，秋天才能收稻子。如果任何一个时候偷懒，这一年的生活就没有着落，连田租也缴不起。要养活老婆孩子，只能每天不停地干活了。

朱瞻基叹了口气，他这才明白，这些人这么拼命地干，并不是为了他的江山社稷，只是要活下去而已。

这样的回答让朱瞻基十分尴尬，他只好打圆场地说：“那你们冬天可以休息吧。”

这次轮到农民叹气了，他说：“冬天的时候，官府的徭役就派下来了，我们还得去出力气呢。”

朱瞻基看了看田地里农民那总也直不起的腰，感触良多，吩咐侍卫准备回宫。

这位农民想必并不知道问他话的这个人的身份，他也绝对想不到，他和这个人的这番对话将会在历史上流传下来。

朱瞻基回到了皇宫，连夜写了一篇文章，把他的这次经历描述了一番，发给各位大臣。他动情地说道:“百姓如此辛苦，才能谋生，我们怎能不爱惜民力啊。”

当然了，皇帝陛下的感叹是否能够对下面这些权谋老手有所触动，那倒是很不一定的事情，但是从这个故事我们可以看出，朱瞻基是个明白人，也是一个能够体谅老百姓疾苦的人。

事实上，由于他的爷爷朱棣先生实在过于威猛，谁敢不服他就打谁，甚至有时候是没事找事，主动去找别人麻烦，一来二去虽然确实很威风，但给百姓们也增加了很多的负担。大军出征要粮食、要民工、要很多的钱。朱棣自己既不种地，也不赚钱，他会向下级官吏去要。官吏大人们自然也不会去种地，他们便会把所有的负担加在老百姓身上。

所以到了永乐后期，很多地方已经出现了逃荒的现象，生产也遭受了很大的破坏。朱瞻基没有他爷爷那么伟大的志向，但他很明白，现在已到了休养生息的时候了。

所幸他的父亲给他留下了像“三杨”这样的助手，面对着民生凋敝的现状，朱瞻基跃跃欲试，要大干一场。

可是在大干之前，他必须先料理一个人。

◆ 终于造反了！

朱高煦先生终于忍无可忍了。

他感叹自己找错了工作，干什么不好，偏偏要去干阴谋家，这一行虽然竞争不激烈，但对素质要求极高，虽然有姚广孝这样的成功人士作为自己的光荣榜样，但也不能保证自己的成功。

要想做一个成功的坏人、阴谋家，关键在于提高自己的素质。

朱高煦的素质不行，搞了几十年阴谋却什么结果也没有，几个皇帝就在自己眼

前不断上下，现在连自己的晚辈朱瞻基也上台了，作为一位阴谋家，朱高煦的事业是失败的，也实在混得太差。

更让人难以接受的是，他想造反已经成了公开的秘密，上到皇帝下到老百姓，大家都知道这位先生想要造反。阴谋家这一职业，最大的特点就在于隐秘工作和地下工作。相比之下，朱高煦先生可以算是这个行业的耻辱，也颇为同行们所嘲笑。

二十多年一事无成，造反造得人尽皆知，所有一切不但侮辱了朱高煦先生的人格，也侮辱了他的智商。

不想再等，也不想再忍了，兄弟我混二十多年容易吗！造反了！

朱高煦虽然激动，但并没有丧失理智。他在造反之前，派出了亲信枚青，去京城找一个人，他相信，凭着多年的交情，这个人一定能够站在他的这边，只要能把这个人拉过来，大事必成！

宣德元年（1426）七月，枚青潜入京城，去找朱高煦的好朋友——张辅。

张辅热情地接待了他，共叙友谊之后，问清了朱高煦的意图和枚青的来意。要说这张辅为人也实在没话说，是个直爽人，他连睡觉的地方都没来得及给枚青安排，就把他捆起来，连夜送给了朱瞻基。

朋友？交情？呸！时务！

朱瞻基知道了这个消息，却并不想动手，他希望和平解决。

为达到这个目的，他派出了中官侯泰去山东乐安找朱高煦，希望对方能够悬崖勒马。

可是下面发生的事情却实在让人大出所料。

侯泰奉皇帝之命前来，迎接他的是气焰嚣张的朱高煦，这位造反兄傲气十足，竟然面对天子来使南面而坐，看那架势大有我造反我怕谁的意思。

而朱高煦下面所说的话就很明显是他的心里话了：

“靖难的时候，没有我出力，哪有今天？结果太宗（朱棣）听信谗言，把我封到了这个地方。仁宗想用金帛笼络我，现在的皇帝又想用祖制来压制我，我怎么可能久居此地！”

参考消息 **李浚告变**

其实，在枚青到达京城之前，朱瞻基已经得知兵变的消息了。当时御史李浚告了丁忧回乡，朱高煦知道他很有才能，就派手下王斌去把李浚拉入伙。迫于形势，李浚假装答应，随后紧急安排家人远走避难，自己则连夜奔赴济南，请求都指挥靳荣发给符验，火速赴京告变。谁知靳荣早已经变节，所以百般阻挠其入京。情急之下，李浚挥刀大吼：“靳荣，你不让我告发，难道怕我坏了你的事情不成？”靳荣一看对方要玩真的，又怕身份暴露，这才放行，李浚遂抄小路直奔京城而去。朱高煦的飞骑一路追杀，但沿途李浚化名为王刚，使得追兵不知所以。最终，李浚安全抵京，朱高煦的阴谋败露了！

接着，他又向侯泰主动出示了自己的兵马军器，明目张胆地说："有这些就可以横行天下了！回去告诉你的主子（归报尔主），把那些煽动他的奸臣抓来送给我，再和他接着谈（徐议我所欲）。"

看看这些用词，所谓"归报尔主"、"徐议我所欲"，给三分颜色，却想开染坊！无耻一词当之无愧。

从古至今，像朱高煦这样的无赖都有一个共同特点：明明自己搞阴谋，却总喜欢诬赖别人，给他留面子，却是给脸不要脸。

对付这种无赖，实在是不用讲道理的，最好的方法就是给他一个响亮的耳光。

◆ 其实你很脆弱

到了这个地步，不打也得打了，朱瞻基召开军事会议，商讨如何平叛，当时大臣们都认为应该派遣阳武侯薛禄带兵平叛，而张辅更是十分积极，希望能带两万兵马去扫荡他的老朋友。

但杨荣提出了反对意见，他认为在目前这种情况下，如果皇帝亲征，必定能够一举击败朱高煦。

张辅不服气，与杨荣争论了起来，双方争执不下，事情又走到了十字路口。

朱瞻基也拿不定主意：派兵出去打固然省事，却不能保证胜利；自己亲征虽有气势，但危险太大，无法保证安全。

正在他犹豫不决之时，大臣夏原吉只用了一句话，便坚定了朱瞻基亲征的信念：

"皇上忘记了李景隆的事吗？"

李景隆？对，就是那个饭桶李景隆。

当年建文帝把兵权交给这个饭桶，结果一败涂地。想到这个饭桶的结局，朱瞻基立刻下定决心，亲征！

谁说李景隆是饭桶、废物？从这件事情上看，饭桶、废物也是有用的，至少他的愚蠢起到了警示后人的作用，功德无量啊！

宣德元年八月十日，朱瞻基亲征乐安，大军行动迅速，八月二十日已经到达乐安城外。

朱高煦固然是无赖，但无赖想要干出点事情来，靠耍赖是不行的，还是需要点本事的。

他原先以为是薛禄带兵来平乱，并不放在眼里，没有想到，自己的好侄子竟然亲自前来，一下子慌了手脚，组织士兵们抵抗，却少有听命者。

这个时候，朱高煦才发现自己是如此的脆弱。

朱瞻基实在不是等闲之辈，在征途之中，他曾经问手下的大臣们："你们认为

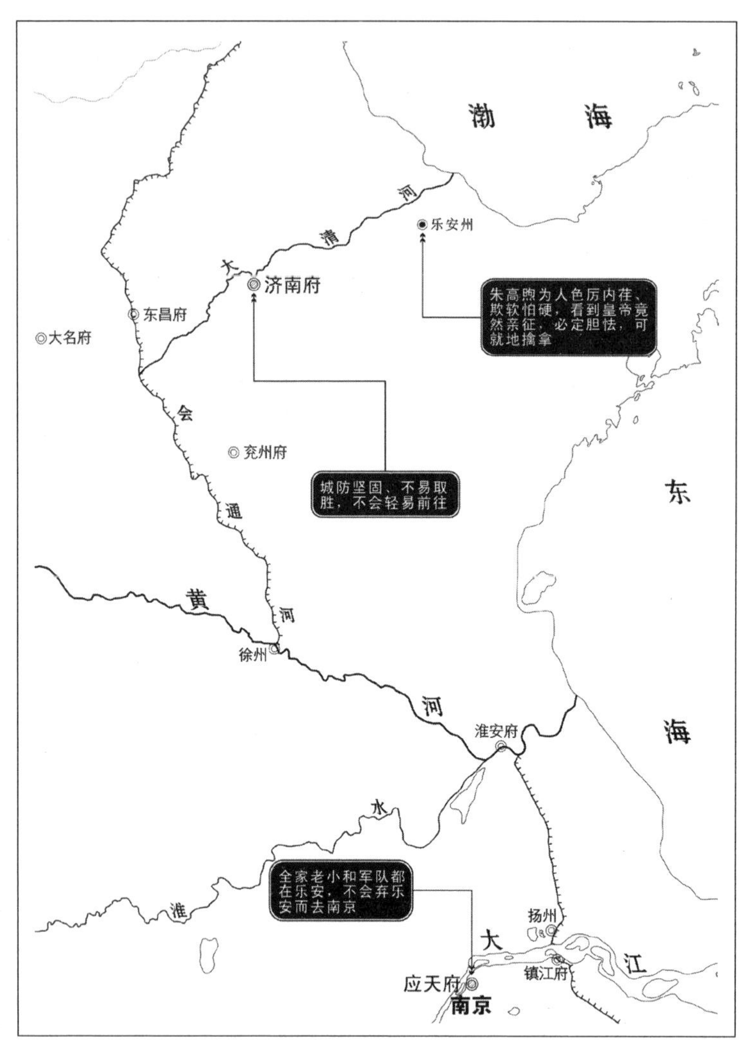

→ 朱高煦的选择

朱高煦会如何行动？”

有大臣回答：“乐安太小，他可能会进攻济南，以抗拒大军。”

也有大臣说：“他曾在南京多年，必然会带兵南下。”

朱瞻基笑着摇了摇头，说道：“你们说得都不对，济南虽然很近，却不容易攻，而且大军行军迅速，他也来不及攻击。南京更不可能，他的那些手下的家属都在乐安，怎么可能愿意往南边走？”

“他会一直在乐安等着我的。”

事实确实如此，朱高煦一直都在乐安，倒不是因为他想决一死战，而是他别无去处。

大军到达之后，并未强攻，只是用火铳和弓箭射击城上守军，虽然没有动真格的，气势却十分吓人，城中守军本来就没有什么斗志，这样一来更是失魂落魄，纷纷逃亡。

朱瞻基充分了解了战场局势和士兵心理，派人将敕令捆在箭上射入城中。敕令上说明首恶必办、胁从不问的原则，并给朱高煦很周到地标上了生擒和击毙两种价码。城中的人顿时蠢蠢欲动，就连朱高煦身边的侍卫也有自己的打算，他们看着朱高煦时的眼神，就如同看着一个金灿灿的猪头。

朱高煦狼狈不堪，只好派人出城送信，表示愿意出城投降，只是希望有一个晚上的时间告别亲人，就前来自首。

朱高煦是这样说的，也是这样做的。

第二天他准备打开城门，投降朱瞻基，然而他手下的部将王斌拉住了他，对他说了一番义正词严的话：

“宁可战死，绝不做俘虏（宁一战死，毋为人所擒）！”

朱高煦目瞪口呆，自己都准备投降了，这个部下竟然还如此有骨气。他顿时精神大振，表示自己一定与城池共存亡！

发表完慷慨激昂的演讲后，朱高煦昂首挺胸地走回了自己的指挥位置。

然后他换了一条小路，偷偷溜出城池，去向朱瞻基投降，还发表了他的投降演讲：

“我罪该万死，全由皇上发落（臣罪万万死，惟陛下命）！”

这场闹剧就此收场。

朱高煦是个彻头彻尾的丑角，阴谋家做不成，造反也失败，不但没素质，还没人品，一个月前还大言不惭“归报尔主”、“徐议我所欲”。

一个月后，就成了“臣罪万万死，惟陛下命”。

不做好人，连坏人也做不成，这样的一个活宝实在让人无话可说。

朱高煦，你的名字是弱者。

在这场滑稽戏里，朱高煦扮演了丑角，但这出戏却也在无意中成就了一位小人物。

朱高煦出来投降后，按照规矩，皇帝要派一个人数落他的罪行，通俗点说就是骂人，当然这个工作是不可能由皇帝自己来做的。

于是皇帝便指派了身边的一个御史去完成这项骂人的工作，但皇帝绝对想不到的是，自己随意指派的御史竟然骂出了名堂，骂出了精彩。

这位御史领命之后，踏步上前，面对这位昔日位高权重的王爷，无丝毫惧色，便开始数落其罪状，骂声洪亮，条理清晰，并能配合严厉的表情，众人为之动容（正词崭崭，声色震厉）。

朱高煦那脆弱的心灵又一次受到了沉重的打击，在这位御史的凌厉攻势下，他被骂得抬不起头，趴在地上不停地发抖（伏地战栗）。

这一情景给皇帝朱瞻基留下十分深刻的印象，他认定此人必是可造之才。回去之后，他当即下令派这个人巡按江西（注意，不是巡抚）。

巡按外地正是御史的职责，也不算什么高升，但皇帝的这一举动明显是想历练此人，然后加以重用。

在历史中，奸邪小人依靠一些偶然的闪光表现得到皇帝的欢心和信任，从而为祸国家的事情并不少见（比如和珅），但事实证明，这一次，朱瞻基并没看错，这位声音洪亮的御史确实是一位不可多得的人才。

在二十年后，他将挺身而出，奋力挽救国家的危亡，并成就伟大的事业，千古流芳。

这位御史的名字叫做于谦。

◆ 闹剧的终结

虽然这次造反以一种极为戏剧性的方式完结了，但搞笑并未就此结束，朱高煦先生将以他那滑稽的表演，为我们上演“朱高煦造反”这部喜剧的续集。

朱瞻基确实是个厚道人，虽然很多人劝说他杀掉朱高煦，但他却并没有这样做，只是将其关在了西安门的牢房里。按说他对朱高煦已经是仁至义尽，可朱高煦偏偏就是个死不悔改的人。

有一天，朱瞻基想起了他的这位叔叔，便去看望他。两人没说几句话，朱高煦突然伸出一脚，把朱瞻基钩倒在地。

我每次看到这个地方，都百思不得其解，总是搞不懂朱高煦是怎么思考的，他的脑袋装的是否都是糨糊。

既然脚能钩到，说明两人已经很接近，你上去撞也好，咬也好，掐也好，踢也好，都能起到点作用，这么多方法你不用，偏偏就是钩他一下，如同几岁小孩的恶作剧，实在让人哭笑不得。

闹剧还没有完，吃了暗算的朱瞻基十分气愤，老实人也发怒了，便下令用一口三百斤的铜缸把朱高煦盖住，那意思就是不让他再动了。可后来发生的事情实在是让人匪夷所思。

民间所谓“顶缸上”
也许即由来于此

朱高煦先生突然又不干喜剧演员了，转而练起了举重，他力气很大，居然把缸顶了起来，但由于头被罩住看不清，只能东倒西歪地到处走。

待着就待着吧，你干吗非要动呢？

这一动，就把命动没了。

朱瞻基从头到尾见识了这场闹剧，他再也无法忍耐了，于是派人把大缸按住，然后找来很多煤炭，压在缸上，把煤点燃烧红，处死了朱高煦。

朱高煦先生就这样结束了他多姿多彩的一生。他的一生,从阴谋家到喜剧演员，再到举重运动员，无不是一步一个坑，极其失败，但我们实在要感谢他，是他的搞笑举动使得我们的历史如此多姿多彩。

我曾数次怀疑这段记载的真实性，因为我实在很难理解这位朱高煦先生的行为规律和原因，怀疑他是一个精神不正常的人。但在历史之中，人的行为确实是很难理解的。

不管这位朱高煦先生精神到底正不正常，史料记载是否真实，朱瞻基终于摆脱了这最后一个累赘，一心一意地去做他的明君去了。

朱瞻基的统治时间并不长，只有十年，加上他父亲的统治时间，也只有十一年，但他和他父亲统治的这短短十一年，却被后代史学家公认为是堪与“文景之治”相比的“仁宣之治”，是中国历史上的盛世。

何以有如此之高的评价，盛世何来？来自休养生息，清静养民。

其实封建社会的老百姓们自我发展能力并不差，你就算不对他进行思想教育，他也知道自己要吃饭，要挣钱，要过好日子，只要官府不要天天加收田赋，征收徭役，给这些不堪重负的人们一点喘息之机，他们是会努力工作的。

明宣宗就是这样的一个不扰民的皇帝，他没有祖父那样的雄才大略，但他很清楚，老百姓也是普通人，也要过日子，应该给他们生存下去的空间。

在他执政的十年里，每天勤勤恳恳，工作加班，听取大臣们的意见，处理各种朝政，能够妥善处理和蒙古的冲突问题，能不动兵尽量不动，所以在他的统治时期，一直没有出什么大事。

这对于像我这样叙述故事的人来说，并不是一件好事，但对于当年的百姓们而言，却是功德无量。

好的皇帝就如同现代足球场上的好裁判，四处都有他的身影，不知疲倦地奔跑，却从不轻易打断比赛的节奏，即使出现违规行为，也能够及时制止，并及时退出，不使自己成为场上的主角。

这样的裁判才是好裁判。

不干扰老百姓的生活，不增加他们的负担，为其当为之事，治民若水，因势利导，才是皇帝治国的最高境界。

这样的皇帝才是好皇帝。

参考消息 **明朝的那把火**

朱元璋建立大明王朝，自认为是得了“火运”。所以他的儿子都以“木”字旁命名，取五行中“木生火”之理。按照他的美好愿望，从“木”辈开始，一代接一代，明朝的“火运”会越烧越旺。可惜天不遂人愿，在他死后，明朝就接连发生了两次叔侄之争，都以一把火告终：先是朱棣起兵靖难，朱允炆放了一把火后不知所终。接着朱高煦叛乱失败，最后被火烧死。大明帝国在熊熊烈火中越烧越乱，朱元璋地下有知，不知该作何感想。

朱瞻基就是一个彻头彻尾的好皇帝，而且从治国安民的角度来看，他比他的祖父要强得多。

◆ 朱瞻基的痛苦

朱瞻基是明君，是好皇帝，但他也有着自己的痛苦。

世界上还有人能让皇帝痛苦？

是的，确实存在这样的人。他们就是那些平日跪拜在大殿上，看似毕恭毕敬的大臣。

这些大臣绝非看上去那么听话，在他们谦恭的姿态后面，是一个拥有可怕力量的庞然大物。

自唐朝以来，科举造就了很多文官，并确定了文官制度。历经几百年，这一制度终于在明朝开花结果，培养出了一个副产品。那些凭借着科举考试跃上龙门的精英们通过同乡、同门、同事的关系结成了一个无比巨大的实力集团——文官集团。

明仁宗朱高炽是一个公认的老实人、好皇帝，但就是这位好皇帝，却被一个叫李时勉的大臣狠狠地骂了一顿。朱高炽品行很好，怎么会挨骂，这又是从何说起呢？

原来朱高炽先生做了这样几件事，他登基之后，要换侍女，新君登基，这个要求似乎也不过分，此外他还整修了宫殿（规模并不大），最后由于身体不适，他曾有几天没有上朝见群臣。

这些事情似乎并不是什么大事，可是李时勉却写了一封很长的信，数落了皇帝一通。全文逻辑性极强，骂人不吐脏字，水平很高，摘抄如下:

参考消息 **实习也应该算工龄**

朱高炽仅在位一年，便获得了“仁宣之治”开局之主的称号，有人认为他捡了个便宜。殊不知朱高炽在位的时间虽短，但以太子的名义监国却长达二十年。成祖朱棣常年在外东征西讨，整个大明帝国的政务重担便落在了朱高炽的身上：北征蒙古，南击安南，远航西洋，迁都北京等等，这些大事背后也都有他的功劳。算上正式登基，总理朝政十三年，说是开创局面，一点也不为过。

所谓整修宫殿——“所谓节民力者此也”。

所谓选侍女——“所谓谨嗜欲者此也（这句比较狠）。”

所谓有几天不上朝——“所谓勤政事者此也（你李时勉就没有休息过？）。”

还没有完，最狠的话在后面，总结发言——“所谓务正学者此也”。

以上，翻译成通俗语言可以理解为穷奢极欲，好色之徒，消极怠工，不务正业。

大胖子朱高炽虽然脾气好，但还是忍不住，把李时勉打了一顿。他的愤怒也是有道理的，勤勤恳恳干工作，虽然有这些小问题，却被戴上了这么大的帽子，实在让人难堪。毕竟当年还是封建社会，可这位李时勉却着实有点现代民主意识，把皇帝不当干部，就这么开口训斥，也怪不得朱胖子生气。

朱胖子气得生了病，可这位李时勉虽然挨了顿打，但还是活了下来。到了朱瞻基继位，竟然又把这位骂过自己父亲的人放了出来，还表扬了他。

坦言之，李时勉所说的这些东西确实是需要改正的，但作为一个封建社会的皇帝，这些行为实在不足以被扣上这么大的帽子。事实上，在这些所谓的直言进谏的背后，有着复杂的历史政治背景。

李时勉的行为并不是孤立的，他代表着一群人，这群人就是文官集团。

文官集团特点如下:

一、饱读诗书，特别是理学，整日研习所谓圣贤之道;

二、坚持宽于律己，严于待人的原则，以圣人的标准来要求别人（一部分);

三、擅长骂人，掐架，帮派斗争。

座右铭: 打死不要紧，青史留名在。

要说明的是，这不过是文官集团的一般特征，实际上，也有很大一部分的优秀文官是严于律己的。

明宣宗辛辛苦苦干活，也不好色，没有什么其他娱乐，按说不应该有什么值得指责的，可善于研究问题的文官们还是找到了漏洞。

这位明宣宗没有什么特别喜欢的活动，却有一个小爱好——闲暇之余斗蛐蛐。虽然这不算是健康的文体活动，倒也不是什么不良嗜好。皇帝也有自己的消闲方式，你总不能让他每天做一套广播体操当娱乐吧。

但就连这点小小的爱好，也被文官们批判了很多次，后来不知是谁缺德，竟然给这位为工作和江山累得半死不活的好皇帝取了个外号——“蛐蛐皇帝”。

确实过分了。

这些人的行为可以用矫枉过正来形容，无论谁当皇帝，恐怕都受不了，你想打他，那还是成全了他，当年因仗义执言被打，可是一件光荣的事。

如那位李时勉就是一个例子，被打之后不但毫无悔意，还扬扬自得，深以被打为荣。

而在明宣宗时代，文官集团的势力得到了进一步的发展，内阁权力也越来越大，出现了所谓“票拟”。

票拟，也称条旨，指的是大臣草拟对各种奏章的处理意见，并将这些意见附于奏章之上，送给皇帝御览。

票拟的出现是必然的，朱瞻基明显没有他的祖先那样的工作精力，整日劳顿还是忙不过来，很多奏章不可能一一亲自看过处理，于是他便安排内阁人员代为浏览奏章，并提出处理意见，这样他也会轻松得多。

可能有人会问，这样的话，皇帝还有什么权力呢，他不就被架空了吗？

这个请大家放心，古往今来的皇帝除了极个别之外，都不是白痴，给内阁票拟权只是为了要他们干活的，皇帝还留有一手后着，专门用来压制内阁的权力。

这一后着就是同意的权力。

不要忘记，大臣只是给皇帝打工的，一项政令是否可以实施，大臣只能提出意见，然后写上请领导审批的字样，送给皇帝大人审阅，如果皇帝大人不同意，你就是下笔千文，上书万言，也是一点作用都没有的。

参考消息 **蛐蛐界的大腕**

斗蛐蛐在中国的历史，可谓源远流长，最远可以追溯到春秋时期。不过，真正将这项活动发扬光大的，却要首推唐玄宗，他也是历史上第一个重量级的蛐蛐发烧友。宋代，大奸臣贾似道写了一本专著《促织经》，将斗蛐蛐提升到了理论的高度，他也因此被称为“蟋蟀宰相”。到了明代，朱瞻基最喜欢玩斗蛐蛐，曾密诏苏州知府进献一千只蛐蛐，于是当时流行一句话：“促织瞿瞿叫，宣德皇帝要。”他的事迹被蒲松龄改编成《促织》一文，还被收录到中学课本中。此后，喜欢斗蛐蛐的名人还有慈禧，她的出现弥补了女性在蛐蛐界没有大腕的历史。

朱瞻基的改革

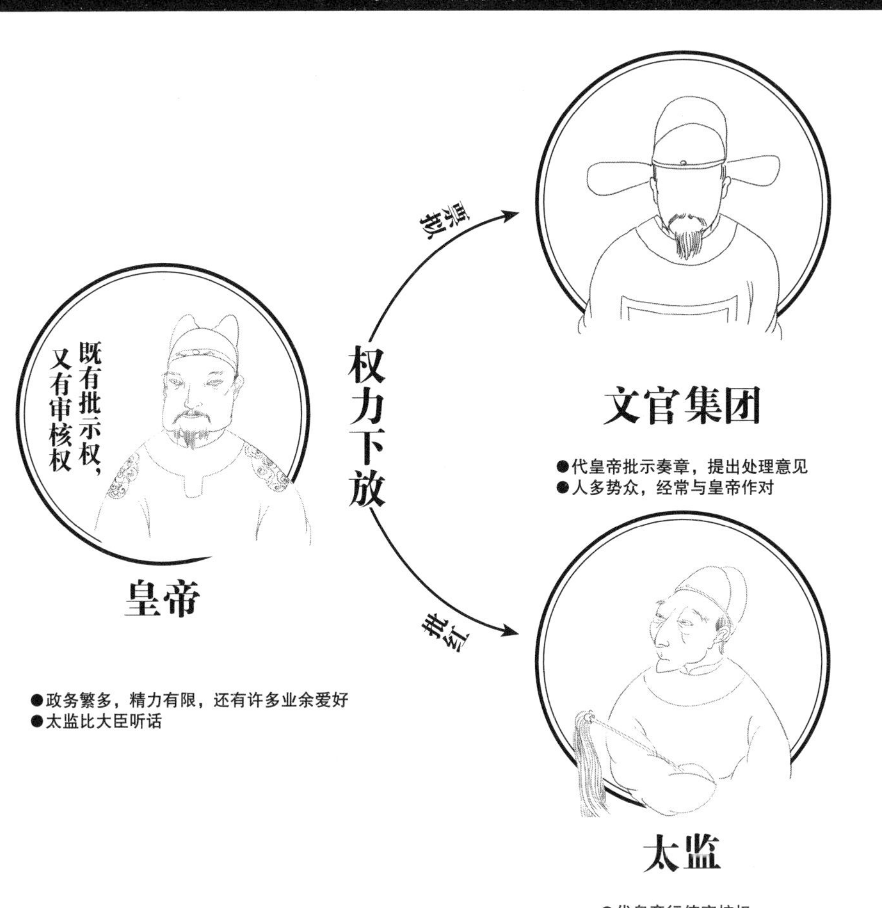

朱瞻基良好地把握了这一点，他有效地发动大臣们的积极性，让他们努力干活，却又卡住了他们仆大欺主，翻身做人的可能性。所有经过票拟的奏章只有经过皇帝的批示，才可以实施。

由于皇帝用于批示的是红笔，所以皇帝的这一权力被称为“批红”。

至此，到明宣宗时，皇帝的权力被正式分为了“票拟”和“批红”两大部分。朱元璋做梦也不会想到，仅仅过了不到三十年，他苦心经营的政治体系就被轻易地击破并改动。

此后明代二百多年的历史中，“票拟”的权力一直为内阁大学士所占有，而“批红”的权力却并非一直握在皇帝的手中，在不久之后，这一权力将被另一群登上政治舞台的人所占据。

这些人就是太监。

明宣宗这一辈子没干过什么坏事，也不好酒色，除了喜欢斗蛐蛐被人说过几句外，没有什么劣迹，但有一件事情例外。

有些后世的人甚至认为，明宣宗做的这件错事给大明王朝的灭亡埋下了伏笔。

他到底做了什么伤天害理、灭绝人性的事呢？

说穿了其实也没什么，他只不过搞了点教育事业——教太监读书。

宣德元年，明宣宗突然下令，设置“内书堂”，教导宦官们读书。大家应该知道，在传宗接代观念极其严重的中国，去做太监的都是不得已而为之，混口饭吃而已，这些人自然没有什么文化，而朱瞻基开设学堂的目的，正是为了给这些太监扫盲。

可他不会想到，这次文化启蒙运动不但扫掉了太监们的文盲，也扫掉了阻挡他们进入政坛的最后一道障碍。

要知道，当一个坏人并不难，但要做一个坏到极点的极品坏人是很难的。没有文化的坏人干点小偷小摸、拦路抢劫之类的勾当，最多只能骚扰骚扰自己家的邻居老百姓，而读过书的坏人却可以祸国殃民，危害四方。

从事情的后续发展来看，朱瞻基的这一举措确实也培养了不少极品坏人。

很多人认为，朱瞻基的这一措施确实是错误的，但其本意不过是要这些太监学点文化，并没有什么其他的企图。

真的是这样吗？

我认为不是，在我看来，朱瞻基是故意的，从法律上来解释，就是明知其行为

参考消息 **内书堂**

内书堂说起来也并非宣宗首创。早在朱棣时期，就已经命一些读书识字的内宦服侍左右，也令吏部挑选教官入内教书。不过因为太祖有限制宦官干政的禁令，所以还是比较低调的。朱瞻基则是公然开设了内书堂，选了两三百名十岁上下的小太监，命大学士陈山教授他们，学习内容包括《百家姓》《千字文》《孝经》《大学》《中庸》《孟子》《论语》《千家诗》《神童诗》等，从此宦官多通文墨。内书堂隶属于司礼监，从宣德四年到明朝灭亡，存在达两百多年之久。

会导致太监参权的结果，却希望或者放任这种结果的发生。

这位皇帝厚道，却不蠢，他的这一举措带有政治目的。

而要揭示他这一行为背后的秘密，就必须引出我们下面的一个话题。

◆ 太监是怎样炼成的

先要说明，这个话题与生理方面无关，也不探究那要人命的一刀，只谈谈这个特殊的群体，及其参与政治的真正原因。

太监这个名词大家都十分熟悉，而且大多数人还会在这个称呼前面加个死字，骂起人来十分提神，且通俗易懂。

实际上在明代，要想混到太监，可不是一件容易的事情。所谓太监是宦官的首领，不是谁都有资格被称为太监的。

别说太监，就是想当普通宦官也很不容易，在明朝，宦官可是个抢手的工作。

要知道，在这个世界上，混碗饭吃是不容易的，就算你有勇气挨那一刀，还要有运气进宫才行，不要以为当宦官那么简单，也是要经过挑选面试的。官方的阉割场所只阉割那些已经经过挑选的人。说句寒碜话，要是人家看不上，你连被阉的资格都没有。

在明代经常有人在未经官方允许的情况下自行阉割，然后跑到北京去当太监。他们中间有很多人没有被挑中，回家了此一生，当然，也有成功者（如鼎鼎大名的魏忠贤）。

到了明朝中期，由于想当宦官的人太多，很多有志于投身宦官事业的人没有被官方处理的机会，便以大无畏的勇气自行了断子孙根。可到后来又没能进宫，他们不能成家立业，只能到处游荡，这些人自然成为了社会的不安定因素。

为了应对这一情况，后期的明朝政府曾经颁布了一条十分特别的法令：

严禁自行阉割！

对此我只能说，这是一个奇妙的世界。

明代宦官有很多级别，刚进宫时只能当典簿、长随、奉御，如果表现良好，就能被升迁为监丞，监丞再往上升是少监，少监的顶头上司就是闻名遐迩的太监。

宦官十二监表

监名	职能
司礼监	机要秘书
内官监	包工头
御用监	皇家用品采购部
司设监	仪仗队
御马监	内廷军委
神宫监	太庙、皇陵管理处
尚膳监	皇家伙食供应部
尚宝监	御玺、符牌、印章管理处
印绶监	铁券、诰敕档案库
直殿监	物业部门
尚衣监	皇室裁缝
都知监	皇帝大驾时，负责开路，禁止他人通行

可见，要想干到太监实在不容易啊。

宦官有专门的机构，共二十四个衙门，分别有十二监、四局、八司，其最高统领宦官才能被称作太监。这二十四个衙门各有分工，不但处理宫中事务，还要处理部分政务。

事实上，在这些宦官衙门中，也有冷热轻重之分，重者权倾天下，轻者轻如鸿毛。一个刚入宫的宦官要想出头，先要看他被分在哪个部门。

如果你被分在了司礼监或是御马监，那就先恭喜了，你的太监前途将一片光明，继续努力下去，光宗耀祖或是遗臭万年都是有可能的。

因为这两个监局是权力最大的太监机构，司礼监就是专门掌管内外章奏的，相当于皇帝的私人秘书，我们前面说过，皇帝把票拟的权力给了内阁，自己保留了批红权。

而到了明宣宗时候，由于文件太多，朱瞻基自己也没有时间看完，便会让司礼监的人按照票拟的内容抄下来，代理自己行使批红的权力。

这个为皇帝代笔的人有一个专门的称呼——司礼监秉笔太监。

于是，天下唯一可以压制内阁票拟权的批红权就落在了秉笔太监的手中。

到了明朝后期，皇帝不管朝政，某些太监便会自作主张，乱发旨意，下面的官想告状也告不了。因为你告状的奏章最多只能告到皇帝那里，可代皇帝批阅奏章的人很可能就是你要告的人，那你这状能告下来吗？

由此可见，秉笔太监实在位高权重。

但是这位秉笔太监却还不是权力最大的太监，在他的上头还有一个——司礼监掌印太监。

这很好理解，在印章文化十分发达的中国，你写再多，我不给你盖章你也没办法。

而一旦司礼监掌印太监兼任了东厂太监（如冯保和魏忠贤），那就真是权倾四海，威震天下。事实上，几乎所有明代的著名太监都出自司礼监，如果当年有名监展览馆，司礼监必然是所挂画像最多的地方。

司礼监出监才啊。

而作为一个有志气的青年宦官，你应该以这些人为偶像，努力奋斗，争取名留青史（当然一般来说都是恶名）！

如果你有幸能干到司礼监掌印太监，那说明你的太监生涯已经达到了光辉的顶点，你已成为了太监中的佼佼者，是太监中的成功人士。如果你还凑巧干了些坏事，那么你的名声一定不限于当代，而会世代流传下来，供众人茶余饭后谈论和唾骂。

如果你没有能够进入司礼监，而是进入了御马监，那我同样要恭喜你，这也是个好地方，虽然这里出的名人没有司礼监多，但也不少，比如著名的汪直、谷大用等，都是你的好榜样。

必须说明的是，这个所谓御马监不是管马的，而是管理御用兵符。说到这里大家也应该知道为什么御马监是个有前途的部门了。

司礼监和御马监一文一武，成为最为显赫的太监部门，宫中宦官无不尽心竭力，想进入这两个部门。

有好必有坏。万一你不幸被分到了直殿监和都知监，那你就惨了。因为这两个监名字虽然气派，却只管理一件事——清洁卫生。

这两个监不但条件艰苦，没有人瞧得起，连办公场所都没有（似乎也不需要），而且秋扫落叶冬扫雪，工作十分之苦。

这样的部门自然是无法吸引众多青年宦官的。

介绍完太监的奋斗史，下面就要谈太监参与政治的问题了。

在我们很多人的心目中，太监政治大概是这样的一幕场景：

在一个月黑风高的夜晚，在一所阴森的房子里，几个面目狰狞的太监在十分微弱的烛光下进行着密谋。

一个太监奸笑（标准表情）着对旁边的人说道："尚书王某某阻碍我们的夺权计划，要把他干掉！"

这时另一个太监也奸笑（保持形象）着说："我看还是先把侍郎张某某干掉。"

最后太监头子（一般就是最坏的那个）发话："照计划行事，把那些忠臣都清除掉，然后再把皇帝换掉，我们来坐江山！"

以往人们心中的太监形象就是如此，只要一提到太监，就会和坏蛋联系起来，然后就是朝廷中的忠臣们为了正义和理想与坏蛋们进行了不懈的斗争，成功了就是正义终于战胜邪恶，失败了就是人间悲剧。

真的是这样吗？

我认为不是，人们往往过于关注那些所谓忠臣的行为，却很少发现这些大臣的可怕之处。

之前在我们的丞相怎样炼成的专题中，曾经对明朝的相权、君权分别作了分析，并用了一个拔河的比喻，皇帝和大臣各站在绳子的两边，不断地拔河，朱元璋是优秀运动员，体力好，他活着的时候，没有人能拔得过他。

他的儿子朱棣也是运动健将，虽然设立了内阁，但还是能够掌握主动权。

到了朱瞻基，情况就大不相同了，文官集团十分之强大，连皇帝也奈何他们不得。

在我们很多人的印象中，皇帝是想干什么就能干什么的，没有人能够管得了。可是实际上，明朝的皇帝是不容易当的，那些大臣就像一群苍蝇，不但要向你提意见，甚至有时候还会挖苦你，讽刺你，你还不好把他怎么样。

明仁宗心地善良，却因为小事被骂得气急败坏，他的儿子朱瞻基行为端正，只喜欢斗蛐蛐，也被那些人当成罪状来批判，老百姓有自己的爱好，皇帝居然不能有。

绳子那一头是一股极其庞大的力量，那些在我们看来无比正直的大臣有着充分的力量控制朝政，他们有学识，有谋略，有办事能力，有很多的同门、同事。

而绳子的这一头，只有皇帝一个人。

皇帝那所谓的至高无上的权力在文官集团的大爷们眼中也算不得什么，骂你、讽刺你，那是为了国家大事，那是忠言逆耳，你能说他不对吗？

而且这些大爷既不能杀，也不能轻易打，杀了他们，公务你自己一个人能干吗？

劳动模范朱元璋老先生自然可以站出来说：把他们都杀光，我能干！

可是朱瞻基不能这样说。

于是在太祖皇帝死去二十年后，绳子失去了平衡，获得了票拟权的内阁集团变得更强大，皇帝一个人就要支撑不住了。这样下去，他将被大臣们任意摆布。

苦苦支撑的朱瞻基一步步地被拉了过去，正在这时，他看见旁边站着一个人，于是他对这个人说："你来，和我一起拔！"

从此这个人就参加了拔河，并成为这场游戏的一个重要组成部分。

这个人的名字就叫太监。

◆ 太监更可靠

相信现在大家已经理解了皇帝的痛苦，他并非无所不能，他也要求人，大臣们饱读诗书，却并不那么听话，而要制衡这些不听话的人，皇帝能够选择的只有太监。

太监真的都是坏人吗？

至少皇帝不会这么认为，在他看来，这些人很好，从小陪伴他一起长大，带着他放风筝，陪着他玩耍，给他当马骑，而且十分服从。

我们往往误解太监和皇帝之间的关系，实际上，很多自幼和太监一起成长的皇帝是把太监当成自己的亲人的。换了你是皇帝，你到底是喜欢一个从小到大无话不说，十分听话的玩伴，还是那些表情严肃，经常批评自己，干涉自己行为的大臣？

任何一个人都会选择前者。

明朝的文官集团的权势已经到了十分猖狂的地步，他们不但干预朝政，批评皇帝（有些确实是故意找碴），还监控皇帝的私生活，不能随便旷工出去玩，不能好色，不能贪杯，虽然他们自己也干这些事，却不允许皇帝干（比如张居正）。

于是，皇帝们只剩下了一个选择：

让太监去制衡大臣。

如果弄清楚了这一点，我们就不必为王振受到的宠爱而吃惊，也不需要为刘瑾、魏忠贤等人的专权而愤愤不平。

因为他们的出现是明代政治制度发展的必然，没有王振，还有李振，没有刘瑾，会有徐瑾。

太监就是这样被强行拉上皇帝的政治战车的，他们并不是天生的奸邪小人，那些文官的行为也未必比他们好到哪里去，只不过他们出身低贱，且心理有些问题，所以行为比较偏激，更容易被人们反感。

综观整个明代，坏太监很多，好太监也不少，但十分神奇的是，无论太监如何猖獗，都无法危及皇帝本人的地位。要知道，中国历史上宦官权力最大、气焰最为嚣张的朝代并不是明朝，而是唐朝。

在唐朝后期，宦官完全操纵国家大权，甚至可以立废皇帝，俨然就是国家最高统治者。而在明朝，太监虽然专权结党，但皇帝要动手解决他们，只需要写一张小小的字条（明武宗）。

经过以上分析，我们应该对明宣宗教太监读书的目的有了一个大致的了解，这位聪明的皇帝是不会干无谓的事情的。

他要培养的并不是有文化、有追求的太监，而是战士。

为他而战的战士，足以对抗文官集团的战士。

太监不过是皇帝手中的棋子，仅此而已。

就这样，朱瞻基将他老祖宗朱元璋集中的权力又分散了出去，票拟权给了内阁，批红权由太监代理，但必须说明的是，由于批红权十分重要，所以历代明朝皇帝虽然委托太监代笔，却从未放松过对此权力的掌握，当然也有例外，以下三人就是代表：

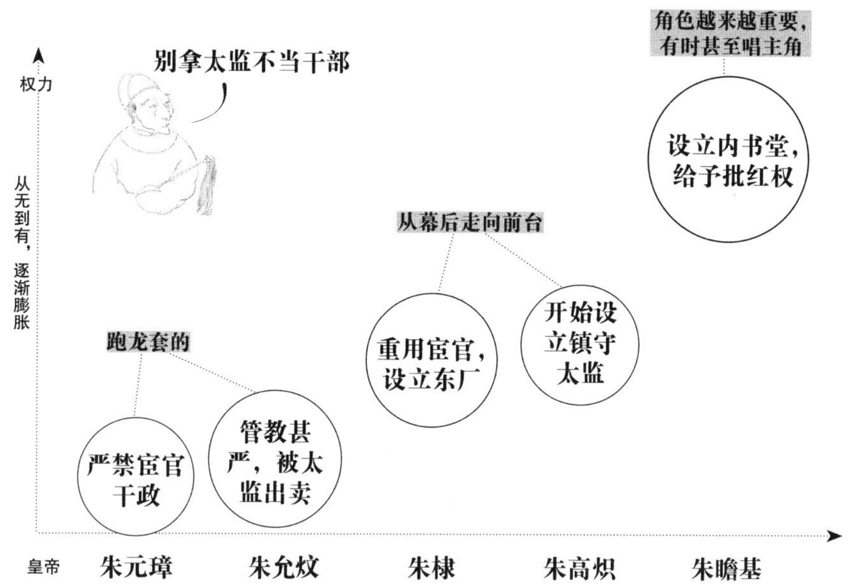

一个顽童，一个懒虫，还有一个工程师。

这是一个稳固的政治权力体系，票拟权和批红权的斗争，实际上就是文官集团和皇帝及其代理人太监的斗争。

换句话说，如果谁能够同时控制票拟权和批红权，他就是真正的皇帝！

有这样的人吗？

应该说，确实是有的，在我看来，有三个人做到了。虽然他们同时获得两大权力的途径和原因都各不相同，但很巧的是，这三位国家实际控制者的统治时期，正好对应上面所说的那三位不抓权代表的朝代。

这三位并不姓朱的皇帝分别是："立皇帝"、"首席活太师"、"九千岁"。

这三位仁兄也将是我们后面文章中的主角，在这里先说一下"首席活太师"是什么意思。

明代的最高文官不是尚书，而是三个名誉称号——太师、太傅、太保。虽然这三个称号都是一品，却也有大小之分，其中以太师为最大。大家知道，所谓荣誉称号很多时候都是送给死人的，而能够在死后混到这三个称号的，也是十分厉害的人。

当然也有某些更厉害的人在活着的时候就得到过这三个称号，而第一个被封为最高文官太师的活人，正是这位掌控大权的仁兄。除此之外，他还被封为太傅，“活太师”加“活太傅”的荣誉在明代仅此一人，足见此人之强悍。

从某种意义上说，明代后期的政治格局正是在朱瞻基打下的基础上建立起来的，这个结构不能说好，也不能说不好，因为这似乎也是唯一能够制衡各方力量的办法。

别折腾了，就这么凑合着过吧。

朱瞻基的政策在他活着的时候已开始施行，当时的司礼监已经可以替皇帝批红，不过在朱瞻基的严格监控下，办事的太监们倒也不敢有什么不轨行为。因为朱瞻基虽然不愿意动笔写那么多字，却经常检查观看司礼监的批红作业。

内阁对国家大事提出处理意见，并票拟出来送给皇帝，皇帝经过修改，加上自己的意见，或是直接同意，让太监代为批红。

这是一个简单而有效的工作流程。

大明王朝就在这样的一个流程中平静地向前发展着。

然而不久之后，这片宁静就将被打破。

◆ 一个奇特的宦官

中国人有着十分浓厚的传宗接代观念，像宦官这种职业，虽然衣食无忧，但毕竟要挨一刀，比别人少点东西，也不能生儿育女，所以家里要是出了个宦官，说出去也是十分丢人的。

基于这一点，当时的人们也达成了共识：不到万不得已，绝不做宦官！

还是那句老话，凡事总有例外。

永乐末年，朝廷下达了一道旨意，大致意思是这样的：凡是各省各市教育局的官员，如果长期工作表现不好的，可以调到京城当官。

还有这样的好事？地方上都干不出头，竟然还可以调到京城工作当官！

按说这样的好消息应该会吸引无数人报名参加，可实际上，根本没有几个人去理会这件事。

为什么呢？难道人们都愿意错过这个飞黄腾达的机会？

当然不是，无人问津的奥秘就在于，调到京城后干的工作比较特殊——“净身入宫中训女官辈”。

开什么玩笑！老子就是不干学官，也能做个老百姓，干吗要挨一刀进宫当宦官！

是啊，谁会干这种傻事呢？

就在众人对此不以为然，把旨意当笑话看的时候，一个因为犯错而即将受到惩罚的学官正在自己的家中犹豫。

他已经有了老婆孩子，生活虽然并不宽裕，但是也不穷，大可以安安心心过日子，但在他的心中，却有着别人无法了解的雄心壮志。

他自幼就渴望出人头地，苦读多年，虽成儒士被选为学官，却一直无法金榜题名。现在已经成家，但立业却迟迟不见踪影。如今学官也干不下去了，难道就此了结一生？

不会的，我总会等到机会的。

现在机会终于来了，可惜虽然是一个机会，却不是一个好机会。

如果迎接这个机会，等待自己的必然是一条艰苦的道路，会遇到无数人的白眼和歧视，入宫后要出头更是难上加难，而且此后自己与妻子儿女也将天人永隔。

不管那么多了，要出人头地就要付出代价！

别人不干，我来干！

这个干出别人不敢干，也不想干的事情的人，就是王振。

正是此人，打破了明宣宗朱瞻基的初衷和他创造的良好氛围，影响了一个王朝的兴衰荣辱。

王振，出生年月日不详，山西蔚州人（今河北），幼年读书，任当地教官，后自愿净身入宫教育宫内人文化。

怀着敢为人所不为的勇气，王振进入了宫廷。让他十分惊喜的是，在宫中，他这个原本教不好书的学官竟然得到了大家的尊重。这其实也很自然，因为他的这份

参考消息 **不能生育的“翁父”**

朱祁镇对王振极其恭敬，言听计从，有时候商讨政事时，一旦看见王振走来，他都要起身行礼，再唤上一声“王先生”。上行下效，王公大臣们为了巴结王振，都厚着脸皮称呼他为“翁父”——这位王太监，就这样摇身一变，成了儿女满天下的“王爸爸”。既然认了翁父，那见面就得跪。最开始，当街跪拜王振的都是一些逢迎拍马、急欲攀附的朝堂小人。不过一个人也拜，两个人也拜，时间一长，跪拜就变成了一种规矩，而王振也把这当成了自己的一项特权。有胆敢不跪的，不是被扔进大牢，就是被贬官发配。

工作实在无人与他竞争。

由于在一堆文盲和小学文化者中鹤立鸡群，他被大家称为王先生，他的名声也越来越大，并受到了宣宗的关注，朱瞻基感觉到他是个人才，便派他去侍奉太子读书。

从此，这位叫王振的太监就和当时还是太子的朱祁镇结下了不解之缘。

应该说，王振确实是一个好老师，他教导太子读书，并对其严格管理，以至于朱祁镇对其不敢称呼名字，居然叫他“先生”。

姑且不论后来王振的是是非非，但他和朱祁镇之间确实有着极其深厚的感情，然而就是这种过于深厚的感情和信任，最终酿成一场大祸。

◆ 转折的开始

朱瞻基和他的父亲朱高炽的统治时期是中国历史上的盛世，而他们二人被合称为仁宣，绝不仅仅因为他们是父子关系，实际上，他们两人有很多相同之处。列举部分如下:

首先，他们都姓朱;

其次，他们都是好皇帝，都是明君;

最后，他们的命都不长。

朱高炽活了四十八岁，但由于自己老爹太能干，足足干了二十年太子，只做了一年皇帝。

朱瞻基比他父亲还少活十年，但由于父亲死得早，自己二十七岁登基，做了十年皇帝。

这十一年是明朝的黄金时代，对这段时期的统治，史料中溢美之词不胜枚举。大明帝国空前繁荣强大，一切似乎都在向着更好的方向发展。

但长期观看电视剧的习惯告诉我们，一般到了这个时候，就会出现一个转折，电视编剧会特地搞点矛盾闹点事出来，比如什么男主角杀了人，女主角得绝症之类。要是一直都是花好月圆，人人平安，那这电视剧的收视率就不会高，也卖不出广告。

历史之神（如果真有的话）看来也是一个好编剧，他可能也觉得这样的历史没有意思，便给这出喜剧画上了一个句号。

这个句号最终结束了明朝的黄金十年。

宣德十年（1435），一代英主朱瞻基经抢救无效死亡，年仅三十八岁。

仁宣之治就此完结。

在朱瞻基临死之前，他为自己那年仅九岁的儿子选择了五位顾命大臣，虽然儿子还年幼，但朱瞻基并不担心，因为他相信这五个人绝不会让自己失望。

此五人分别是：杨士奇、杨荣、杨溥、张辅、胡濙。

确实是豪华阵容，文有三杨，武有张辅，还有一个专干秘密工作的，朱瞻基应该走得很安心。

但他想不到的是，这五位风云人物、朝廷精英最终还是让他失望了。

一场狂风暴雨即将来临。

◆ 明英宗朱祁镇

说起这位朱祁镇，可能有的人会咬牙切齿，对其恨之入骨。但实际上，如果仔细分析史料，就会发现他应该不算是个坏人，他的政务处理能力也并不差，为人也很勤快，虽然有两大污点（打错一仗，杀错一人），也并不能完全抹杀他的能力与贡献。

而在明朝的所有皇帝中，要论人生的传奇色彩与命运的跌宕起伏，估计除了朱元璋外，无人可与这位皇帝匹敌。

在明英宗的这个时代，除了他本人皇帝——俘虏——囚犯——皇帝的传奇经历外，一位堪称明代第二强人的登场也使得这个朝代的事情更加精彩夺目。

就此开始吧！

参考消息 **朱瞻基的错事**

金无足赤，人无完人。朱瞻基一生也做过不少错事，其中最严重的就是废后。他的原配胡皇后贞静贤淑，而贵妃孙氏年轻妩媚、工于心计，更懂得讨朱瞻基的欢心，后来又生下了太子朱祁镇，朱瞻基便开始动了废后的心思。不久，他便密令胡皇后上表，以多病无子的原因主动辞去皇后的身份。虽然，后来朱瞻基也曾懊悔自己当年“少不经事”，但他已经开了一个坏头，在他之后，明朝又多次发生了废后风波。

◆ 从隐藏到暴露

王振是一个不简单的人，他离别妻儿，愿意受宫刑做宦官，忍受别人的歧视，绝不是仅仅是为了混口饭吃，在他的心中，有着很大的抱负。

而他很明智地意识到，要想实现自己的抱负，必须牢牢地抓住自己手中的那个稀世珍宝——朱祁镇。

朱祁镇是自己一手带大的，也算是自己的学生，虽然他还只是太子，虽然他只有九岁，但他终究会长大，他终究会成为皇帝的。

就在这种信念的支持下，王振耐心地等待着机会，等待着独掌大权，权倾天下的机会。

机会似乎到来了，朱瞻基驾崩了，这个精明的皇帝离开了人世，只留下了年幼的朱祁镇，而朱祁镇对自己言听计从，大权在握的日子不远了！

事实真是这样吗？

恐怕不是，因为在王振夺取大权的路上，有两个障碍在阻拦着他。

事实上，对王振而言，要克服这两个障碍可以说是不可能完成的任务，而他也并没有什么好的方法，因为阻挡他前进的这两个障碍代表着的是一股他绝对无法匹敌的势力。

◆ 障碍

英宗即位时，杨士奇已经七十一岁，但这位历经四朝的老臣看上去仍然是不可战胜的，从残忍狡诈的朱棣、阴险无耻的朱高煦到仁厚宽容的朱高炽、精明能干的朱瞻基，什么样的人他都见过，什么样的事情他都处理过。历经大风大浪的考验，使得他处变不惊，深沉老到。

王振要想大权独揽，首先要过他这一关。可这似乎是不可能的，小小的王振的那点花招把戏要想在杨士奇面前献丑，还得回家再练几十年。

除此之外，杨荣、杨溥都不是等闲之辈，这三个老江湖守在那里，王振就只能乖乖地做他的奴才和太监。

这股文官集团的势力正是王振掌权路上的第一个障碍。但是出人意料的是，事后证明，真正能够对王振起到遏制作用的，是第二道障碍，而组成这道障碍的，是一个女人。

一个女人能拥有比文官集团更为强大的力量吗？

是的，在我看来，还不仅如此。这位伟大的女性不但能够左右朝政，还能废立天子！

此人就是朱祁镇的祖母——张太皇太后。

十一年前，她是张皇后，十年前，她是张太后，现在，她是张太皇太后。

在这十一年中，她失去了自己的丈夫和儿子，令人啼笑皆非的是，每失去一个亲人，她的级别就提升一次。

这大概是世界上最让人痛苦的提升。

死者已矣，活人还得好好干。张太皇太后擦干眼泪，开始辅佐自己的孙子，实际上，如果不是她的决定，朱祁镇是当不了皇帝的。

在朱瞻基死后，由于太子很小，且有传言太子并非其母孙贵妃所生，而是由宫女代生的，所以太子地位很不稳固，外地藩王来当皇帝的谣言传得满天飞。在这关键时刻，张太后坚决地支持了太子朱祁镇，并拥立他为皇帝。

这样的一个人，不要说论能力，就是排资历也能吓死人，真正做到了“号令天下，谁敢不从”。

而这位祖母级的人物也并不是光说不练的，王振就曾经被她恶整过一次，这件事情也成了王振心中永远的痛。

正统（英宗年号）元年（1436）二月，张太皇太后召集五大臣入朝开会。等到这五个人到齐后，张太皇太后把皇帝领了过来，让他看清楚这五个人，然后语重心

参考消息 **太皇太后知多少**

太皇太后，估计是古代一个女人所能得到的最尊贵的身份了。据统计，从西汉的吕后，到清朝的慈禧，历史上一共有四十二个女人曾经站上这个制高点。这其中，最年轻的太皇太后非汉代的上官氏莫属。她六岁就成了刘弗陵的皇后。十年后，刘弗陵驾崩，昌邑王刘贺继位，她又成了皇太后。结果不到一个月，刘贺被废，汉宣帝继位，她又成了太皇太后！虽然汉宣帝比她大三岁，但按辈分却要叫她一声“奶奶”。

长地说道：“这五个人是先帝留给陛下的，如果陛下有什么想做的事情，一定要和这五个人商量。”

随后，她又说出了一句很有分量的话：

“如果事情没有得到这五个人的赞成，你就不能做！”

年幼的朱祁镇畏惧地看着他的这位祖母，似懂非懂地点了点头。

一旁的五大臣十分感动，但他们想不到的是，这位太皇太后叫他们来绝不仅仅是要表示对他们的信任，她还有一项重要的工作要做。

过了一会儿，张太皇太后命令宣王振进宫，王振得命后立刻入宫面见，他也绝对想不到，自己人生中的最大一场噩梦即将开始。

王振入宫后，看见五位大臣和皇帝都在场，估计是在开高级别会议，召自己前来，莫非是要委以重任？

让人意想不到的事情发生了。

在此之前，张太皇太后的话已经讲完，她之所以不散会，就是要等王振。

王振跪拜行礼后，刚才还和颜悦色的太皇太后一下子从慈母变成了恶煞（颜色顿异）！她突然对王振大喝：

“你侍候皇帝的起居，不过是个宦官而已，却多有不法的行为，今天，我要杀了你！”

就在太后大喝的同时，殿上的侍卫拔出了亮闪闪的刀，架在了王振的脖子上。

骂完后立刻就动手，招呼都不打一个，从其动作熟练度和时间连接上看，相信这一连串的举动应该是经过预先彩排的。

原先一团和气的大殿突然杀气腾腾，王振顿时魂不附体，他万想不到，今天让他进宫的目的不是委以重任，而是准备让他进鬼门关参观旅游。

一脸杀气的太后站在殿上，亮闪闪的刀剑拔了出来，面对着突然发生的一切，王振吓得浑身发抖，不停地打哆嗦。这一景象的突然出现不但出乎王振的意料，也让在场的五位大臣一头雾水。

他们这才明白，这位平常神色温和的太皇太后竟然还有这么凶狠的一面，而让他们到场的目的绝不仅仅是交代事情，还同时给他们安排了观众的角色。

朱祁镇大为吃惊，便跪下来求祖母开恩，而大臣们也一起求情。其实张太皇太后并不是真想杀掉王振，因为当时的王振实在算是个老实人，也没有犯什么错误，于是她便顺水推舟，饶恕了王振，但同时恶狠狠地警告他：

“今天看在有人为你求情的份上，就饶了你，今后不准你干预国事！”

王振狼狈不堪地退了出去，太皇太后那可怕的眼神给他留下了深刻的印象，造成了他的心理阴影，自此之后，只要见到这位太皇太后，他就如同老鼠见了猫一样，马上退避三舍，逃之夭夭。

事实也是如此，张太皇太后并没有放松对王振的敲打，隔三差五地便会找个时间把王振叫过去骂一顿，这种搞法使得王振痛苦不堪，足足被骂七年。

有这样的两个障碍，王振的夺权道路可谓任重道远，因此他及时转变策略，对三杨礼敬有加，每次到内阁去传旨的时候，都摆出一副羞涩的表情，像刚上门的女婿见老丈人一样，畏畏缩缩地站在门外，不敢进门。

等到三杨发现他站在外面，让他进来招呼他坐的时候，他都会表现得受宠若惊，好像能够和三杨说话就是自己前世修来的福分一样。他的这些举动使得三杨也做出了错误的判断，认为这是一个不错的人。

然而在他谦恭的表象之下，却不断地拉帮结伙，扩大自己的势力，他利用司礼监的权力安插自己的侄子王山为锦衣卫同知，并广结党羽，控制朝臣。

这位王山先生听说自己的叔伯发达了，远来投奔，得此高官，十分得意，但如果他知道在七年后，等待自己的将是什么，恐怕打死他也不会来当这个官了。

三杨可以应付过去，但那个老太婆是应付不过去的，隔那么几天，王振总要被拉过去骂一顿，这也是无可奈何的事情，王振没有办法，这个天不怕地不怕的老前辈是他所对付不了的。

只能等她老人家自然死亡了。

参考消息 **不准歧视我**

王振为了博取三杨的好感，特地选了个大庭广众的场合，跪劝朱祁镇不要贪图玩乐。让三杨大为感慨，直叹世界上原来还有这样的好宦官。而王振对三杨小心翼翼，却在朱祁镇面前大摆威风。正统六年（1441），为了庆贺三大殿的落成，朝廷大宴文武百官。按照惯例，这种场合是不允许太监参加的，王振却暴怒道：“我就像周公辅佐成王一样，为什么不能在宴会上占一个席位！”朱祁镇也觉得委屈了王振，忙令百官迎接，甚至还开了东华门的中门。（明清两制，外臣内宦均走掖门、旁门。因规制所限，极少大开官门）

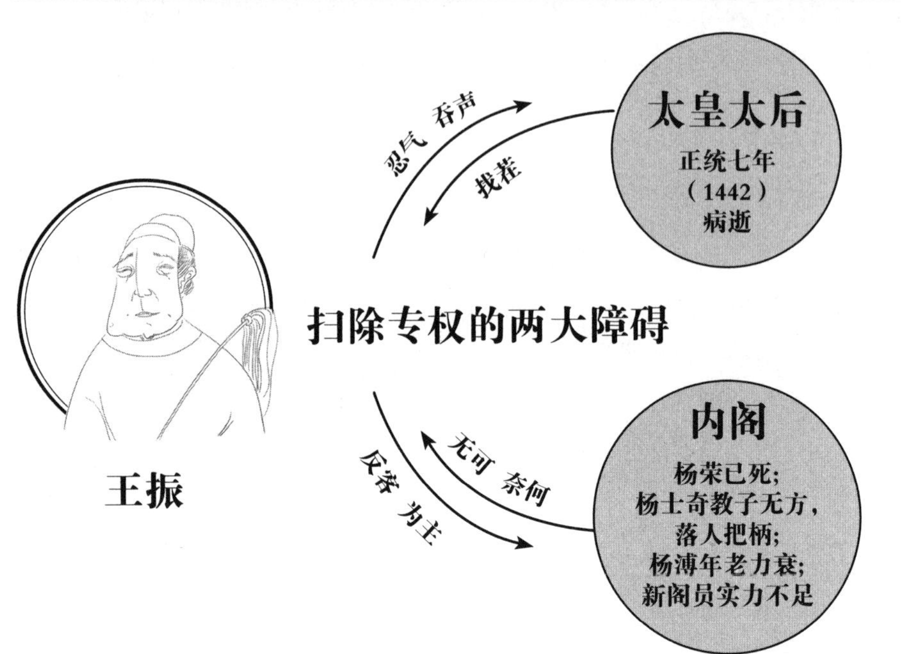

这一天终于来到了。

正统七年（1442）十月，历经四朝的张太皇太后离开了人间，王振夺权路上最大的阻碍就此消散。

此时，三杨中的杨荣已经去世，而剩下的杨士奇和杨溥也已年老多病，回天无术了。

王振的机会来了。

他从此大权独揽，广结同党，不但控制了锦衣卫，还收了很多属下，其中不乏饱学之辈，圣人门徒，而要论最无耻的一个，莫过于工部侍郎王祐。

这位王祐先生曾经有一次到王振家中探望。在明代，大臣们都留有胡须，而王振没有胡须（身不能至，心向往之），但当他见到王祐时，才发现这位大臣也没有留胡须，便问他原因。

王祐先生是这样回答他的：（以下内容可能引发呕吐，请先做好思想准备）

“老爷没有胡须，儿子我怎么敢留呢？”

在我看来，王祐先生真正达到了无耻无界限的境界，无耻到祖坟上都冒青烟。

正是有了这些无耻之徒的帮助,王振在朝廷内的势力越来越大。他排除异己，利用杨士奇儿子杀人的事件，攻击他教子无方，最终打垮了这位四朝老臣，之后他又陆续诬陷户部尚书刘中、祭酒李时勉等不服从他的大臣，并把他们赶出了京城。

此时的王振，内得皇帝信任，外有打手帮忙，独掌大权，鱼肉百官，可谓风光无限，成为了明朝开国以来最有权势的太监。

大权在手的王振并不满足，他决定做一件前人不敢做甚至不敢想的事情。

五十年前，朱元璋先生为了防止今天王振现象的出现，特地在宫门口立了一面三尺高的铁碑，铸上八个大字“内臣不得干预政事”。

可是正所谓人走碑凉，谁写的，立在哪里并不重要，重要的是有没有人管，有没有人执行。到了王振当权，这块碑文就被当成了贴在墙上没人管的奖状，再也无一人理睬。

大家不理,王振却不一样,他总是觉得这玩意儿太刺眼,于是便命人移走这座碑。

如果老朱还在，他一定会把王振这小子抓起来，剐上三千刀再让他死，可时代不同了，也实在不行了。

大家第二天上朝，看见开国皇帝的手迹突然没有了，却集体保持了沉默，他们都知道是谁干的，到最后却成了打死我也不说，打死我也不管。

朝政如此，多言何用!

但就在王振气焰滔天之时，也有一个人就不买他的账，而这个人也实在不是等闲之辈，虽然吃了点亏，但王振终究还是不能把他怎么样。

参考消息 **虎父犬子**

杨士奇一生最大的败笔，就是教子无方。其子杨稷仗着父亲的权位，骄奢淫逸，横行乡里，甚至犯下了几宗命案。有人将杨稷的恶行告诉杨士奇时，他居然大吃一惊，不相信这是乖儿子所为，于是便以回家扫墓为名进行试探。杨稷知道父亲回来，立刻夹起尾巴做人，将老父骗得团团转。不久，王振抓住这一把柄大做文章，杨稷随即被绳之以法，杨士奇这才知道儿子作恶多端的真相。遭此打击，杨士奇声誉扫地，遂告老还乡，第二年就含恨离世，为自己的一生画上了一个不完满的句号。

事情的经过是这样的，正统六年（1441），当时太皇太后已经病危，无法再训斥王振，三杨也无能为力，王振实际上已经控制了朝政大权，所有外地巡抚官员回京都要照例孝敬王振一些金银财宝，多少倒无所谓，但总得意思一下，表示对这位死太监的尊重。

也正是在这个时候，此人从山西巡抚回来，别说金银，连陈醋都没带回来一瓶。王振气得七窍冒烟，大发雷霆，当即把这个人关了起来。

王振是一个做事偏激的人，对于这种明摆着不给面子的人，他是不会留情的。他本已准备编织罪名，把这个人干掉。但出乎他意料的是，这个人似乎很有背景。

不但地方上的官僚、老百姓帮他说话，连朝中重臣杨士奇等人也为他求情，甚至某些藩王也出面了，要王振不要把事情做绝，否则就要他好看（藩王可是不好对付的）。

一贯整人到底的王振终于意识到，这个人虽然权位不高，却很不简单，是不能“人道毁灭”的，于是他一反常态，放了这个人（不放也不行）。

此人也确实厉害，他被整得很惨，却一句软话也没有说过，一直痛骂王振，一点面子也不给他，坚持和他对抗到底。大有你能把我怎么样的气势。

这位硬骨头有背景的仁兄就是于谦。

可惜在当时这样的人太少了。

◆ 抱负

掌握朝政，统领群臣虽然威风，但这并不是王振的最终目的，事实上，王振并不只是一个贪财贪权的人，他也有自己的追求抱负。

王振也有着自己的偶像，他的梦想就是有朝一日像自己的这位偶像一样，横扫千军，锐不可当。他的这位偶像就是朱祁镇的曾祖父朱棣。

虽然自己以前只是个文人（现在是太监），但却十分向往率军出征的威风凛凛，而先辈郑和的丰功伟业也不断鼓励着他。

太监就不能横刀立马吗？立给你们看看！

这下问题严重了。

一个人如果饥饿就会去找东西吃，因为这是他的基本需求。

如果他已经吃饱了呢？那么他就会四处闲逛，找点事情干，反正闲着也闲着。

如果一个吃饱的人又找不到什么好事干，他可能就会去干坏事，实现自我价值。

王振大概就属于后两种情况。

他已经大权在握，家财万贯，权和钱都有了，这位死太监也有了新的人生追求——建功立业，名留青史。

应该说，有这样的志向是好的，但问题关键在于这位有志太监本身的素质如何。

就如同一个贪官污吏，平日只是贪污受贿，这样的恶行固然让人愤慨，但这并不是他们作恶的最高境界。

所谓作恶的最高境界，就是明明没有这样的才能，还要打肿脸充胖子，硬要去干一些所谓的好事。

这才是恶人中的极品。

王振就是这样的一个极品，他明明是个不成器的教书先生，明明是个投机的死太监，明明是个贪图权位的小人，这些我们都不计较了。但他现在居然要把自己往军事天才、战争英雄上面靠，就实在是太不要脸了。

偏偏当时的时局给了他这样一个不要脸的机会。

◆ 敌人出现

我们前面说过，那位被朱棣打得落花流水的马哈木有个好儿子，这话确实不假，永乐十六年（1418），马哈木的儿子脱欢承袭了父亲的爵位，并从此开始了称霸蒙古的军事行动。

事实证明，这位仁兄确实是有本事的，仅仅过了六年，脱欢就击败了瓦剌的其他部落，统一了瓦剌，成为了瓦剌独一无二的首领。

之后，他拥立黄金家族成员脱脱不花为汗，并开始攻击阿鲁台。

由于当年被朱棣打得太惨，阿鲁台元气不足，在与瓦剌的战斗中被击败。宣德九年（1434），阿鲁台被脱欢击败，并最终战死于大漠之中，这位曾与永乐第一名将朱棣周旋几十年的风云人物就此结束了一生。

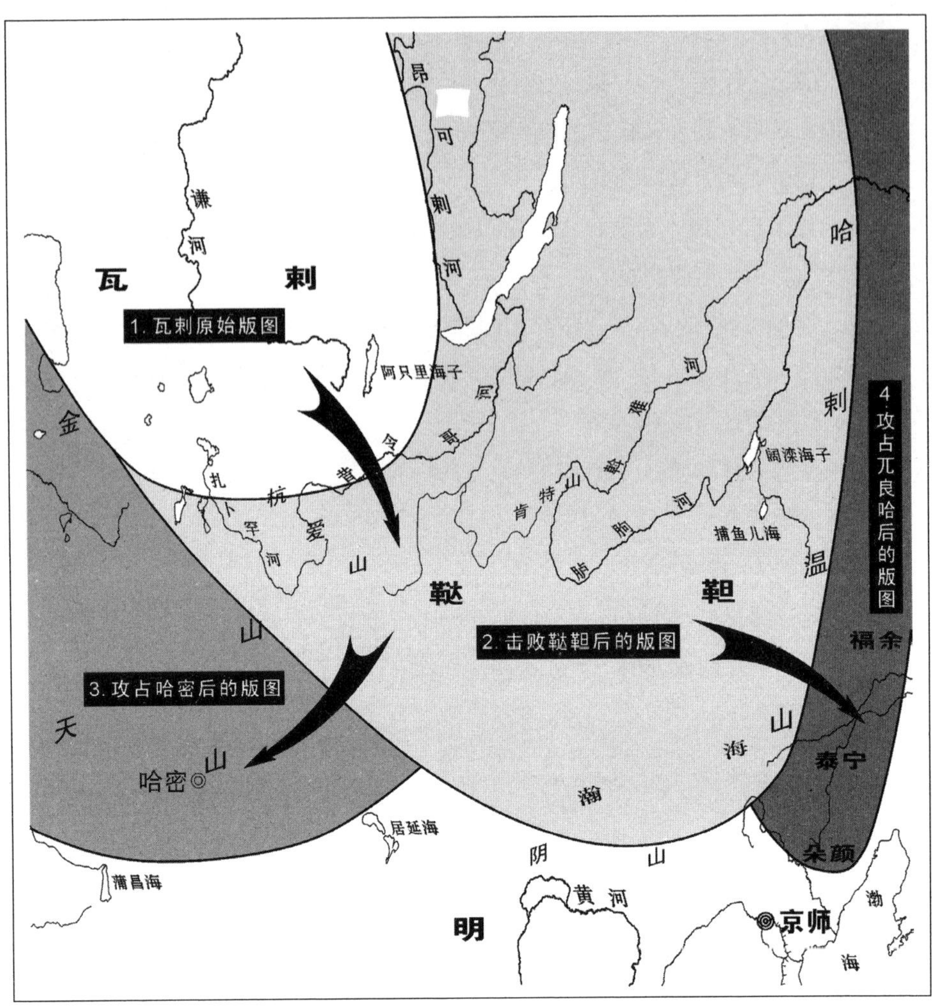

↑ 瓦剌的扩张

脱欢是一个很有野心的人，他的梦想绝不局限于做一个太师，他的真正理想是恢复大元的天下，重新占据中原，但上天没有给他这个机会。

正统四年（1439），壮志未酬的脱欢死掉了，可是明朝并没有因此得到和平，因为替代他的，是一个更为可怕的对手——也先。

也先是脱欢的儿子，他比他的父亲更加强悍，也更加聪明。短短几年之内，他向西攻击哈密，控制了西域通道，威逼明朝西北边境，他向东攻击兀良哈，正统十年，瓦剌彻底击败了兀良哈三卫，并控制了当时尚很弱小的女真族，甚至威胁到了朝鲜。

此时的蒙古已经完成了统一，而也先与他的父亲一样，也整日梦想着恢复大元天下，所以，在一切就绪之后，他把矛头指向了明朝。

虽说也先进攻明朝是有自己的政治目的，但在我看来，引起这场冲突最大的原因还是在于钱。

蒙古人很会打仗，不过也很穷，他们不种地，也不纺纱，要想得到生活必需品，只能通过两种途径，一种是交换，另一种是抢劫。

在朱棣的那个时代，蒙古人更多采用第二种方法，来得快又方便，但经过朱棣的几堂军事教学课，以及拳脚刀剑的教育方式，蒙古逐渐意识到，继续抢下去会亏本的。

而且在抢劫的时候，他们往往不能够拿到自己想要的东西，比如你家缺衣服，想抢几匹布,可出去几次都遇不上(人家不可能准备好了让你抢)。蒙古人虽然善战，但并不是打不死，他们也只有一个脑袋，而抢劫是刀口舔血的行当，随时可能完蛋。为几匹布就把命丢了，实在不划算。

于是，在此之后，蒙古开始走第一条道路——和平发展之路。

他们开始和明朝政府做生意，但蒙古有什么生意可做呢？

不要忘记，虽然他们不搞农业和手工业，但他们也有畜牧业，蒙古部落家家户户都养马、养羊，发财致富之道就从这里开始了。

在部落首领的倡议下，蒙古部落开始大量放牧，生意也越做越大，贸易的形式以朝贡为主，每年蒙古定期入京交易，经常带着牲畜千余头，皮毛几千张，浩浩荡荡地来做生意，随行的还有使者。在我们的印象中，使者应该只有一两个人，不过蒙古部落派来的使者人数却要加个千字——两千人。

从古至今，估计没有哪个国家派外交使节会一下子派出上千人，而这些所谓的使者实际上是蒙古的小商小贩，他们都是赶着自己的牛羊马来做对外贸易的。

如果就这样做生意做下去也不错，毕竟各取所需，而且明朝总是处于贸易的优势地位，每年都是贸易顺差。

因为手工业品的生产已经形成了规模化，从史料分析，当时的明朝政府也确实有抬高物价的嫌疑，各种瓷器、纺织品的价格确实有些偏高，但蒙古人也只能全盘接受。

道理也很简单，天下只此一家，别无分店，你想买就买，想卖就卖，不愿意就散伙！

明朝的人可以不吃牛羊肉，但蒙古人不能没有纺织品，没有日常用具，所以不能散伙。

然而这看似对明朝而言一本万利的生意中，却隐藏着危机。

到了也先时期，由于需求量大，朝贡贸易剧增。本来一年只做一次生意，渐渐发展到一年数贡，每次来做生意的有几千人，牲畜皮毛和马的数量也大大增加。要知道，这些牲畜皮毛都不是白送的，明朝政府需要用大量的东西来换，由于皮毛数量过大，而手工业品不是从天上掉下来的，明朝政府一时之间也找不到那么多现货供应。

明朝政府逐渐意识到，自己似乎掉入了一个贸易陷阱，看似不懂贸易的蒙古部落实际上十分精明。他们选择这些牛羊作为贸易品是有着很深的考虑的，因为放牧牛羊对于这些游牧民族而言几乎是不需要什么成本的。

放牧所需的人工成本其实可以忽略不计，因为他们平日的生活就是放牧，除了这个之外也没有什么工作可干，自然也不需要统计误工费。而牛羊吃的是草，这些都是天然资源，在羊毛衫尚未流行的当年，草原沙漠化似乎还是一个遥不可及的梦想。

牛羊养大后，直接送到明朝来交换东西，一头牛可以换到很多明朝的农产品和手工业品。明朝的出口产品也不是从天上掉下来的，迟早会供不应求，这样下去，国家怎么得了。

而也先也以自己统一蒙古的声威和武力为后盾，玩了几招阴招。

他用劣质的马匹冒充好马，索要更高的价格。此外，他还改组了自己的使者队伍，在其中塞入了大量强盗小偷，搅扰沿途居民。到了后来，他派去的那几千人几乎就不是来做生意的，而是沿路抢劫的盗匪。

蒙古部落的这一倾销行为让大明帝国的大臣们十分不满，某些大臣便有意搞点贸易保护措施，限制蒙古肉制产品冲击国内市场。

在这些大臣中，有一个人推行这一政策最为积极，相信出乎很多人意料，这

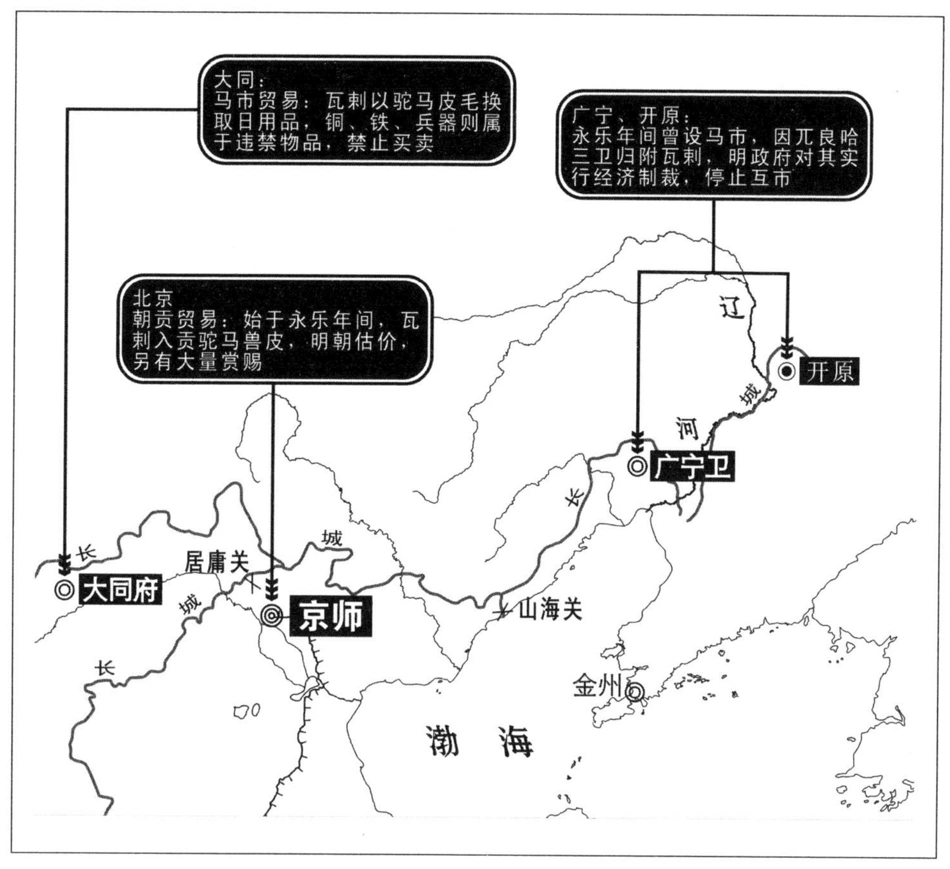

↑ 英宗时期，与瓦剌的贸易

人竟然是王振。

王振本来就是个只顾自己，不管国家的人，他怎么会这么积极呢？

原来在此之前，也先每次来做生意，都会给王振行贿，然而时间一长，也先把这茬给忘了。

于是王大人突然之间愤怒起来，命令核实使者人数，然后一下子减去了应付金额的五分之四。

就算也先做生意不老实，是个奸商，但人家毕竟还是讲信用的，牛羊还是送给你了，而王振却一下子成了外贸稽查员，竟然几乎全部没收，连发票也不给。

也先被彻底激怒了。

原本只是用武力威胁，在此基础上再干点奸商的勾当，无非是想捞点好处，然而这次被王振稽查队抓住了要害，狠狠地罚了一次款，也先血本无归。

本来就跃跃欲试，想搞点名堂的也先终于坐不住了，这次的事情让他找到了借口，他擦亮刀剑，备好马匹，准备发动攻击。

三十五年前，祖父马哈木就是被眼前的这个庞大帝国所击败，现在复仇的机会到了！

第四章

土木堡

○数十年之积累 数十年之人才 就此一扫而光

○二十万大军崩溃 五十余位大臣战死 他们本不该死 这就是最后的结局

正统十四年（1449）七月，也先挥刀出鞘。

蒙古骑兵分为四路，从四个不同的方向对大明帝国分别发动了进攻。

其中第一路攻击辽东，第二路攻击甘肃，第三路攻击宣府，最后一路由也先自己统领，攻击大同。

战争就此全面爆发。

消息传到京城，大臣们十分紧张，立即召开紧急会议，商量对策。事发突然，很多大臣心中都没底，但有一个人却与众不同，十分兴奋。

此人又是王振。

受贿的是你，查货的是你，惹事的也是你，现在打仗了，你还有什么可兴奋的？

要说明的是，王振从来就不是什么主战派。正统八年（1443），侍讲学士刘球就曾经给皇帝上过一次奏折，指出蒙古使臣人数日益增多，必然包藏祸心，希望能够尽早整顿兵制，积极备战。

刘球没有想到，他出于爱国热情上书，换来的却是杀身之祸。

王振看到奏折后，勃然大怒。不知是他收了也先的钱，还是认为刘球是在指责自己没有尽到责任，反正他找了个借口，把刘球关进了监狱，在不久之后，他指使自己的亲信锦衣卫指挥马顺杀害了刘球。

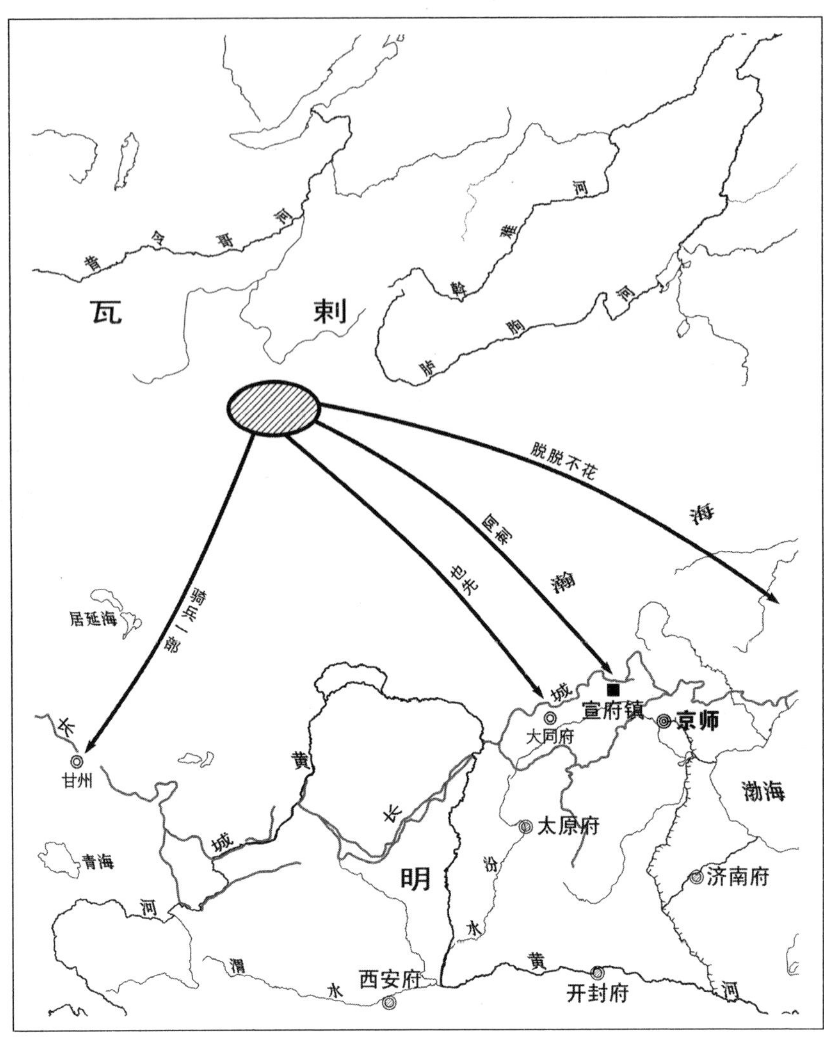

→瓦剌四路来袭

参考消息 三个江西人

正统八年（1443），奉天殿遭雷击，英宗按惯例下诏求直言。一向正直敢言的刘球便与江西老乡钟复约好联名上书，钟复回家后将此事告诉了夫人。钟夫人坚决反对。等到刘球再去找钟复，钟夫人便在屏风后大骂：“你自己上书就行了，何必连累别人！”刘球一愣，叹气道：“这种事情，你居然跟妇人商量！”遂独自上书。另一个江西人彭德清为了巴结王振，攻击刘球在弹劾影射王振，导致刘球入狱，不久惨死。钟复见好友丧命，悔恨异常，竟然病死了。此后，钟夫人常以泪洗面：“早知如此，还不如让你跟刘先生一起死，也落个忠臣之名。”

这样一个祸国殃民的死太监，自然是不会有什么爱国情操的。

他之所以兴奋，是因为在他看来，这是一个实现自己抱负，扬威天下的机会。

为了达到自己的目的，他开始秘密地筹划。

当时也先的军事实力已经非常强大，明朝的边境将领已然不是对手，大同守军连连失利，纷纷告急。朝廷经过会议，决定派出驸马井源出兵作战。

驸马井源是一个很有能力的将领，他的出征缓和了当时的紧张局势。

然而就在他出征后第二天，皇宫就传出了一个消息，这个消息震惊了所有的人。

皇帝要亲征了！

这正是王振捣的鬼。

王振想要远征立功，但他没有能力也没有威望带兵出征，为了达到自己的目的，他想到了皇帝。

皇帝是自己的学生，一直听自己的话，只有借助他的名义，才能实现自己统率大军的梦想！

在王振的怂恿下，英宗朱祁镇下达了亲征的命令，召集大军共二十万，立刻准备出征。

这里要说一下，很多史书都说此次出征共有五十万人，根据本人考证，这是不准确的。因为由当时动员兵力时间及京城附近布防情况分析，几天之内，绝对不可能召集五十万大军，当时京城的三大营总兵力是十七万左右，加上附近军队，共计数量应当在二十万左右。

我们知道，兵家有云：兵马未动，粮草先行。打仗的人也要吃饭，要睡觉，这就必须准备好粮食帐篷，从某种意义上来说，打仗就是打后勤。

朱棣远征之时，会征用大量的民工、牛马车辆，并设置专门的运粮队，准备后

参考消息 **驸马也不吃香了**

驸马是皇亲国戚，不可谓官威不足。不过驸马虽大，翁父更大。朱祁镇的长姐顺德公主之夫，驸马都尉石璟，因为在自己家里斥责一个犯了错的小宦官，恰好被上门传旨的王振撞见。正所谓“不要当着锉子说短话”，虽然这是驸马的家务事，但小宦官被斥责时的可怜样子，让王振顿生兔死狐悲之感，于是无事生非，硬说石璟在指桑骂槐，下令把石璟投入了锦衣卫的大牢。

勤的时间往往长达几个月。

那么王振统领的这二十万大军出发准备用了多长时间呢？

答：不到五天！

七月中旬接到边关急报，七月十七日就出征了！

在王振这个蠢货看来，只要把人凑齐就行了。他事先通过边报得知，也先只有两三万人马，所以他征召二十万大军，认为这样就一定能够取胜。

是啊，这个算术小学生也会做，二十万对两万，平均十个人对一个人。似乎不用打，一人踩上一脚也能把对手给踩死。

王振就是这样想的，他的作战思想似乎也就源自于此。

无知啊，真是极度的无知！王振这个出生市井的小人物此刻终于显出了他的本色，在他看来，战争似乎就等同于街头的黑社会斗殴，双方手持西瓜刀对砍，谁人多，谁气势大，谁就能赢。

话说回来，战争到底与斗殴有什么不同，为什么不是人越多越好呢？

为了说明这个问题，我们有必要开一个专题。

◆ 战争是怎样炼成的

一千多年前，一个叫韩信的人对皇帝刘邦说出了一句话：韩信带兵，多多益善！

这不仅是一句成语，一句千古名言，也是一句自信的豪言壮语。

在我看来，在韩信说出此言之后的一千多年里，有资格有能力以此言自居者，不会超过十五个人。

而如果你仔细研究过军事，就会发现，要做到带兵多多益善，实在是太难了。

要说明原因，就必须从什么是战争说起。

如果我们把战争的所有外表包装脱去，就会发现：

战争，就是另一种形式的打架斗殴。

下面，我会借用经济学中的模型理论（先预设基本框架，不断增加条件的经济分析法）来说明这个问题。

先从两个人讲起，相信大家也有过打架的经历，而两个人打架就是我们俗称的

“单挑”。

“单挑”实际上是一件比较痛苦的事情，因为打人的是你，挨打的也是你，是输是赢全要靠你自己。当然，如果你比对方高大，比对方强壮，凑巧还练过武术（最好是搏击，套路不怎么管用），那么胜利多半是属于你的。

现在我们把范围扩大，如果你有两个人，而对方还是一个人，那你的赢面就很大了，两个打一个，只要你的脸皮厚一点，不怕人家说你胜之不武，我相信，胜利会是你的。

下面我们再加一个人，你有三个人，对手还是一个人。此时，你就不用动手了，你只要让其余两个人上，自己拿杯开水，一边喝一边看，临场指挥就行。

就不用一个个地增加了，如果你现在有一千个人，对手一个人，结果会怎样呢？

我相信，在这种情况下，你是不会赢的，因为对手早就逃了。

到现在为止，你可能还很乐观，因为一直以来，都是你占优势。

然而真正的考验就要来了，如果你有一千个人，对手也有一千个人，你能赢吗？

你可以把一千个人分成几队去攻击对方，但对手却可能集中所有人来对你逐个击破，你能保证自己获得胜利吗？

觉得棘手了吧，其实我们才刚开始。

下面，我们把这个数字乘以一百，你有十万人，对手也有十万人，你怎么打这一仗？

这个时候，你就麻烦了，且不说你怎么布置这十万人进攻，单单只说这十万人本身，他们真的会听你的吗？

你要明白，你的手下这十万人都是人，有着自己的思维，有的性格开朗，有的阴郁，有的温和，有的暴躁，他们方言不同，习惯不同，你的命令他们不一定愿意听从，即使愿意，他们也不一定听得懂。如果里面还有外国友人（比如朝鲜），那你还得找几个翻译。

这就是指挥的难度，要想减低这一难度，似乎就只有大力推广汉语和普通话了。

要是再考虑他们的智商和理解能力的不同，你就会十分头疼。这十万人文化程度不同，有的是文盲，有的是翰林，对命令的理解能力不同，你让他前进，他可能理解为后退，一来二去，你自己都会晕倒。

很难办是吧，别急，还有更难办的。

我们接着把这十万人放入战场，现在你不知道你的敌人在哪里。他们可能隐藏起来，也可能分兵几路，准备伏击。而你自己要考虑怎么使用自己这十万人去找到敌人并击败他们。

此外，你还要考虑这十万人的吃饭问题，住宿问题，粮食从哪里来，还能坚持多少天。

脑子有点乱吧，下面的情况会让你更乱。

你还要考虑军队行进时的速度、地形，下雨还是不下雨，河水会不会涨，山路会不会塞，士兵们经过长时间行军，士气会不会下降，会不会造反，你的上级（如果有的话）会不会制约你的权力，你的下级会不会哗变。

你的士兵有没有装备，装备好不好，士兵训练水平如何，敌人指挥官的素质如何，敌人的装备如何，敌人的战术是什么，你的心理承受能力有多大，打了败仗怎么撤退，打了胜仗能否追击，等等。

事实上，战场上的情况还要复杂得多。相信看到这里，你已经明白，别说带十万人出去打仗，你就是带十万人出去转一圈，旅个游，能平安无事地回来就已经很不错了。

你可能以为事情就此结束了，恰恰相反，真正的考验还在后面，不要忘记，我们的目标是多多益善。

如果你再把指挥的人数乘上十倍，一百万人，你就会发现，你面对的已经不是一百万可以依靠的人，而是一百万个麻烦，是真正的灾难。

从十万到一百万，你的人数增加了十倍，但你的问题却可能增加了一百倍，任何小的问题如果不加以重视，就会一发不可收拾。一百万人，每天要消耗多少粮食不说，他们每个人都有自己的想法，谁也不是傻瓜，你怎么控制一百万个人，让他们去听从你的指挥呢？

军事指挥就如同一座金字塔，指挥的人数和指挥官的指挥能力是成正比的，指挥的人数越多，对能力的要求就越高。从古至今，有能力站在塔顶的人是很少的。

多多益善是一种境界，它代表着指挥官的能力已经突破了人数的限制，突破了金字塔的塔顶，无论是十万，还是五十万、一百万，对于指挥官而言，都已经没有意义。

因为这种指挥官的麾下，他的士兵永远只有一个人，命令前进绝不后退，命令向东绝不向西。

同进同退，同生同死。

这才是指挥艺术的最高境界。

所以，善带兵而多多益善者，是真正的军事天才。

这样的人，我们称之为军神。

以上就是模型的构建过程，但这个模型是理想化的，我们在此还要补充两种特殊情况。

首先，这个模型设定的是普通的人，不包括特异功能人士，如郭靖、杨过、张无忌等人，能够突破地球引力，一跳十几米，穿墙入室，身负如乾坤大挪移之类的绝学，一个能打几百上千个。

如果你手下有一千人，而对手果真是上述传说人物中的一个，那你还是快逃吧。不但是因为对方身负绝学，更重要的原因是，对方是正面人物、主要人物，是主角，根据剧情限定，他就是睡着了你也打不过他的，你才几斤几两，敢和大侠对着干？剧情限定好了，他是稳赢的。

其次，双方装备不能过于悬殊，比如对方拿火枪，你拿板砖，就算人再多一倍，估计也是没用的。

◆ 结论

总之，战争不是打群架，人多就稳赢，实际上现在某些街头斗殴的人也开始注意战术方法了，他们也时不时来个半路偷袭、前后夹击之类的把戏。

可见事物总是不断向前发展的。

带几十万人出去打仗是很容易的，即使你把全国人口全带出去也没有人管你，问题是你要能保证打赢。而像白起、韩信、陈庆之、李靖这样有能力做到的人，实在是太少了。

比如国民党的著名将领胡宗南，手下长期拥兵数十万，却一直被只有几万人的对手牵着鼻子走，最后被打得落花流水。倒不是他不肯用心，实在是心有余而力不足，他的黄埔同学最后给他下了一个定义——“胡宗南，也就是个团长。”

司礼监王振，也就是个奴才。

他从前不过是个小小的学官，还是个学艺不精的学官，后来还成了宦官，然而这位身残志不坚的仁兄居然一下子当上了二十万人的统帅（实际统帅权在他手中）。

后果可想而知，也不堪设想。

◆ 准备与抉择

在这短短的几天中，王振一直做着青史留名的美梦，而其他的人也有着各自的行动。

首先是大臣们。当他们听说这个如同晴天霹雳般的消息后，顿时炸了锅，纷纷上书反对，带头的是吏部尚书王直。

吏部就是人事部，由于主管官员任命职权，故而位居六部之首，吏部尚书也有了一个专门的称呼——天官，可见其威望之高。

在王直的带领下，百官联合上奏折反对出征，但可惜的是，王振是司礼监，并且得到了皇帝的信任，反对无效。

除了这些人外，兵部的两位主官也上书反对，他们分别是兵部尚书邝埜和兵部侍郎于谦。

邝埜，宜章人，永乐年间进士出身。他为人清廉，十分正直，对于王振的胡作非为很是不满，这次他上书反对，正是他一贯以来正派品行的表现。不出所料，他的反对也被驳回，但这并不是他劝阻行为的结束，事实上，作为一个从始至终参加了这次远征的人，他把自己的忠诚保留到了生命的最后一刻。

而这位于谦，正是我们后面篇章的主角，要说这位仁兄实在不是一般的强，他的能力和人望也不是一般的高，他得罪过第一号红人王振，且从未认错，居然就在王振眼皮子底下还能复官至兵部侍郎，而王振也拿他没有办法，可见其根基之牢固，背景之深厚。

这两位兵部高级官员的抗议被驳回后，也只好去继续他们的工作，为远征做准备。按照规定，皇帝出征，兵部主要领导应该陪同，经过内部商议，最终做出了决定：

邝埜陪同出征，于谦暂时代理兵部事宜。

这一决定挽救了大明帝国的国运。

与他们相比，其余两位辅政大臣的表现实在让人失望，三杨已经死了，胡濙没有什么能力，而真正应该起作用的张辅却一言不发。

这就太不应该了，张辅率军平定安南，曾身经百战，不可能不知道这一举动的危险性，此人是四朝老臣，王振也不敢把他怎么样，如果要争论起来，王振可能还不是他的对手，但年老心衰的张辅却令人失望地保持了沉默。

虽然一言不发，虽然明知危险，但张辅最终还是与皇帝一起出发远征，不是作为指挥官，只是作为一个陪同者。

你把儿子交给我，我就陪他走到底吧。

大臣们乱成一团，各有各的打算和行动。皇帝也有，皇帝也是人，在出差之前，他也要交接好工作，告别亲人，这才能打好包袱上路。

朱祁镇现在就面临着这两项工作。他首先把国家大权交给了自己的弟弟朱祁钰。应该说朱祁镇是一个品性温和的人，他和他的弟弟关系也十分的好，而他的弟弟也十分规矩，对于不该属于自己的东西从不贪心，比如说——皇位。正是因为这个原因，朱祁镇放心地将国家大权交给了他。

然而朱祁镇不明白的是，世界是不断变化的，事情会变化，人也是会变的。

当一个人习惯了某种权威和特权后，他就无法再忍受失去它们的痛苦。

权力在带给人们尊严的同时，也会带给他们自私。

交代完国家大事后，朱祁镇去向自己的妻子——钱皇后告别。

正统七年对大明王朝而言并不是个好的年份，正是在这一年，张太皇太后去世，王振夺取了国家大权，但这一年对于朱祁镇本人而言，却是幸福的，因为就在这一年，他迎娶了自己的皇后钱氏。

自古以来，几乎是有多少皇帝就有多少皇后，而且皇后的人数只会多不会少。事

参考消息 **忠臣的劝谏**

说是御驾亲征，但这支临时拼凑的军队的状况却不让人乐观：既不了解敌情，又缺乏作战方略，后勤准备更是仓促，还没到大同就断粮了，再加上出居庸关连日阴雨，道路泥泞，人困马乏，大批士卒生病饿死，路上到处横着死尸。兵部尚书邝埜和户部尚书王佐恐出师不利，多次上书，请求打道回府。王振对此气恨交加，有一次两人又劝英宗返京，王振竟然令他们跪伏在草丛中，到了晚上方让起身。

实上，皇后一直以来都是不可忽视的一股政治力量，从武则天到慈禧，她们在历史中担任的戏份绝不比某些男主角少，当然，更多的皇后则是默默无闻，被湮没在历史的尘埃中。但也有一些皇后因为她们卓越的政治才能和权谋手段被载入史册，名留青史。

这位钱皇后就是其中的一位，她的名字一直流传下来，为后人传颂。

但她与历史上的那些皇后们不同，她不是靠自己的权术阴谋、政治手段让人们记住她的。

她凭借的是最为简单也最为真诚的东西——感情。

她用自己的真情打动了历代的史官，于是她的事迹就此流传下来，并感动了更多的人。

一个女人的传奇，因真情而不朽。

皇后与皇帝之间有真的感情吗？相信这也是很多人的疑问，在我看来，答案是肯定的。

至少在这位钱皇后身上，我看到了真正的感情，没有任何功利、纯真的感情。

在那三千佳丽的深宫中，无数阴谋诡计每一天都在不断上演，为了争宠、争权，原本手无缚鸡之力的弱女子会变得比男子更加阴狠毒辣，有的甚至不惜杀掉自己的骨肉去达到自己的政治目的（武则天）。

但这绝不是说她们可恨、可憎，事实上，她们是一群可怜的人。

在那权力决定一切的世界中，有了皇后和宠妃的名分，有了权力，才能掌握自己的命运，要想稳固自己的地位，就必须消除所有的感情和同情心，变得冷酷无情。除此之外，别无他途。

在我看来，这些可怜的女人们的所作所为并不是自私，而是自保。

而在后人眼中，所谓后宫就是一笔算不清的烂账，争宠、夺位、争嫡周而复始，不厌其烦，乌烟瘴气。

这位钱皇后，就是乌烟瘴气的后宫中盛开的一朵莲花。

朱祁镇十分喜爱他的这位原配夫人，也十分照顾她。钱皇后并非出生大富大贵之家，懂得生活不易，即使在做了皇后以后，她也没有习惯养尊处优的生活，只是尽心尽力对待自己的丈夫,还经常动手做些针线。而朱祁镇数次要给她的亲戚封侯，都被她推辞。

在很多人看来，皇后衣食无忧，母仪天下，做针线不过是消遣。

但事实似乎并非如此，如果钱皇后知道，几年以后，她竟然会用自己的针线手艺做活去换取东西，不知会作何感想。

总而言之，这个皇后并不一般，她不要官，也不要钱，除了一心一意对自己的丈夫，她似乎没有其他的要求。

而后来的事实也证明了，她对朱祁镇的感情是真实的，经得住考验的，在她眼中，这个叫朱祁镇的人唯一的身份只是她的丈夫，无论朱祁镇是皇帝，还是俘虏，或是被自己的亲弟弟关押的囚徒，这个身份始终没有变过。

在朱祁镇向她告别，准备出征的那个晚上，没有人知道他们之间说了些什么，但我相信，这位妻子会像所有普普通通的出征士兵的妻子一样，嘱托自己的丈夫要保重身体，注意安全，并说出那句曾被说过无数次，但仍然值得继续说下去的话:

“我会等你回来的。”

◆ 出征

正统十四年七月十七日，大军出征。

不顾无数人的阻拦，王振执意出征，他要去寻找梦想的光荣。

与他一同出征的，有很多堪称国家栋梁的文官武将，他们包括:

英国公张辅、成国公朱勇（朱能之子承父爵）、内阁成员曹鼐、内阁成员张益、兵部尚书邝埜等等，全部名单很长，就不单列了。总之，朝廷的文武精锐很多都随行而去。

能够活着回来的很少。

此时的朱祁镇也不会知道，他的传奇经历就要开始了。对于这个年仅二十三岁的年轻人而言，这是一次令人期待的兴奋经历。他一直尊重有加的“王先生”是不会错的，亲征无疑是唯一正确的方法。

客观地讲，朱祁镇对这次即将到来的失败是负有责任的，但主要责任绝不在他，因为他不过是个没有多少从政经验，且过于容易相信别人的一个年轻人而已。

王振才是这一切的罪魁祸首。

暂时不说责任在谁，其实就在大军出发的同一天，几百里外的大同已经爆发了一场大战。

战争的地点在阳和，这一战以明军的全军覆没告终。必须说明的是，这场战争完全体现出了也先军队的强悍，因为明军是有备而来，且得到了大同镇守太监郭敬的全力支持。但就是在这样的情况下，明军仍然不是也先军队的对手。

除了全军覆没外，领军大将宋瑛也被阵斩，随军的太监郭敬还算聪明，躲在草丛中装死，才最终逃过一劫。

只有一个人逃了回来，这个人叫做石亨，也是大军的主将。

自己的所有部下都被也先杀死，本人也落荒而逃，这对于一个指挥官而言，是最大的侮辱，但石亨是幸运的，在不久之后，他将有机会亲手拿起武器，为死去的同胞复仇。

战胜的也先已经打扫了战场，养精蓄锐，等待着对手的到来。

而对于这一切，尚在梦境中的王振是不知道的，他始终天真地认为，只要大军出发，看见敌人，一拥而上，就能得到胜利。

二十万大军就在这个白痴的引导下，沿居庸关、怀来，向大同挺进，而前方等着他们的，是死亡的圈套。

八月一日，大军到达大同。在阳和差点被干掉的郭敬已经逃回来，并见到了自己的顶头上司王振。

看着郭敬那惊魂未定的眼神和体态，王振不禁嘲笑了他一番:

“我有二十万大军，还怕也先吗？”

但郭敬接下来说的话，却真正震惊了本就是无胆小人的王振。

他绘声绘色地向王振讲述了那从前的战斗故事，并添油加醋地描述了战败时的

参考消息 **阳和之战**

阳和之战史书上交代不多，但寥寥数语却足以警醒后世。郭敬是王振派去守大同的。当时大同乃是国之门户，经常与瓦剌有些贸易往来。王振为了赚钱，让郭敬利用大同的矿产资源，私自造了大批的铁头箭矢卖给瓦剌，好换取些马匹，再运回京城高价卖出。瓦剌资源匮乏，根本无力大规模制造铁器及箭头。不知土木之难中，有多少将士是倒在自家的箭矢之下含恨而死的，实在悲哀。

惨况。

司礼监王振，也就是个奴才。

在他大权在握的日子里，他作威作福，不可一世，还梦想着建功立业。其实在心底，他很清楚，自己不过是骗取了皇帝的信任，狐假虎威的一个小人，一个懦夫。

于是他一改之前的豪言壮语，立刻下令班师。

此时大军刚刚到达大同，并未走远，如果按时撤回，是不会有任何问题的，也先暂时也摸不透这二十万大军的底细，不会立刻进攻。虽说师出无功，就算是出来旅游了一圈吧。

可是王振这个死太监偏要搞出点花样来。

王振是一个小人兼暴发户，他的所有行为模式都是依据这一身份而定位的，而像他这一类的暴发户有一个共同的特点——爱炫耀。

王振的家在蔚县，当时属于大同府的管辖范围，于是他决定请皇帝到自己的家乡看看，小小的蔚县有什么好看的呢？

其实王振的目的很简单，就如同现在的有钱人喜欢开着车回到自己的老家，大按几声喇叭，把全村的人都叫醒，然后让全村老小出来看自己的新车、新衣服一样。

王振带了皇帝和二十万人，回自己的家乡也就是这个目的。

他无非是想炫耀一下而已，当年那个穷学官，现在出人头地了！

虽然已经变成了太监。

◆ 一错再错

既然王振决定要回家去看看，那就去吧，大军于是调转方向，向蔚县出发。

事实上，王振的这个决定倒是正确的，因为从他的家乡蔚县，正是由紫荆关入京的必经之路。只要沿着这条路进发，足可以平安抵达京城。

八月三日，大军开始前行，但行进仅五十里，队伍突然停了下来，然后接到命令，所有的部队立刻转向，回到大同，沿来时的居庸关回京。

这简直是个让人抓狂的决定，大军已经极其疲惫，如果继续前进，不久就能回京，并确保安全。

好好的路不走，走到半路，居然要回头取一条远路回京！

发布这条命令的人如果没有正当的理由，那就一定是疯了。

王振有正当的理由，而且似乎还很高尚。

“秋收在即，大军路过蔚县，必会践踏庄稼，现命大军转向，以免扰民。”

真是太高尚了，司礼监王振践踏人命、贪污受贿、祸害国家、诬陷忠良，现在竟然突然关心起蔚县的庄稼来，实在是“明察秋毫”。

后世的史学家无不对此“高尚行为”深恶痛绝，还有很多人分析，蔚县的田地应该都是王振自己的，所以他才那么在乎。

其实在我看来，是不是王振的并不重要，因为即使这些田地不是他的，也不能说明他的品格有多高尚。无非是施以小恩小惠，显示自己的权力而已。

王振最终还是挽救了蔚县的庄稼，显示了自己的权威，当然，也付出了一定的代价。

这个代价就是数十万条人命。

天降大雨，二十万大军行进更加困难，士气极其低落，士兵们怨气冲天，然而事情已经到了这个地步，说什么也没用了，老老实实地走吧。

八月十日，经过艰难跋涉，军队到达宣府，眼看大军就可以安全进入居庸关，大家都松了一口气。

但也就在此时，一直尾随而来的也先终于看清了这支明军的真实面目，经过数次试探，他已经明白，只要发动攻击，必定能够击败这个所谓的庞然大物。

在躲避及尾随了一个月后，也先这只黔虎终于开始了他的第一次冲击。

所幸的是，明军发觉了也先的这一企图，立即派出主力部队骑兵五万余人进行阻击，统帅这支军队的人是朱勇。

朱勇的父亲朱能是一位优秀的指挥官，就如同张辅的父亲张玉一样。但朱能和张玉的不同之处在于，张玉的儿子张辅也是个优秀的军事人才，但他的儿子不是。

朱勇带领着五万大军自信地出发了，他虽然是负责后卫工作，但其实他的兵马要多过也先两倍，因为据可靠情报，也先只有两万骑兵，这也正是朱勇自信的根由所在。

盲目的自信往往比自卑更可怕。

具体经过就不用多说了，只说结果吧：

“鹞儿岭中伏死，所率五万骑皆没。”

五万人中了两万人的埋伏,全军覆没,这充分地说明了朱勇不是一个好的指挥官。

不过在我看来,死在鹞儿岭的五万大军还是幸运的,至少他们还是奋战而死的。

他们没有死在土木堡,没有死得那么窝囊。

消灭了朱勇,通往胜利的道路终于打开了,也先的前面,是一片毫无阻拦的坦途。

◆ 土木堡

虽然朱勇指挥不利,但他的军队还是为皇帝陛下争取到了三天时间。

三天救命的时间,但也仅仅只有三天。

八月十日从宣府出发,明军用三天时间赶到了土木堡,这里离军事重镇怀来只有二十五里,只要进入怀来,所有的人就都安全了。

下面的事情我想我不说大家也能猜得到,又有一个人反对。

这个人还是王振。

他如同以往一样,找到了一个理由,不过这个理由一点也不高尚。

"我还有一千多辆车没有运到,大军暂时不入城,就在这里等待!"

一个人犯一次错误不难,难的是从头到尾都犯错误,类似王振如此愚蠢而不自知的人,实在是天下少有。

对于这位司礼监先生,我已经无话可说,抛开他的恶行,单单他的愚蠢和无知,就足以让他遗臭万年,为万人唾骂。

一个人最可悲的地方不在于被骂,而在于骂无可骂。

就这样,明军失去了最后一个脱困的机会。

也先终于赶到了,他擦干了朱勇在他刀上留下的血迹,准备再次大开杀戒。

参考消息 **朱勇的待遇**

朱勇遇伏鹞儿岭,可能是大意轻敌,也可能是饿昏了头,总之是全军覆没。皇家体面、天子威严瞬间扫地,后来朱勇的儿子请旨葬祭父亲都不得行。到英宗复辟时,这次战役死亡的人数,也从《实录》中的三万涨到了《天顺录》中的五万,相差将近一倍。朱祁镇看朱勇之子屡次上表请求祭葬,才勉强给了个"平阴王"的封号,谥号"武愍"。那意思很明白:既然阳间你平不了,那就带着你那几万骑改平阴间去吧!

八月十四日夜，也先突然发动攻击，明军猝不及防，全军败退，但由于人数众多，也先不敢过于深入，明军于是趁此机会结成紧密队形，并挖掘壕沟，准备长期作战。

据我估算，也先此时的兵力应该不止两万，而是在五六万左右，但即使是这样的兵力，他也无法击溃固守的明军。

于是他想了一个办法。

八月十五日，也先突然派来使臣，表示愿意和谈。王振十分高兴，立刻派出曹鼐参与和谈。此时，似乎是为了表示诚意，也先的军队已退去。

面对这种情况，熟知兵法的兵部尚书邝埜冷静地进行了分析，他认为这是也先军队的诡计，不能轻信，应该固守待援。

也就在这个时刻，王振终于完成了他人生中的一件大事，他充分地使用了自己的愚蠢，犯了最后一个错误。

"大军立刻越出壕沟，马上转移！"

在正统十四年的这次军事行动中，王振以错误开头，用错误结尾，他能够一直坚持自己的错误意见，即使明知自己的愚蠢和无知，也能够发扬厚颜无耻的精神，充耳不闻，真正做到了把错误进行到底。

李景隆，你在天之灵想必也不会再寂寞，因为一个比你更愚蠢、更白痴、更无知的人已经出现了，而这个人马上就会来陪伴你。

不出邝埜所料，大军出发仅三里，已经消失的也先军队就出现了，"铁骑揉阵而入，奋长刀以砍大军"。

经过长期奔波，已经被王振反复折腾得士气全无的二十万大军终于到达了极限，并迎来了最后的结局——崩溃。

彻底的崩溃，二十万大军毫无组织，人人四散奔逃，此刻不管你是大将、大学士，还是普通士兵，只有一件事情可以做——逃跑。

说起逃跑，实在是个技术工作，除了看准方向外，还要有充足的体能做底子，这下子平日不劳动的大臣们遭了殃，因为也先的士兵们在屠杀这件事情上做得相当彻底，不管你是什么身份，是进士及第（曹鼐是状元）还是进士出身，马刀之前人人平等。

四朝老臣张辅曾横扫安南，威风无比，也于此战中被杀，一代名将就此殒命。

此外驸马井源、兵部尚书邝埜、户部尚书王佐、侍郎丁铉、王永和，以及内阁

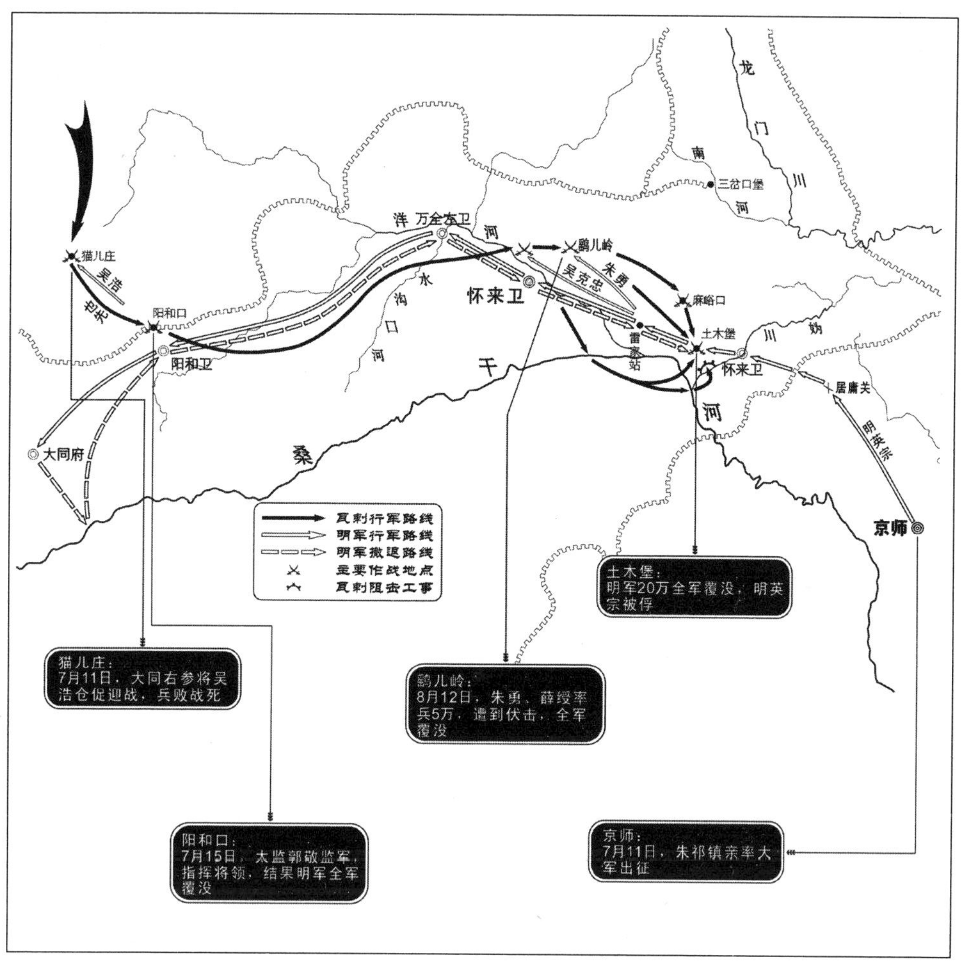

★书中地图内所有日期为阴历

↑ 土木堡之战

参考消息 **曹鼐不可**

曹鼐任泰和县典史时，负责当地的治安工作。一次外出办案，抓获一个绝色女盗。曹鼐一见钟情，忍不住想利用职权徇私一把，但理智又告诉他这样不妥，快把持不住时，他就在一小片纸上写“曹鼐不可”四个字，然后放在烛火上烧掉。就这样写了烧，烧了再写，反反复复几十次，经过一夜折腾，曹鼐终究还是克制住了自己，保住了“清白之身”。

一次糟糕的出征

胜

你也就愣头青一个！

突袭

败

凡是王先生说的都是对的！

瓦剌军

约十万人

明军

约二十万人

名誉统帅朱祁镇是不懂军事的愣头青，实际统帅王振“无知者无畏”

糟糕的指挥

准备时间不过五天，行至大同就已断粮

糟糕的后勤

王振胡乱指挥，士兵怨声载道，士气低迷

糟糕的士气

参考消息 **土木之变的官方评价**

《明史》里是这么评价土木之变的：真是奇了怪了，要兵有兵、要将有将、要钱有钱，人家又没说打到城门口来。怎么就凭区区一个小内宦就能轰得那么多大官往死里闯呢？这下你看，全军覆没了吧！什么大臣不大臣的，全部葬身草野，皇帝都给人整跑了，忍辱偷生。打仗打成这样，这不搞笑吗！

成员曹鼐、张益等五十余人全部被杀。

财产损失也很严重:

“骡马二十余万，并衣甲器械辎重，尽为也先所得。”

数十年之积累，数十年之人才，就此一扫而光。

二十万大军崩溃，五十余位大臣战死，他们本不该死，这就是最后的结局。

不过值得高兴的是，有一个该死的人终于死了。

护卫将军樊忠在乱军之中拼杀。他明白,所有的一切都结束了,自己也将死于此地。

他自然是不甘心的，二十万大军就此溃灭，只是因为一个人的错误指挥。

可惜他没有死在我的手里。

似乎是上天要满足他最后的心愿，不久之后，他居然在乱军中找到了这个人。

这个人的特征也很明显，他是太监，没有胡须。

于是樊忠赶上去扯住了惊慌失措的王振，用手中铁锤捶烂了他的脑袋。

“吾为天下诛此贼！”

杀得好！杀得痛快！

可惜太晚了。

◆ 尾声

正统十四年九月十二日。

“臣居庸关巡守都指挥同知杨俊报：近日于土木堡拾所遗军器，得盔六千余顶，甲五千八十领，神枪一万一千余把，神铳六百余个，火药一十八桶。”

正统十四年九月十三日。

“臣宣府总兵杨洪报：于土木所遗军器，得盔三千八百余顶，甲一百二十余领，圆牌二百九十余面，神铳二万二千余把，神箭四十四万枝，大炮八百个。”

第五章

力挽狂澜

◎但大明最终没有沦落到和北宋一样的下场　因为和当年的北宋相比　此时的大明多了一个人　多了一声怒吼

◎建议南迁之人　该杀　发言者　兵部侍郎于谦

在怀来城内的守将亲眼见到了这一幕惨剧，但他也没有办法，只能派人快马加鞭回去报信。一天之后(八月十六日)，京城的人们知道了这个消息。

天塌了。

二十万大军毁于一旦，无数文官武将战死，最为精锐的三大营全军覆没，京城已经不堪一击。

后宫太后和皇后哭成一团，大臣们如同热锅上的蚂蚁，急得跳脚却又没有办法，千头万绪从何处做起？

姜还是老的辣，此时吏部尚书王直站了出来，他明确地指出了问题的要害，也是当前必须先解决的首要矛盾:

皇帝是生是死？

是啊，乱成了一团，把皇帝给忘了，要知道，这确实是当前最为重要的问题。

兵没有了可以再召，大臣死了可以再考，其实皇帝死了倒也没有什么，再立一个就是了。

问题在于你得先确定朱祁镇先生是不是真的死了，万一把他当成死人注销了户口和皇籍，另外立了皇帝，过两天他自己屁颠屁颠地回来了，你还要脑袋不要？

社稷为重，君为轻。和国家比起来，你朱祁镇不算啥，但问题在于你得给个准消息，死了开追悼会，活着咱们再想办法。

太后和皇后当然希望他还活着，但大臣们就不一定了。

从后来的事情发展看，大臣们的意见应该是：皇帝死了比活着好。

朱祁镇，你还是死了吧，反正这一次把你祖宗的面子都丢光了，你死后我们好重新立一个皇帝，简单方便，别又搞出个建文帝来，折腾几十年。

有的时候，皇帝的命也是不值钱的。

虽然很残酷，但这是事实。

朱棣为了建文帝的消息足足等了二十一年，但朱祁镇的大臣们是幸运的，他们只等了一天。

正当大臣们盘算着这个问题时，有人前来通报，一个叫梁贵的锦衣卫（千户，随同出征）有要事禀报，也正是这个梁贵，带来了确定的答案。

皇帝陛下还活着。

◆ 人质

朱祁镇确实还活着。

在大军崩溃的时候，他的侍卫不是战死，就是早不见了踪影，人人只顾得上自己逃跑。也先士兵的喊杀声，被砍杀士兵的惨叫声汇成一片，小小的土木堡一下子变成了人间地狱。

朱祁镇虽然没有识人之明，却不是个窝囊废。

他失去了二十万大军，失去了大臣和侍卫，也失去了随身的所有财产，却保留了一样东西：

大明皇帝的尊严。

在这情况万分危急的时刻，他没有像其他人一样四散奔逃，而是安静地坐了下来，等待着决定自己命运的时刻来临。

此刻陪伴着朱祁镇的，是一个叫喜宁的太监。

不过，他可不是个好人。

一个瓦剌士兵发现了盘膝而坐的朱祁镇，便上前用刀威逼他，要他脱下身上穿着的贵重衣物。

出乎这位士兵意料的是，这个坐着的人根本就不理他，看都不看他一眼。

这位瓦剌士兵万万想不到，已经一盘散沙，只顾逃命的明军中居然还有这样的一个沉着镇定的人，自己手持利刃，张牙舞爪，这个人手无寸铁，却镇定自若，他顿时有一种被侮辱的感觉。

于是他举起了手中的刀，决定杀了这个人。

这一刀如果砍了下去，倒是省事了。

但就在此时，他的哥哥赶到了。这是一个见过世面的人，看到此人有如此气度，便阻止了他，说道："这个人举止特别，不是一般人（此非凡人，举动自别）。"

他随即请朱祁镇先生去见也先的弟弟——赛刊王。

赛刊王是瓦剌的高级人物，世面也算见得多了，但这位被俘的大明天子还是让他吃了一惊。

朱祁镇见到赛刊王后，也没有和他说客套话，居然先给他出了一道三选一的选择题。

“子额森（也先）乎？伯颜帖木儿（也先之弟）乎？赛刊王（猜对了）乎？”

赛刊王大惊失色，俘虏见得多了，但这样的真没有见过，派头实在不是一般的大，胆量也确实过人，他也拿不定主意了，只好跑去找他的领导——也先。

也先得知此事后，大为震惊，他认为这个人很可能就是大明的皇帝，于是便让两个见过朱祁镇的部下去看，并最终证实了他的猜想。

一场争论就此展开。

七十多年前，蒙古贵族们被赶出中原，数十万大军被徐达、常遇春、蓝玉等人打得落花流水，才流落到了茫茫草原大漠。也先虽然不是黄金家族的人，但他已拥立了黄金家族的脱脱不花为大汗，继承了皇室正统，更重要的是，他也是蒙古人。

虽无家恨，却有国仇。

也先首先发言，他掩饰不住自己的喜悦，对众人说道:“我以前不断向上天祷告，希望大元有朝一日能统一天下，现在果然应验了，明军被我打败，天子也在我手！”

此时，一个名叫乃公的人说道:“上天把仇家赐给我们，杀掉他吧！”

我查了很多史料，也不知此人到底是个什么身份，估计是个无名小卒。他说这句话可能无非是想凑个热闹，拍个马屁而已，可是这个马屁实在拍得不是地方。

要知道，高级贵族谈话，哪有小人物说话的份儿，就如同电视剧里的黑社会谈判，大哥还没有开口，小弟就先跳出来，一般出现这种情况，小弟都不会有好下场，这次也不例外。

听到这句话，另一个重量级人物——朱祁镇选择题中的第二选择伯颜帖木儿开口了，他大怒，跳出来对也先说:“这人是什么东西，哪里有他说话的份儿！”

然后他用一个字打发了这位乃公:“滚（去）！”

处理完这位小弟后，伯颜帖木儿发表了自己的看法。他说的话很长，大致意思是，打仗这么乱，大明皇帝居然没有死，这说明上天还没有抛弃他，而且大明皇帝对我们一直都还不错，如果也先大人主动把皇帝送回去，能得个好名声，岂不是更好？

众人纷纷点头，也先同意他的看法，并把朱祁镇交给伯颜帖木儿看管。

史料记载如此，但我认为，这其中有一大半是胡扯的。

伯颜帖木儿和某些蒙古贵族不愿意杀朱祁镇，自然是历史的真实，但如此描述，就有点问题了，在这场争论中，看不到真正的反对意见，满篇仁义道德，很明显夹杂着后代史官的人生理念和思想。

也先虽然文化不高，但权谋手段还是懂得一些的，他既然与大明开战，就说明双方之间没有什么情分可谈，他又不是读四书五经长大的，所谓的好名声，他又怎么会在乎呢？

在我看来，事实应该是这样的——

也先：现在怎么处理朱祁镇呢？

伯颜帖木儿：杀掉他可能没有什么好处吧，不如留着他。

也先：留着他干什么？

伯颜帖木儿：真笨，皇帝在手里，还怕没有好处吗？可以带着他去要赎金，还可以带着他去命令边关守军开城门，天下就是我们的了！

于是众人纷纷点头，也先同意他的看法，并把朱祁镇交给伯颜帖木儿看管。

事实证明，这一推测并不是没有依据的，在后来的数年中，也先玩的也就是这几招。

从此，俘虏朱祁镇就成为了人质，而也先也摇身一变，成为了绑匪集团的头目。

根据绑匪集团的内部安排，朱祁镇由绑匪第二把手伯颜帖木儿看管，但估计这位二当家做梦也没有想到，这个看似手无缚鸡之力的朱祁镇是个有着特殊才能的人。

朱祁镇的才能，就是他的人缘。

在我们的身边，经常会出现一些人，让我们一见如故，感觉温暖，如沐春风。这种气质往往是天生的，我们都愿意和这样的人交往。而朱祁镇正是一个这样的人。

年仅二十三岁的朱祁镇实际上是一个非常宽厚的人，他虽然身为皇帝，却对身边的下人很好，对大臣们也是礼遇有加，用“谦谦君子，温润如玉”来形容并不过分。

正是他的这种特质，使得他创造了一个奇迹。

在被敌人俘虏的窘境中，在时刻面临死亡威胁的阴影下，在异国他乡的茫茫大漠里，朱祁镇始终保持着镇定自若的态度，即使对自己的敌人也是有礼有节，时间一长，连看管他的蒙古士兵和军官都心甘情愿为他效力。

其中甚至还包括二当家伯颜帖木儿。

而朱祁镇的这种能力作用还不限于此，甚至在他回国后被弟弟关押起来时，奉命看守他的大臣也被他感化，心甘情愿任他驱使，为他出力。

在心理学中,有一种病症叫“斯德哥尔摩症候群”,这个名称来源于一起抢劫案，案件中的被劫人质一反常态，居然主动掩护抢匪逃走，阻拦警察，让很多人不解。

这个现象是可以用心理学来解释的：人质在强大的压力和威胁下，会倾向于服从控制自己的一方，这也正是为什么人质会服从配合绑匪的原因。著名的战争影片《桂河桥》描述的就是这样一群被日军俘虏后，积极配合日军军事行动，患上“斯德哥尔摩症候群”的人。

可是朱祁镇先生却开创了历史，他创造了“土木堡征候群”，在他的这种能力的影响下，绑匪竟然会主动站在人质一边！此后伯颜帖木儿不但数次要求释放朱祁镇，还主动为其争取皇位，每每看到这些记载，都让我目瞪口呆。

这真是一种可怕的能力。

◆ 忠诚与背叛

朱祁镇固然是个有亲和力的人，但很明显，他的亲和力并不是无往不胜的，至少对那位叫喜宁的太监就没有作用。

在朱祁镇被带走后，喜宁就迫不及待地抛弃了他的主人，投降了也先。现在看来，当初他守在朱祁镇身边，实在是别有企图。更为可恶的是，他还不断为也先出谋划策，并告知边关的防守情况，为蒙古军队带路，活脱脱就是一副汉奸嘴脸。

也正是这个喜宁,主动向也先提出,现在京城空虚,可以立刻进攻,必可得中原。

估计这位太监与大明有仇，或是本来就是卧底，除此之外，实在无法理解他的行为动机。

也先雄心勃勃，在他看来，有了喜宁出谋划策，一统天下的梦想很快就能实现。

由于喜宁的背叛，朱祁镇身边没有了人照顾，于是也先为大明天子另外挑选了一个仆人，这个人叫袁彬，也是在大战中被俘虏的。

也先不会想到，他的这个随意的决定却给了朱祁镇极大的支持，在后来的岁月里，袁彬用他的忠诚陪伴着朱祁镇，并最终等到了自由的那一天。

而此刻以心腹自居、得意扬扬的喜宁也没有料到，在不久的将来，他会死在这个叫袁彬的人的手里。

在做好一切准备后，绑匪也先开始实行绑架的最后一个步骤：通知人质家属。

这是一件十分紧急的事情，当年没有电话，必须要找人去报信，而且这一次绑架比较特殊，报信的人必须加快速度，如果晚了的话，可能会出现“撕票”的情况。

所以他释放了一个叫梁贵的俘虏，让他赶紧回去报信，务必在对方“撕票”之前，把消息送到。

这也算是个举世奇闻，绑匪竟然怕“撕票”？

千真万确，三条腿的蛤蟆不好找，两条腿的皇帝还是容易立的。大明王朝的子孙繁衍速度是很快的，排队等皇位的人足以从东直门排到西直门。如果不赶紧，万一新立皇帝，手上的这个活宝就不值钱了。

于是，大明王朝的精英们就此得知：他们的好皇帝还活着。

这就麻烦了。

死了最好，死了可以重新立一个，失踪也不错，起码可以先立个皇帝，把事情解决完，等到一切走上正轨，即使前皇帝最终沿途乞讨回来了，也没有什么大的作用了。

可是现在的情形恰恰是最差的一种，人不但活着，还做了绑匪的人质，明目张胆地找你要赎金。

参考消息 **恃宠而骄**

朱祁镇宠信的宦官，数起来没几个好的。王振、喜宁就不用说了，另有贪生怕死的亦失哈、通敌叛国被景帝砍了脑袋的跛儿干等。在这个问题上，朱祁镇负有很大的责任。比如镇守大同的韦力转是宦官，却喜欢做采花强盗：他仗势强奸一个军官的老婆，遭到反抗，韦力转就把这位军官杖责致死；他调戏养子的老婆，养子怒极大骂，韦力转竟然将其射杀。这样心狠手辣的宦官，若不是他胆大包天地擅用了皇家规制的金器，朱祁镇怕是不会追究的，即便如此，居然也只是关了几天就放了。朱祁镇的过度纵容，也让他自己吞下了苦果。

钱不是问题，要钱给你就是了，问题是即使给了钱，人也不一定能回来。如果让也先尝到了甜头，他可能每年过年都会来要一次，就当是压岁钱。拿钱后又不放人，你要是敢不给，就是不顾皇帝死活，舆论压力也是顶不住的。

然而这并不是最麻烦的，更大的问题在后头。

由于王振一味想靠人数压倒也先，所以他出征时带走了京城三大营的全部兵力和北方明军的精锐，此时的北京城中，所剩兵力不到十万，还都是老弱残兵，而且士气低落。也先击溃了明军主力，必然会借助余威攻击北京城。照目前的情况看，凭借着这点兵力是很难抵挡住对方的攻势的。

而且也先进攻的时候必然会带着他的人质朱祁镇，作用很简单——当人盾。

其实朱祁镇的真正作用不在于他是皇帝，而在于所有的守军都知道他是皇帝！

不知道也就算了，问题是大家都知道也先手中的这个人是皇帝，而也先很清楚这一点，只要把大明皇帝放在他的队伍里，明军投鼠忌器，自然不敢真打，万一有哪个不长眼的在乱军中把皇帝打死了，那可就是灭族的罪过。

守也守不住，打也不能打，该怎么办呢？

在我看来，实在没有办法。

大明王朝即将陷入绝境。

◆ 怒吼

大臣们在思考着对策，他们毕竟经验多，阅历丰富，即使在如此不利的情况下，他们也能够冷静下来，商量解决问题的方法。

但后宫就不同了，朱祁镇被俘虏的消息如同晴天霹雳，一下子震晕了钱皇后。在女人看来，自己的丈夫是最重要的，于是她立刻把后宫的所有金银珠宝全部派人送到也先的军营里，希望能够赎回丈夫。

人回来了吗？当然没有。

也先好不容易抓到这么个稀世珍宝，还指望着慢慢收地租，吃利息，怎么可能把人送回来！

于是他耍了流氓，钱收了，人不放，表示这些还不够，要宫里接着给。

后宫哪里还有钱呢，钱皇后虽然姓钱，但也变不出钱来，于是只好每天哭天抢地，以泪洗面。

没经验就是没经验啊。

后宫干了蠢事，大臣们也无计可施，因为他们已经自顾不暇。眼看蒙古军队就要攻入北京，万事无头绪，人心惶惶，贪生怕死的倒是占了多数，很多人主张南迁。

参考消息 **牵一发而动全身**

土木之变，使得大明王朝遭遇重创，元气大伤，再加上之前的云南土司叛乱和浙江、福建等地的农民起义，北方还有若干少数民族虎视眈眈，随时准备乘虚而入，明朝陷入到了空前的内忧外患之中。相应的，大明的军费和安抚费用逐年增多，使得国家财政捉襟见肘，在处理与各藩国的关系时，永乐时期那种出手阔绰的做派不见了，逐渐变得消极起来。

这倒也怪不得他们，怕死是人的本性，不过这些怕死一族最担心的，倒不单单是自己的性命，还有他们的前途。

他们主张南迁，其实是有着私心的。在他们看来，北京可能保不住了，朝廷如不迁都，很有可能玉石俱焚，而如果南迁，即使半壁江山丢了，自己还是可以接着当官的。

至于国家社稷，那实在是比较次要的事情。

这种情绪一直缠绕着文武百官，很多人也已经准备好包袱，南迁令一下马上就走。

但不管自己怎么打算，如果没有皇帝的命令，还是走不成的，于是怕死一族做好了准备，要在第二天的朝会上提出建议，一定要让皇帝同意南迁。

在这些逃跑派中，有一个人叫做徐理。

此时的徐理正跃跃欲试，他将在第二天提出自己南迁的建议，而且他很有自信，自己的建议一定能够得到皇帝的认可。

因为他有充分的理论依据。

第二天到来了。

正统十四年八月十八日。

大明王朝的国运就在这一天被决定。

早上，朝会正式开始，由暂代皇帝执政的朱祁钰主持。

这是大明王朝历史上十分重要的一次朝会，会议的主题是如何处理眼前的诸多问题，而其中最关键的问题就是逃还是战。

逃就会丢掉半壁江山，战则可能玉石俱焚。

朱祁钰初掌大权，十分紧张，他迫切地等待着群臣提出建议，然而接下来发生的事情却大出他的意料。

这些文武百官们上朝之后，竟然什么也不说，只是号啕大哭，整个朝廷哭成一片。

搞得朱祁钰手足无措，呆若木鸡。

其实这也容易理解，这些大臣们都有同事亲属在这次战乱中死去，而且好好的一个国家搞到如此地步，也实在让人心寒，多日的痛苦终于在朝会上得以发泄，算是哭了个痛快。

于是，这场关键朝会以痛哭拉开了序幕。

哭了一阵之后，大臣们渐渐恢复了理智，毕竟伤心总是难免的，活着的人还要应付眼前的难题。目前最关键的就是讨论朝廷是走还是留的问题。

徐珵首先发言，我们有理由相信，他已经等得不耐烦了，因为从他后来的表现来看，在他的心目中，最重要的永远是自己的荣华富贵。

徐珵大声说道："我夜观天象，对照历数，发现如今天命已去，只有南迁才可以避过此难。"

这似乎是算命先生的说法，在座的人都是饱读诗书之辈，也不是三岁小孩，徐珵怎么会愚蠢到把所谓天象当成理论依据呢？他的这套理论又能说服谁呢，不是自取其辱吗？

可是奇怪的是，徐珵本人却扬扬得意，认定大家都会相信他。他到底凭什么如此自信呢？

这其中还是有原因的。

徐珵，吴县人（今苏州，姚广孝的同乡），宣德八年（1433）考中进士，正统十二年（1447）任侍讲学士。大家知道，所谓侍讲学士是个翰林官，如果不是博学之士是当不了的。而翰林院里往往书呆子多，每天只是不停地读圣人之言、四书五经，可是这位徐珵却是工作休闲两不误，除了经学、理学外，他还有自己的个人爱好——阴阳术数之学。

前面提到过，所谓阴阳术数之学范围很广，包括天文、地理、兵法、算命等，可以说，这门学问如果钻研透了，倒也确实能出人才。著名的阴谋家姚广孝就是研究这个的，不过徐珵和姚广孝有所不同，姚先生研究的主要是前面三项（天文、地理、兵法），徐珵却偏偏挑了第四项（算命）。

算命这玩意儿可谓历史悠久，源远流长，具体准不准我们不好说，但只要人类对未知的恐惧仍旧存在，它就会不断延续下去。

徐珵就是一个有志于研究算命的人，他经常主动给人家算，虽说他不收钱，只是凭兴趣义务劳动，不过他经常算不准，所以人们也不大信他。

似乎上天想要挽救他的算命名声，在不久之后，这位失败的算命业余爱好者却对当时的一件重要事件做出了准确的判断。

这件事情就是土木堡之败。

在明英宗亲征前，他夜观天象，大惊失色，跑回家对老婆说："我观天象，此战必败。到时瓦剌军队攻来就来不及了，你赶紧回老家躲躲吧。”

可是徐先生的算命水平连他的老婆都不相信，对他的这一忠告，人们只是笑笑而已。

所以当土木堡之败的消息传来后，徐珵除了对自己的将来命运的担忧之外，还有几分高兴。

“都不信我，现在信了吧！”

这件事情最终也挽救了他的算命威望，所以此刻他才能够如此有底气地说出那一番话。

让我们看看现在大明王朝的五个关键词:

军队惨败　皇帝被俘　京城空虚　人心惶惶　投降（逃跑）派。

真是一片亡国之象。

这一幕似乎似曾相识，不错，在三百二十三年前，曾发生过极其相似的情况。

北宋靖康元年(1126)十月，盘踞北方的金兵对北宋发动进攻，太原、真定失守。十一月中旬，金军渡过黄河。宋钦宗惊慌失措，不知该怎么办，而大臣们全无战意，纷纷主张投降。

在这种情况下，十二月初二，宋钦宗正式向金投降。

靖康二年(1127)四月一日，金将完颜宗望押着被俘的宋徽宗、宋钦宗和赵氏皇子、后妃、宫女四百余人及其掠夺的大量金银财宝回朝，北宋灭亡。

如果对照一下，就会发现，相隔三百多年的两个朝代，境况竟然如此的相似:都是兵败不久，都是京城空虚，都是人心惶惶，都是投降逃跑言论甚嚣尘上。而且此时的大明境况更为不利，因为他们的皇帝已经落在了敌人的手上，投鼠忌器，欲打不能。

但大明最终没有沦落到和北宋一样的下场，因为和当年的北宋相比，此时的大明多了一个人，多了一声怒吼:

“建议南迁之人，该杀！”

发言者，兵部侍郎于谦。

◆ 于谦

洪武三十一年（1398）,明帝国送走了它的缔造者——朱元璋,这对于帝国而言,是一个不小的损失。

但也就在同一年，浙江钱塘县（现属杭州市）的一个普通家庭诞生了一个未来帝国的拯救者，于谦。

由于家庭环境不错，于谦有着自己的书斋，他就在这里度过了自己的童年时光。与当时的所有读书人一样，于谦也是从四书五经开始自己的求学生涯的。

说老实话，像四书五经这种东西是很容易培养出书呆子的，但于谦似乎是个例外。他十分上进，读书用功刻苦，却从不拘泥于书本上的东西，除了学习考试内容，他还喜欢阅读课外书籍（如兵法等）。历史告诉我们，喜欢看课外书的孩子将来一般都是有出息的。

就如同现在的追星族一样，于谦也有着自己的偶像，他把这位偶像的画像挂在自己的书斋里（此举比较眼熟），日夜膜拜。

有一次，教他读书的先生发现他经常看那幅画像，便好奇地问他为什么这样做。

于谦闻言，立刻正色回答:“将来我要做像他那样的人！”

画像上的人物是文天祥。

除此之外，于谦还在书斋中写下了两句话作为对文天祥的赞词:

殉国忘身，舍生取义；
宁正而毙，不苟而全！

这正是少年于谦对自己未来一生行为举止的承诺。

三十余年后，他用生命实现了自己的承诺。

永乐十九年（1421），于谦二十三岁，此时的他已经乡试中举，即将赴京赶考。

他将从此告别自己的家，告别江南水乡的故土，前往风云际会、气象万千的北京。

前路艰险，但于谦却毫无怯意，他明白，一个更为宽广的世界在等待着自己，实现平生抱负的时候到了。

于谦收拾好行李，告别家人，遥望前路漫漫，口吟一诗，踏上征途：

拔剑舞中庭，
浩歌振林峦！
丈夫意如此，

不学腐儒酸！

于谦，天下是广阔的，就此开始你波澜壮阔的一生吧！

◆ 清风

在京城的这次会试中，于谦顺利考中进士，并最终被任命为御史。在之后宣德元年的朱高煦叛乱中，于谦以其洪亮的声音、严厉的词句、深厚的骂功狠狠地教训了这位极其失败的藩王，并给明宣宗留下了深刻的印象。

从此，于谦走上了青云之路。

宣德五年（1430），明宣宗任命于谦为兵部右侍郎，并派他巡抚山西、河南等地。这一年，于谦只有三十二岁。

年仅三十二岁，却已经位居正三品，副部级，实在不能不说是一个奇迹，于谦也成了他同年们羡慕的对象。

这当然与朝中有人赏识他是分不开的，而着力栽培、重用他的正是“三杨”。

像杨士奇、杨荣这种久经宦海的人自然是识货的，于谦这样的人才逃不过他们的眼睛。事实上，当时确实有人对于谦升迁得如此之快表示不满，而杨士奇却笑着说：“此人是难遇之奇才，将来必成栋梁！我是为国家升迁他而已。”

奇才不奇才，栋梁不栋梁，也不是杨士奇说了算的，只有干出成绩，大家才会承认你。

于谦就此离开了京城，开始了他的地方官生涯，不过估计他也没有料到，这一去就是十九年。

在这十九年中，于谦巡抚山西、河南一带。他没有辜负杨士奇的信任，工作兢兢业业，在任期间，威望很高，老百姓也十分尊重他。更为难得的是，他除了有能力外，还十分清廉。

正统年间，王振已经掌权，他这个人是属于雁过拔毛型的。地方官进京报告情况，多多少少都会带点东西，即使是些日常用品，王振也来者不拒，让人哭笑不得。可是于谦却大不相同，他是巡抚，权力很大，却能够做到不贪一针一线，不但自己不贪，也不让别人贪。

一个贪，一个不贪，矛盾就此产生了。

于是正统六年，一直看于谦不顺眼的王振找了个借口，把这位巡抚关了起来。结果之前我们已经说过了，王振完全没有估计到于谦的人望如此之高，如果要杀掉这个人，后果可能会极其严重。于是王振退让了，他放出了于谦。

这件事情也让王振了解到，于谦这个人是不能得罪的。后来于谦官复原职，王振连个屁都不敢放，可见王振此人实在是欺软怕硬，纯种小人。

在牢里仍然大骂王振的于谦出狱后仍然坚持了他的原则，清廉如故。

曾经有人劝于谦多少送点东西做人情，对于这样的劝解，于谦做了一首诗来回答：

绢帕蘑菇及线香，
本资民用反为殃。
清风两袖朝天去，
免得闾阎话短长！

正统十三年（1448），于谦被召入京城，任兵部侍郎，他的顶头上司正是邝埜。

邝埜是一个十分正派的人，在其任间，他与于谦建立了良好的关系，两人合作无间，感情深厚。

如果就这么干下去，估计于谦会熬到邝埜退休，并接替他的位置，当一个正二品的大官，死后混一个太子太师（从一品）的荣誉称号，明史上留下两笔：于谦，钱塘人，何年何月何日生，任何官，何年何月何日死。

参考消息 **大明有个于龙图**

于谦任巡抚期间，对当地大小案件逐一查看，昭雪了狱中几百个被冤枉的囚犯。与此同时，他又运用铁腕，抓了好几个扰民的军官典型。这一放一抓，深得民心，一时间万民称颂，送了个“于龙图”的美称给他。于谦帮助过的人实在太多了，因此当于谦被释放，王振想借此机会贬他为大理寺少卿时，山西、河南的百姓直接向皇帝上书请愿，周王和晋王也进言保他。后世更是多次将他所审的案子记录成文，或编撰为小说，广为传播。

应该也就是这样吧。

对于于谦和邝埜自己而言，这样的生活似乎也不错，可是历史不能假设，邝埜不会退休，于谦也不会这么平淡活下去，惊天动地的正统十四年终究还是来到了。

之后便是我们已经熟悉的内容：贸易纠纷、边界吃了败仗、太监的梦想、愚蠢的决策、苦苦的劝阻、一意孤行、胡乱行军，最后一起完蛋了事。

于谦眼睁睁地看着这一切的发生，但他无能为力，邝埜是一个好上司、好领导，他给了自己很多帮助，而且从某种意义上说，那个牺牲在远征途中的命运可能本来应该属于自己。

不要再悲痛下去，是应该做点什么的时候了。

◆ 英雄

在国家出现危难之时，总有一些人挺身而出，为国效力，这样的人，我们称为英雄。

英雄不是人人都能当的，一般看来，英雄有如下特点：

一、敢为人之所不敢为，敢当人之所不敢当；

二、挽狂澜于既倒，扶大厦于将倾。

但实际上，要成为英雄，必须先学会畏惧。

这个世界上本来就不存在着天生的英雄，只要过日子，就会有困难。有困难就会有障碍。你会开始畏惧，畏惧所有阻挡在你眼前的障碍。

当你感到畏惧和痛苦，支撑不下去的时候，你应该同时意识到，决定你命运的时候到了。

因为畏惧并不是消极的，事实上，它是一个人真正强大的开始，也是成为英雄的起点。

不懂得畏惧的人不知道什么是困难，也无法战胜困难。

只有懂得畏惧的人，才能唤起自己的力量。

只有懂得畏惧的人，才有勇气去战胜畏惧。

懂得畏惧的可怕，还能超越它、征服它的人，就是英雄。

这就是我所认为真正的英雄——畏惧并战胜畏惧的人。

关键只在于那畏惧的一刻，你是选择战胜他，还是躲避他。

人生的分界线就在这里，跨过了这一步就是英雄，退回这一步就是懦夫！

于谦不是天生的英雄。

至少在正统十四年八月十八日的那个早晨之前，他还不能算是个真正的英雄。

虽然他为官清廉，虽然他官居三品，手握大权，但这些都不足证明他是一个英雄。

他还需要去显示他的畏惧和战胜畏惧的力量。

于谦是一个很强势的人，从他怒斥朱高煦到不买王振的账，他一直都很强硬，似乎天下没有他怕的东西。

但这次不同，作为代理兵部事务的侍郎，他要面对的是瓦剌的大军和城内低迷的士气。自己的生死可以置之度外，但如今国家的重担已经压在了自己的身上，必须谨慎处理，一旦出现失误，后果不堪设想。

于谦十分清楚，逃就会丢掉半壁江山，所以不能逃。

那么战呢，说说豪言壮语自然容易，但瓦剌攻来的时候，用语言是不可能退敌的。万一要是指挥失误，大明王朝有可能毁于一旦。

是战是逃，这是个问题。

于谦也是人，也会畏惧，但他之所以能够名留青史，永垂不朽，就因为他能战胜畏惧。

他并非天生就是硬汉。

从幼年的志向到青年的科举，再经过十余年的外放生涯，直到被召回京城，担任兵部侍郎，他并非一帆风顺，他曾平步青云，也曾被人排挤，身陷牢狱，几乎性命不保。但无论是成功还是失败，这一切都一直在磨炼着他。

也正是在这一天天的磨炼中，他逐渐变得坚毅，逐渐变得强大。

强大到足以战胜畏惧。

邝埜临走时期冀的目光还在他的眼前，到了这个时候，他应该站出来挽救危局。

可是身陷敌营成为人质的皇帝，也先精锐的士兵，城中惊慌失措的百姓，不堪一击士气低落的明军，还有类似徐珵这样只顾着自己的逃跑派煽风点火，一切的一

切都在提醒他:

这是一团乱麻，一盘死棋。

殉国忘身，舍生取义;

宁正而毙，不苟而全!

于谦最终还是迈出了这一步。

国家兴亡，我来担当!

第六章

○由于于谦已经代理了兵部尚书 且又是主战派的代表人物 所以朱祁钰便把防守北京的重任交给了于谦

○这是天下最高的荣誉 也是天下最重的重担

“建议南迁之人，该杀！”

于谦就是这样训斥徐珵的。

他接着说道:

“京城，是天下的根本，如果就此迁都，大势必然不可挽回！难道诸位忘了宋朝南渡的事情吗（独不见宋南渡事乎）？”

他的这一番怒吼震醒了那些犹豫不决的人，朝中第一号人物吏部尚书王直站出来公开支持于谦，而明代历史上另一个连中三元者、后来的宪宗重臣商辂也站在了他的一边。在这些人的影响下，主战派终于打动了朱祁钰，并坚定了他抵抗到底的决心。

由于于谦已经代理了兵部尚书，且又是主战派的代表人物，所以朱祁钰便把防守北京的重任交给了于谦。

这是天下最高的荣誉，也是天下最重的重担。

散朝后，于谦走出了大殿，看着乌云密布的天空，回想起这个并不平静的早晨，他也不由得感到惊心动魄。

在八月十八日的这个早晨，他进行了一生中最重要的选择，也完成了一生最重要的转变。

他的不朽传奇也正是从这一天开始的。

八月十九日。

于谦召开了他的第一次军事会议，必须说明的是，这位兵部侍郎虽然是个与军事打交道的主官，之前却从未指挥过军队，算是书生上阵。

话虽如此，书生上阵未必就不行，南宋的虞允文就是以文官的身份组织战争，并最终在采石击败金完颜亮数十万大军的。

于谦虽然是文官，但他对兵法也有研究，排兵布阵很有一套，相信是小时候看课外书打下的基础。所以说，课外读物实在是必不可少的。

但当于谦真正了解到目前京城的情况时，他才认识到，摆在眼前的是一个不折不扣的烂摊子。撇开那些逃跑投降派不说，军事上的压力就实在吃不消，土木堡失利几乎把所有的老本都赔干净了，京城里连几匹像样的好马也找不着。士兵数量不到十万，还都是老弱残兵和退休人员。

这倒也罢了，关键在于士气不振，一流部队被抽调出去作战，却落得个全军覆没的下场，侥幸逃回来的人为了掩饰自己的无能，自然会把敌人描述得极为厉害。

城内的二流部队听到这些前辈们的议论，自然心里害怕，在他们的眼中，也先和他的蒙古骑兵简直就是外星怪物，一人长了好几个脑袋，怎么也打不死。

但最严重的问题还在于,大明帝国的最高统治者皇帝（代理）自己也没有信心，朱祁钰也不算是个胆小的人，可是在如此强大的敌人面前，他也没有了主意，虽说目前他同意抵抗，但如果再打个败仗，朱祁钰也是很有可能改变主意的。

所以目前最重要的工作就是稳定军心。

于谦在听完属下的汇报后，沉思不语，仔细研究过军事布防图后，他用低沉而有力的声音下达了自己的第一道军令：

“自即日起，奉命征调如下部队赴京守卫：

“1. 备操军，包括两京备操军、河南备操军；

“2. 备倭军，包括南京备倭军、山东备倭军；

“3. 运粮军，包括江北所有运粮军；

“4. 宁阳侯陈懋所部浙军（战斗力较强）。

“各军接到命令后，立刻出发，并按时赶到京城布防，如有违抗，军令必斩！”

以上部队共计十余万人，但这些部队并非主力，大多是预备役或是后勤部队。

主力部队去了哪里？

明朝的内部局势

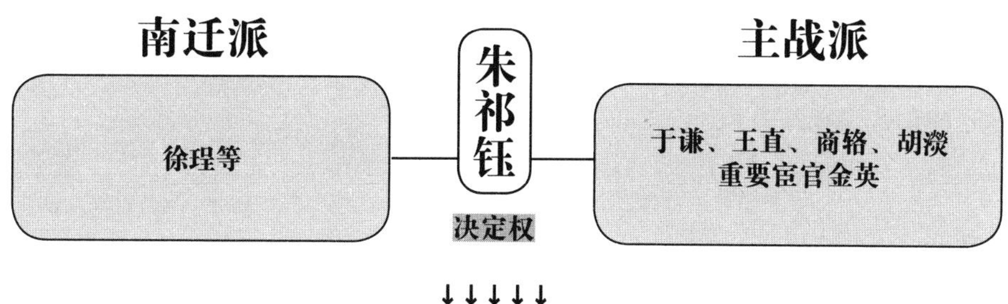

↓↓↓↓↓

宋朝南迁的前车之鉴，使主战成为共识

主战面临的三大难题

↓↓↓↓↓↓↓↓↓↓

定时炸弹……………沦为人质的皇帝

↓↓↓↓↓↓↓↓↓↓

烟幕弹……………逃跑派的煽风点火

↓↓↓↓↓↓↓↓↓↓

火药桶……………军队低迷的士气、惊慌失措的百姓

全埋在土木堡了。

这也是没有办法的办法，最精锐的京城三大营以及京城附近的主力部队已经全军覆没，剩下的寥寥无几，即使逃回来的，也早已被吓破了胆，士气全无了，要想保卫京城，只能靠这些预备役和后勤部队了。

除了士兵外，要守住京城还需要一样更加重要的东西——粮食。

京城人口众多，要解决这些人的吃饭问题，就必须囤积、运输大量的粮食。

虽然目前京城内的粮食还充足，但要是被长期围困，这个算盘就不好打了。其实就在离京城不远的通州，储存着很多的粮食，多到什么程度呢？“仓米数百万”。这么多的粮食足够京城的人吃一年，是当时最大的粮仓。

但大臣们似乎并不想用这些粮食，甚至主张把通州粮仓烧掉。

这又是一件怪事，好好的粮食不用，为何要烧掉？

要知道大臣们并非脑袋进了水，实在是因为这些粮食看得见，用不成。

当时的通州并不是北京城的一部分，事实上，它和京城还是有着相当一段距离的。通州粮仓里的粮食虽然很多，却很难运进京城，因为如果要安排民工运输，耗用大量人力不说，还很危险。

当时也先的骑兵部队已经在京城关外附近耀武扬威，而运输却需要很长时间，没准在运输过程中，对方的骑兵已经攻了进来，一旦也先军队突破紫荆关，通州指日可下。而那些粮食自然就成了也先的军粮，所以要运输粮食，就必须派出军队护卫。

可现在这个局势，保卫京城的军力都不足，哪还有多余的人去护卫粮食呢？

这是一个难题，看来除了一把火烧掉之外，也没有更好的解决办法了。

可是于谦解决了这个问题，用一个十分巧妙的方法。

这就是他的第二道命令：

“所有受召军队进发时应由通州入京，士卒各自取粮，并运送至京城。”

问题就此解决，通州的粮食将由十余万士兵运送入京。

看到了吧，这就是水平。

所谓有水平就是能做到别人做不到的事情，想出别人想不出的方法。

匹夫之勇人人皆有，但问题摆在眼前，能否处理好，就要看能力了。

于谦是一个勇敢的人，但他同时也是一个有能力的人。在这件事情的处理上，

参考消息 **为难的藩国**

在筹备军事布防的阶段，于谦还做了一件事：派辽东指挥王武前往朝鲜借兵。这位特使在朝鲜接受了一番隆重的招待之后，一开口就要借兵十万。朝鲜素不重兵，兵力本来就少，举国上下能否调出十余万兵都是个问题，何况在短期之内就要做长途支援？有心无力之下，朝鲜国王据实以告。但是朝鲜政府依旧担心天朝责难，于九月十九日，特派专使前往北京解释清楚。不过北京此时忙的忙、乱的乱，谁也没工夫再提这茬儿，借兵这事也就不了了之了。

他十分明智地把调兵和运粮这两个问题联系在一起解决，既不耽误行军，还能免去民工的费用，同时保证了运粮队伍的安全，一举三得。

力挽狂澜者，绝非匹夫，国士也。

智勇兼备，方为国士。

◆ 秋后算账

于谦下达了命令，自八月十九日起，大明帝国境内所有可调可用之兵纷纷集结起来。

这些军队来自山东、河南、南京、浙江等不同省份，他们日夜兼程地行军，目标只有一个——尽快赶到京城。

这是一场和时间的赛跑，他们不知道也先会什么时候打过来，但他们知道的是，也先迟早会打过来，只要能够在此之前赶到京城，胜利就多一分把握。

大明帝国开始了建国以来的第一次总动员，以应对即将到来的强大敌人。

在于谦的努力和调配下，到九月初，各路人马纷纷赶到，京城的兵力达到了二十二万，且粮食充足，人心也逐渐稳定下来。

军事上的准备已经开始，并有条不紊地进行着，而与此同时，一场政治风暴也即将到来。

“把王振千刀万剐！”

这是很多大臣的心声，理由也很简单，王振是个不折不扣的小人，自从掌权以来，以诬陷整人为日常爱好，谁敢不服从他就收拾谁，很多大臣因为一言不合就被他打入大牢。而且他还主动索取贿赂，谁敢不给就没有好下场，如此行径，简直视文武百官为无物。

此外他还勾结锦衣卫，把这个特务机构变成他的整人机构，无数官员都吃过他的苦头。

更重要的是，正是由于王振的无能和愚蠢才最终导致了土木堡的失败，朝廷精英和多年积累就这么毁在一个小人的手中。就在二十多年前，大明帝国还曾经横扫天下，势不可挡，之后仁宣之治，天下太平，如此强大之帝国，居然葬送在一个死太监的手里，谁能咽得下这口气！

当然了，在士大夫们的心中，还有一个痛恨王振的理由，不过这个理由不太方便说出来。

既然士大夫们不愿意说，我就替他们说吧，这个心中暗藏的理由，就是出身。

士大夫们发奋读书，寒窗十年，经过几十场考试，三场大考（有的只有两场），淘汰无数的才子同仁，才换来了头上乌纱和手中权印，而且考上了也不代表你就前途似锦，运气好的，可以混个翰林，运气不好的连御史也干不了，只能派到下面干个七八品小官，熬资历几十年下来，最后混个从三品退休就已经谢天谢地了。

实在不容易啊。

可是王振这个死太监，学问有限（不成器的学官）、能力不足（土木堡就是明证）、身体残疾（职业限制）、道德败坏（贪污受贿），却能够一下子独掌大权，号令天下！

死太监，你凭什么！

客观地看，士大夫们的愤怒是有道理的。他们日夜操劳、处理政务，且学识渊博，经验丰富，却要听从这个司礼监的命令，看着他胡作非为，也确实让人难以忍受。

而这个愚蠢的司礼监不但祸害朝政，现在还害得国将不国，惊涛四起，几十万士兵和文武官员因他而死，事情已经到了忍无可忍的地步。

秋后算账的时候到了！

但此时的于谦似乎顾不上这些，因为他有太多的事情要忙。八月二十一日，于谦正式接替了邝埜的位置，成为兵部尚书，正式执掌兵部权力。

兵部尚书于谦并没有升官的喜悦，因为也先一旦打来，这个官能当多久还是个问题，目前最重要的是要解决手边的众多问题，保卫京城和国家的安全。此时的于谦实际上已经成为了朝政的实际控制者。

不过日理万机的于谦大人其实尚未意识到，他正坐在火山口上，还是一座活火山。

八月二十三日，火山爆发。

这一天的清晨，大臣们如往常一样，准备上朝议事，但谁也没有想到，明朝二百七十六年历史中最为严重的一次朝堂斗殴即将开始。

这也是整个明代朝廷最为混乱的一天。

朝会由朱祁钰主持，他开始询问大臣们有何事上奏。

话音未落，一人大步迈出，高声说道:“臣有奏本！”

导火线就此点燃。

这个上奏的人名叫陈镒。

陈镒，苏州人，都察院右都御史，为官清廉，极其痛恨王振，此次的惨败使他痛心疾首，便下定决心，要一举铲除王振一党。

他厉声说道:“王振祸国殃民，作恶多端，害得皇上身陷敌营，如此恶行，不灭族不足以安人心，平民愤！”

语气如此严厉，坐在上面的朱祁钰也被吓了一跳。

可是陈镒却越说越气愤，越激动，想起无辜受难的同僚和百姓，竟然痛哭失声。

一石激起千层浪，陈镒的这一哭激起了大臣们的愤怒，他们开始不顾礼仪，争相向朱祁钰弹劾王振。

一时之间，朝堂上乱了起来，上奏声、骂人声、痛哭声此起彼伏，纷乱程度实在可比集贸市场。

朱祁钰初登大位，还不是皇帝，只不过代行职权而已，见到这个阵势，吓得不轻，下面的大臣们像连珠炮般地说着话，旁边还夹杂着哭骂声，压根就听不清他们在说些什么，可怜的朱祁钰根本反应不过来。

突然，朝堂上的喧嚣平静了下来，下面的大臣都用一种极为可怕的眼神看着他，原来弹劾的人已经说完了，等着他的裁决，基本意见就一条:

“杀其同党，灭其全族！”

这可是大事啊，怎么能做得了主呢？朱祁钰胆战心惊地再三考虑，还是不敢做出决断，便下了一道命令:

“百官暂且出宫待命，此事今后再议。”

后来的事实证明，这不仅仅是一道谕令，也是炸药包，是增加爆炸威力的炸药包。

再议？何时再议？再议又如何？再议之后再议？

你糊弄谁呢？！

这些久经宦海的大臣们绝不会被这句话打发走。他们知道，如果错过了今天这个机会，此事就会石沉大海，王振虽然死了，但他的同党还会继续操纵朝政，今天发言的人必定遭殃，国家也就完了。

为国为己，只能拼了！死也要死在今天，死在这里！

谕令已经传达了多次，可是大臣们就是不走。

大臣们似乎达成了默契，没有一个人动，只是不停地痛骂、痛哭、死死地盯着坐在上面的朱祁钰。

朱祁钰吓得脸都发白了，旁边传谕令的太监金英也不停地擦汗，这种阵势他也从没有见过，实在太可怕了。

朱祁钰开始认识到，今天不说出个一二三，他是回不去了。

当权者的沉默彻底激怒了大臣们，王振的倒行逆施、仗势欺人又出现在他们的脑海里。在土木堡之战中，这些大臣们也多有亲属、同年毙命。新仇旧恨，如此罪大恶极之人竟然得不到处罚，天理何在！

正当大臣们的情绪即将达到顶点时，一个不识相的家伙出现了。

锦衣卫指挥马顺一直都是王振的死党，帮着他干了不少坏事，侍讲学士刘球就是被他派人杀害的，此事尽人皆知，只是由于其势力太大，一直没有人动他。

此时，这位马顺出马了，他仗着有皇帝的谕令，竟然呵斥群臣，让他们立刻出去。

马顺的行为可以用两个字来形容：

找死。

就这样，由陈镒点火，朱祁钰加炸药，马顺最终引爆，三方通力合作，团结一致，即将演出了明史中朝廷最为精彩火爆的一幕。

大臣们本已愤怒到了极点，哭骂声越来越大，王振的同党马顺偏偏这时跳出来，大耍威风。按理说，他们应该更加愤怒才是，可是此时这些愤怒的人们却陷入了短

参考消息 **马顺其人**

马顺是个卑微的小人，他身体虽然健全，心理却有些扭曲。为了投靠在王振门下，以堂堂一个锦衣卫指挥使的身份，竟然管王振叫爹，举凡过年过节，都亲自送礼上门，执子侄礼——磕头。迎面遇上王振时，他就会立刻滚鞍下马，伺候一旁。王振于是也很给面子，交代了马顺许多事情，比如杀人放火、栽赃陷害等等。毕竟是做锦衣卫的，马顺这一套做起来很顺手，很快就成了王振的左膀右臂。

暂的沉默之中。

可怕的沉默。

这种沉默是愤怒的顶点。

不在沉默中灭亡，就在沉默中爆发！

那么多的屈辱，那么多的悲痛，毫无道理的欺压侮辱，亲人好友的战死被俘，现在到了这个地步，竟然还在作威作福。

够了，足够了。

不用再压抑自己的愤怒，不用再忍受无耻的欺凌！

动手！

◆ 殴斗

马顺还在扬扬得意地呵斥着大臣们，往日他也是这样做的，在他看来，今天并没有什么不同。

突然，有一人跑出大臣行列，朝自己猛冲过来！还没有等他缓过神来，头发已经被狠狠地抓住，脸上重重地挨了好几下。

终于开始了。

第一个动手的是户科给事中王竑。

王竑是个言官，平时的工作就是监察弹劾。此人脾气急躁，性格耿直，早就看王振一党不顺眼，而国家沦落到这个地步他也十分痛心，更加痛恨王振一伙。眼见王振已死，马顺还敢如此嚣张，他不由得怒上心头。

什么都别谈了，来真格的吧！

马顺，看我打不死你！

他冲上前去，抓住马顺的头发，先用手中的朝笏劈头盖脸地向马顺打去。愤怒冲昏了他的头脑，到后来，兵器也不要了，索性赤手空拳上阵，拿出看家本领王八拳，一套拳法用得如行云流水，密不透风，拳头暴雨般落在马顺的身上，边打还边骂：

“到了这个时候，你还敢嚣张！”

他越打越怒，越打越气，情绪激动到极点，竟然干出了一件骇人听闻的事情。

王竑觉得这样还不足以出气，于是放弃了拳脚，抓住马顺，竟然用嘴咬下了他脸上的一块肉！

疯了，彻底疯了。

这里我们从技术层面评点一下王竑的这一系列斗殴动作，他上来后首先抓住马顺的头发，抓头发这招在打架中应该说是很常用的，用这一招开头，说明他确实有一定打架经验。

但考虑到他本人是文官，平时主要工作是上奏折，所以暂不考虑他是武林高手的可能，其使用王八拳的可能性很大。而从他动嘴咬人这一点上看，他确实是气愤到了极点。因为男性打架过程中，用这招往往会被人瞧不起，所以除非万不得已，这一招是不会使出来的。

他已愤怒到了极点。

此时倒在地上的马顺是痛到了极点，也吓到了极点。他绝想不到，竟然有人敢在朝堂之上、皇帝面前动手，平时一呼百应、毕恭毕敬的大臣竟然变成了恶狼。

马顺已经十分痛苦了，但更让他痛苦的还在后头。

王竑的这一举动也惊呆了站在一旁的大臣们，但只在片刻之间，他们已经反应过来，事情到了这个地步，王振那帮人竟然还敢欺凌自己，实在是让人忍无可忍！

有怨报怨，有仇报仇，该出手时就出手！

于是，在王竑动手之后，大臣们立刻蜂拥而上，几个跑得快的先赶了上去，对

参考消息 **好官王竑**

朝堂斗殴事件后，王竑名声大振，也得到了提拔。景泰二年，他被授任巡抚苏皖。难得的是，他的为官操守一直保持得很好。景泰二年，江北徐淮连遭水灾，饿殍遍野，王竑一面上疏，一面还未等到答复，就开仓济民。山东、河南的流民也闻信涌来，无奈储蓄的存粮已不够供给。王竑想把广运仓的积粮也全部发放，这是备京师急用的，典守中官不许，王竑亲自前往力劝："老百姓贫病交迫，很可能沦为盗贼。假如激起民变，你可是杀头的罪名，然后我再自请死罪。"中官不得已而答应。天顺年间，王竑再度被任命管理淮安、扬州的漕运，淮安人听说王竑又回来了，欢呼迎拜的人，数百里不绝。

着马顺拳打脚踢就是一顿暴打，很快马顺就被团团围住，无数双拳头，无数只脚朝他身上招呼，转瞬之间，他已经是遍体鳞伤。

跑得快的还能打上几拳，跑得慢的就没有福气了。人群围了几层，后来的大人们只能撩起官袍，抬起大脚朝着被众人包围着躺在地上奄奄一息的马顺猛踩。

于是，这些平日温文尔雅、埋头苦读的书呆子们一改往日之文雅举止，无论打过架与否，无论是翰林还是堂官，也无论年龄大小、官位高低，纷纷赤膊上阵。

要知道，明代的官服并不是打架的专用服装，为显示官员的地位，他们的外袍比较宽大，有时走起路来还要提起下摆，免得踩到摔跤，而且这些大人们上朝还戴着乌纱帽，就这么一副装束，怎么能打架？

此时此刻也顾不得了，大人们压抑不住心中的愤怒，丢掉帽子，卷起官服，纷纷上前痛殴马顺，还有个别人打得兴起，甚至卷袖赤膊上阵。

往日不可一世的马顺此刻只剩下了求饶的份儿，但没有人理会他，因为所有的人都记得，这个人是王振的帮凶，他曾经逼死了刘球，逼死了很多被关入诏狱的大臣。

他罪有应得。

不一会儿，群臣们停止了打斗，因为马顺已经被打死。

但事情不能就这样完结，这些杀红了眼的人把目光对准了坐在上面的朱祁钰。

朱祁钰目瞪口呆。

他看着王竑冲了出来，看着王竑抓住了马顺的头发，看着王竑嘴咬马顺，然后他看见群臣也冲了出来，一拥而上，把马顺团团围住，拳打脚踢。

最后，他看见马顺被打死，就当着他的面。

所有的这些行为已经超出了他的理解范围，那些文质彬彬的大臣们，一下子变成野兽。朝堂之上，皇帝最大，大臣唯唯诺诺，不发一言，这才是想象中的朝堂。

可是现在，满地都是被丢的官帽、官服、腰带，一群近乎疯狂的人在进行殴斗，太监们也早已躲到了一边发抖，哀号声、痛骂声、还有拳头落在人肉上发出的沉闷而可怕的声音。

更让他难以想象的是，不但那些年轻的官员们赤膊上阵，拳脚并用，连一些五六十岁的老臣也提着腰带，颤颤悠悠地走过来对着马顺踩上一脚，中间还不乏一些尚书、侍郎之类的高官。

这是幻觉。

这不可能是真的，这是朝廷，是皇帝与大臣们议事的地方，是大明帝国的中枢，但是现在，这里变成了斗殴场所，变成了擂台，变成了地狱。

如果是噩梦，就快点醒吧！

可是事实提醒了他，这不是在做梦，因为那些刚刚打死马顺的大臣们已经把目标锁定了他。他们睁着发红的眼，死死地盯着他，其中也包括那个嘴角还沾着人血的王竑。

下面的事情越发出乎朱祁钰的预料，大臣们竟然忘记了君臣名分，直接用手指着自己，要他把王振的余党交出来！

反了，要造反了！大臣竟然敢要挟皇帝（代理）！

但在这个惊心动魄的时刻，朱祁钰是不可能想到这些礼数的，他吓得浑身发抖，面对群臣的质询，竟然说不出一句话来。

此时旁边的侍候太监金英眼看局势危险，这样下去，朱祁钰本人都可能有危险，他立刻派人去找毛贵和王长随。

毛贵和王长随是王振的同党，金英这个时候去找他们，实在是不怀好意。

两人被连拉带拽地拖到金英面前时，还是丈二和尚摸不着头脑。金英也没有和他们废话，一脚把他们踢进了大殿。

此时的大臣们还在威逼朱祁钰，突然看见这两个人出现在自己的面前，就如同三天没吃饭的老虎见了肥羊，恶狠狠地扑了上去。

毛贵和王长随懵懵懂懂，屁股上挨了一脚，被踢进了朝堂，还没有弄明白是怎么回事，就见到一群衣冠不整、凶神恶煞的人朝自己冲了过来，然后就被雨点般的拳头和踢腿淹没。

很快，两人也被打死。

此时大殿上三具尸体陈列，四处血迹斑斑。大臣们已经歇斯底里，完全失去了控制，在朝堂上四处乱窜，更多的人则是继续朝朱祁钰要人。

有些大臣觉得还不解恨，便把三个人的尸体挂到东安门外示众。城中的老百姓和士兵也吃够了王振的苦，纷纷上前痛殴尸体。

朝堂上更是热闹，既然朱祁钰没有下令逮捕王振的家人同党，那就自己动手！

大臣们自发自觉地找人去抓了王振的侄子王山，这位为荣华富贵来投奔自己叔叔的仁兄终于了解到了一个真理:

有得必有失。

他得到的是七年的荣华富贵，付出的却是生命。

大臣们仍然处于混乱之中，打死了马顺，打死了毛贵、王长随，下面该怎么办呢？难道要一个个把王振的同党们打死吗？

大臣们有的仍然怒发冲冠，破口大骂王振。

参考消息　重量级太监金英

永乐五年，远征安南的张辅带回一批伶俐的孩子作为内臣使用，金英就在其中。仁宗、宣宗两朝，金英均伺候在皇帝身边。宣德七年，由于他的忠诚勤谨，而被赐予免死诏。金英笃信佛教，皇帝所赐的金银布帛全被他换成钱粮，建造寺庙、佛塔。正统十四年朝廷会审在押囚犯，金英端坐其中，尚书以下的官员只能旁列左右，可见权势之盛。王振这个人嫉妒心很强，虽然他势力很大，却也始终没有办法撼动金英分毫。

也有人不知前路如何，杀掉这三个人会不会遭到报复，只是呆呆地坐在地上。

更多的人则是拥到朱祁钰面前，向他要人，让他下令。

大臣的行为固然出气，但他们却没有意识到，危险正在向自己靠近。

因为他们忽略了一个重要的问题——马顺的身份。

毛贵和王长随不过是宦官而已，但马顺却是锦衣卫指挥。我们说过，锦衣卫不但是特务机关，还担任皇帝的警卫。

大臣们没有意识到一个奇怪的现象，他们当着锦衣卫的面打死了他们的长官，为什么这些锦衣卫却毫无行动呢？

这是因为还有一个人在场——朱祁钰。

朱祁钰是当前的摄政，如果没有他的命令，锦衣卫是绝对不敢乱来的。但如果他不说句话就此退朝的话，大臣们的生命安全就很难保证了，因为局势混乱，而锦衣卫中有很多王振的同党（王山就是锦衣卫同知）。大臣们打死马顺是自发行为，那么难保没有几个像王竑一样的锦衣卫站出来，在王振同党的指挥下，打死几个大臣，这似乎也可以理解为自发行为。

此时朱祁钰正打算做这样的事情，他已经从最初的震惊中缓过神来，明白了眼前发生了什么事情，看着这些几近疯狂的大臣和血肉横飞的场面，他害怕了。

朱祁钰选择了逃走，他要逃到宫里去。

这是一个关键的时刻，如果朱祁钰真的走了，那么锦衣卫和王振的同党很可能会动手，马顺虽然功夫不怎么样，但他手下的锦衣卫要收拾这些文官还是很轻松的。

但此时群臣似乎没有意识到这个问题，还在不断地哭、骂，要朱祁钰给王振定罪。

只有一个人保持了冷静的头脑，意识到了即将到来的危险。

这个人正是于谦。

于谦是一个头脑清醒的人，他并没有参加斗殴，虽然他也很恨马顺等人，但他不会采取这样的方式，在整个过程中，他只是旁观者和思考者。

他十分清楚，人已经打死了，要想真正解决问题，必须要朱祁钰下令，但这位摄政已经被吓得脑袋不清醒了，现在竟然准备逃走。如果让王振余党抓住机会，给参与打人的大臣定下一个杀人之罪（马顺确实无罪），问题就麻烦了。

眼看朱祁钰准备开溜，于谦十分着急，这实在是千钧一发之刻，可是周围的人却一点也不清醒，四处吵吵嚷嚷。

顾不得那么多了！

于谦立刻向朱祁钰跑去，他要拦住这个人。

可是前面的群臣已经排得密密麻麻，于谦无奈，只好用力把人群分开，往前挤(排众直前)。

这是一个比较痛苦的过程，在拥挤之中，于谦的衣袖也被拉破，但他终究还是赶在朱祁钰逃走之前拦住了他。

于谦用洪亮的声音说道："殿下（当时还不是皇帝），马顺等人是王振的余党，其罪该死（顺等罪当死），请殿下下令百官（基本都动过手）无罪！"

这响亮的声音终于惊醒了朱祁钰。他明白，如果现在不给这些人一个说法，局势将无法稳定，于是他依照于谦的话下达了命令。

大臣们也清醒过来，既然马顺等人已经定罪，那也就没什么事了。

稳定情绪的朱祁钰终于恢复了正常，他接着下令把王振的侄子王山绑至刑场，凌迟处死！

群臣拍手称快，八月二十三日的这场风波就此平息。

三个人在朝廷之上被活活打死，大臣们一下子从书呆子变成了斗殴能手，老少齐上阵，充分地发泄了自己的愤怒情绪，把朝堂搞成了屠宰场，闹得鸡犬不宁，鲜血四溅，代行皇帝职权的朱祁钰也被结结实实地威胁了一把，弄得狼狈不堪。

大臣被打死，代理皇帝被威逼，居然还是发生在朝廷议事之时，这样的乱象在明朝历史上可谓是绝无仅有。

所以，当群臣们恢复正常，整理自己的着装，检查自己的伤势（大部分是误伤），并走出大殿时，都有一种恍如隔世的感觉。

真是彻底疯狂了一把。

但有一点大臣们是很清楚的：打死马顺之后，锦衣卫已经磨刀霍霍，如果不是于谦在那一刻挺身而出拉住朱祁钰，为他们正名的话，能不能活着走出大殿来还是一个未知之数。

多亏了于谦啊。

当于谦走出左掖门的时候，所有的人都对他报以敬佩的目光。如果说在五天前他们对这个怒吼的人还有什么疑虑的话，现在他们已经有了新的共识：

这个人一定能够独撑危局，力挽狂澜。

吏部尚书王直也感触万分，他十分激动地握住于谦的手，对他说道："国家全靠你了，今天这种情况，就是有一百个王直也处理不了啊（国家正赖公矣，今日虽百王直何能为）！"

王振的罪行彻底得到了清算，他的家产被查收，而他的家人也被杀得一干二净，其中还是王山先生最惨，他被剐了上千刀才死，这是因为大臣们提议，虽然王振已经死了，但还需要找个人来替代他受刑，方可有个交代（够狠）。

于是，从千里之外投奔王振的王山便替他的好亲戚受了此刑。七年富贵换了个凌迟，真是亏本买卖。

说实话，从法理学的角度上来讲，王山、马顺等人并没有明显的罪行，被活活打死似乎没有理由。如果从程序上来说，大臣们的行为应该属于故意伤害致死，绝对算不上是正当防卫。

但在场的每个人都知道，这些人都是十恶不赦之徒，正是因为他们，朝纲才会如此不振，国家才会如此混乱，数十万士兵才会送命，所以当他们出于义愤，打死这些王振同党的时候，他们已经实现了正义，他们自己的正义。

◆ 最后一个麻烦

军队开到了，粮食充足了，王振的余党也彻底清除了，在于谦的努力下，很多棘手的问题都得到了解决。

但他还有最后一个麻烦，这也是最大的一个麻烦：

皇帝还在人家手里呢。

很明显，也先把朱祁镇当成了一张信用卡，把大明帝国当成了提款机，只要人还在他手里，他就会不断地刷这张无限额的金卡，直到把银行刷倒闭为止。

不能再这样下去了，必须想一个解决的方法。

于谦清楚地认识到，朱祁镇之所以会成为也先手中的王牌，不是因为他是朱祁镇，而是因为他是皇帝。

朱祁镇就是论斤卖也卖不到几个钱，但皇帝的这个名分却重如泰山。

其实解决方法很简单——再立一个皇帝。

因为皇帝不是你朱祁镇的，而是大明帝国的，这个名分可以给你，也可以给别人。

换句话说，朱祁镇是不是皇帝，不是朱祁镇说了算，也不是你也先说了算，而是我们说了算。我说你手上的皇帝是假的，就一定是假的。

就算不是假货，也是个过期产品。

天下唯一的皇帝权威认证机构在我这里，想定期领工资？也先，你就别做梦了！

方针已定，那么立谁呢？

最先被考虑的是朱祁镇的儿子朱见深，不过这位仁兄当时只有三岁，别说处理朝政，话都说不好，字也认不全，立他当皇帝就是抓瞎。

唯一可能的人选只有朱祁钰。

于是，大臣们纷纷上书，要求立朱祁钰为皇帝。

皇太后倒是没有什么意见，毕竟朱祁钰也算是他的儿子（非己出），立刻就同意了。

但意想不到的是，朱祁钰推辞了，他说自己不想干这份工作。

这套把戏我们也见得多了，但与以往不同的是，我们可以肯定，朱祁钰先生确实不是虚情假意，他真的不想当皇帝。

太危险了。

当皇帝要率队出征，路途辛苦，运气不好还可能被人家抓去做俘虏，几年回不了家。

这些且不说，八月二十三日那天发生的事情，更是让他心有余悸：自己手下的这帮人根本不听使唤，而且似乎对斗殴很有兴趣。要是哪天重新来这么一次，没准挨打的就是自己了。

况且目前敌军随时可能攻过来，京城万一不保，这个皇帝也干不了多久，灭国的责任却要担在自己头上。

安全第一，安全第一，这个皇帝，不做也罢。

可是事情已经不是他能控制的了。

不做不行！

于谦不由得他不做皇帝了，国家到了这个地步，必须立一个皇帝，你朱祁钰愿意也好，不愿意也好，必须要做！

而于谦的理由也很充分：“臣等诚忧国家，非为私计。”

后来的事实证明，他说的是真话。

于是，在于谦和其他大臣们的坚持下，朱祁钰终于“自愿”了。

正统十四年九月六日，朱祁钰正式即大明皇帝位，定年号为景泰，第二年为景泰元年。

而朱祁镇先生的皇帝身份自即日起失效，改为太上皇。此后凡新旧皇帝冲突者，均以新皇帝为准。

坐在皇位上的朱祁钰想必是不太安心的，他这才明白，皇帝也不是想干什么就干什么的，要你干你就要干，不干也不行。

要处理政务，要承担风险，要对大明帝国负责，千头万绪的事情摆在眼前，不能偷懒、不能怠慢，即使做对了很多事，但只要在一个问题上出现纰漏，就可能前功尽弃，遗臭万年。

这真不是一般人能干的活啊。

从朱祁钰先生推辞干皇帝的行动上看，他是认识到了这些的，但同时，他也忽略了一点，那就是皇位的魔力。

如果干皇帝这么不好，为什么从古至今，还有那么多的人不惜性命，积极参加竞争，要做这份工作呢？

因为做皇帝虽然辛苦，却也是世界上最有成就感、最有权威的工作，天老大，我老二，君临天下，谁敢不服！

事实证明，封建皇权是一种容易让人上瘾的东西，且成瘾性极大，一旦尝试，极易形成药物性依赖，无有效方法自动根除，易复吸。

唯一的戒除方法是死亡。

朱祁钰和他的哥哥一样，也是个温和的人，兄弟俩人从小一起长大，关系很好，如果没有意外，朱祁镇会一直做他的皇帝哥哥，朱祁钰则是安心做一个藩王弟弟，逢年过节弟弟会登门给哥哥拜年，互致问候。

但历史的机缘巧合，将兄弟俩人推到了十字路口。

朱祁钰带着不安的心情登上了皇位，并尝试了皇权的第一口滋味。

于谦的战前准备

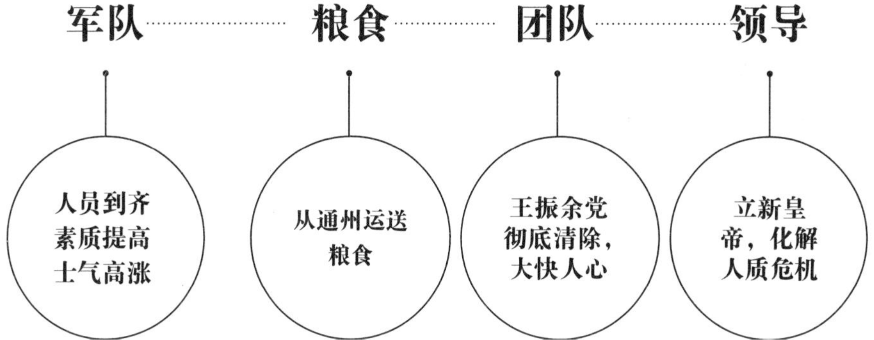

奇迹并没有发生，他毫无例外地进入了成瘾者的行列。

从此，任何敢于触碰他权威的人都将成为他的敌人，朱祁镇也不例外。

无论朱祁钰将来变成什么样子，至少在目前，于谦终于解决了这个最棘手的问题，他可以把全部的精力放在了防守北京的任务上了。在他的努力下，京城人心渐渐稳定下来，军队的素质装备有了很大的提高。

从一盘散沙到众志成城，于谦的威望达到了顶点，所有的人都相信，这位兵部尚书有能力带领他们击败任何敌人。

从八月到九月，于谦不断地忙碌着，大到粮食储备、军队训练，小到城内治安、修补城墙，所有的问题都要他来处理。在这一个月的时间里，他没有休息日，没有假期，因为他很明白，现在他正在和时间赛跑，多争取一点时间，多做一点事情，胜利的把握就大一分。

到了九月下旬，京城的防卫基本完善。

也先，来吧，我等着你！

第七章

信念

○这场战争 于谦输不起 大明也输不起

○所以于谦为守护城池的人和他自己留下了唯一的选择 不胜 就死

也先最近比较烦。

近几天，他经常会到弟弟伯颜帖木儿的营帐去转转，当然不是看他的弟弟，而是去看那个人质——朱祁镇。

每次看到朱祁镇的时候，也先都会意识到，这是一个无价之宝。

有了这个人，就能不断从大明帝国那富庶的国库中拿到金银财宝，因为这个人是大明帝国的皇帝。为了赎回他，大明会交出所有的财富，但他却不会把朱祁镇还给大明。

有这么好的一张长期饭票，干吗要一下子兑现呢，整存零取不是更好吗？等到钱不够花了，就去找对方要，而他们是不敢不给的，今后就不用再为钱发愁了。

所以，他经常会巡视这个叫朱祁镇的人，每一次的巡视都会让他十分开心，因为他明白，他正在巡视着自己的财宝。在他的眼中，朱祁镇不是一个人，而是一堆金灿灿的黄金和白花花的白银。

最初的生活是甜蜜的，他告知了人质家属，并且索取赎金，不多久，就有人送来了大批金银珠宝，全部笑纳后，他做出的反应自然不是放人，而是接着索要。

在他看来，皇帝在自己手中，对方一定会乖乖听话，把大明的国库全部搬到自己这里来。

可是接下来的事情却大大出乎他的意料。

付赎金的要求提出了多次，却迟迟没有人来，别说金银财宝，连个铜钱的影子都没有看到。

一天、两天、三天，也先就这样在树边不停地等待着，可那撞树的兔子就是不来。

渐渐地，也先开始烦躁起来，他恨不得自己带着朱祁镇到边关去喊："你们的皇帝在这里，拿钱来赎！"

时间一天天地过去，也先的耐心也达到了极限，莫非他们不想要自己的皇帝了？

不久之后，消息传来，大明帝国已经另立了皇帝，现在手上的这个已经过期作废了，所谓的皇帝朱祁镇已经有了新的称谓——太上皇。

过期作废了？不能用了？

也先并不一定知道所谓太上皇是怎样的一个设置，但从大明的态度来看，他很清楚，朱祁镇已经是个废物。他的生死也已经无关紧要，留在这里浪费粮食，要是杀了他，估计大明会比自己更加高兴。

◆ 废物利用

其实在也先向明朝索取赎金的同时，他还企图利用朱祁镇去骗开城门，具体操作方法是:

兵临城下，并不开打，先叫守将在城头说话，然后把朱祁镇领出来给城内的人看，并传达所谓皇帝的意旨，打开城门。

也先的如意算盘就是兵不血刃地攻克城池，反正有皇帝在手中，不用白不用。

这一招十分狠毒。

要知道，边关的将领们平日和也先交道打得多，自然是不会乖乖投降的，但现在皇帝大人就在城门前训话，是听还是不听呢？打开城门自然是不行的，但如果不答应朱祁镇的要求，以后的处境就很难说了，要是这位俘虏兄将来回去继续做了皇

帝，自己岂不是要背上个大不敬的罪名？

正是抓住了这种心理，也先经常会带着朱祁镇四处叫门，企图打开一条通道。

但同时要说明的是，这条计策并不是也先自己想出来的，而是那位叫喜宁的太监的主意。也先虽然在战场上十分狡猾，毕竟还是喜欢用武力解决问题，像这种阴谋诡计，他是不太精通的。喜宁的出现正好弥补了这一空缺。

这也算是老传统了，无论哪个朝代，汉奸从来都不是稀有动物。

也先对喜宁的意见十分赞赏，便准备把这一套用在他窥视已久的两个目标上。

这两个目标分别是宣府和大同。

有些细心的人可能已经发现，在我们前面的叙述中似乎有一个不太合乎情理的地方：也先在土木堡击败二十万明军，这一胜利已经彻底击溃了明军主力。可以说当时正是最好的进攻机会，因为明帝国短时间内已经不可能找出一支大规模的军队来对抗也先了。

但奇怪的是，也先却没有继续进攻，而是收拾好东西回了家。

这是为什么呢？

其实原因也很简单，虽然明军主力被击溃，但通往京城的大门却始终关闭着，这就是宣府和大同，守住了这两个地方，就守住了京城的外围防线。

宣府和大同有很多军队吗？

没有，这两个地方的驻军并不多。但也先并没有乘胜进攻，一方面是因为他自己的部队也不多，而且这两个地方城防坚固，并不好攻，但更为重要的原因是，这两个地方都各有一名强悍的将领镇守。

这两个连也先都怕三分的人，就是郭登和杨洪。

其一，大同镇守者郭登。

郭登，智勇双全，小心谨慎，而且是个高干子弟，他的祖上就是大名鼎鼎的武定侯郭英。承继着祖先的光荣传统,他也一直干着武将这一危险的工作。事实证明，他确实不是等闲之辈，在他守护下的大同，是也先完全无法逾越的障碍。

事实上，在土木堡事发的时候，郭登还不是总兵官，他是凭着自己的表现才获得大同最高镇守者的职位的。

土木堡失败之时，大同也受到了极大的威胁，当时情况十分复杂，城内士兵慌乱，人心惶惶，加上还有也先军队不断地发动小规模进攻，大家都认定大同也守不了多久。时任总兵官刘安能力不足，无法处理防务，稳定军心。

此时郭登挺身而出，他亲自带领士兵整顿防务，慰问受伤士卒，鼓励他们继续作战。但当时的士兵们士气十分低落，郭登的这一行为并没有赢得多少人的信任，反而招来了不少风言风语。很多人认为，像郭登这样有背景的人，就算也先攻下了大同，士兵们送了命，他还是能够活着回去接着当官。

这些话也传到了郭登的耳中。

不久之后的一天，郭登召集士兵们，神色严峻地注视着他们，并当众拔剑立誓：

“请诸位放心,我誓与此城共存亡,要死我陪你们一起死（不使诸君独死也）！”

在郭登的勇气感召下，士兵们众志成城，撑过了最为艰难的时刻。

此后，郭登正式被任命为大同总兵，守护住了这道大明帝国最重要的门户。

其二，宣府镇守者杨洪。

杨洪，人称正统年间第一智将，性格冷静镇定，屡出奇谋，作战之时极为狡诈，善用佯攻，经常用少量兵力搅得也先军鸡犬不宁。此外，他还擅长守护城池，也先进攻多次，都被他轻易击退。到后来，也先只要听到杨洪的名字就头疼，尽量避免与其交战。

现在也先终于找到了一个理想的武器去制伏这两位大将，他相信只要朱祁镇站在城下喊一声，这两座城池就会兵不血刃地归他所有。

当然，这只是也先的想法而已。

八月二十一日，也先挟持着朱祁镇开始了他的“撞门”计划。

也先首先到达的地方是宣府，这也是他以前经常来的地方。当然，每次迎接他的不是礌石就是弓箭。

但这次不同了，我手里有大明皇帝。

志得意满的也先胁迫朱祁镇，发出了命令，要宣府守军开门。

开门自然是引狼入室，但皇帝（当时还是）下了命令，不开门似乎又于理不合。

杨洪会如何应对呢？

城内守军（实际上就是杨洪）的应答实在大出也先的意料：

“天色已晚，不敢开门（天已暮，门不敢开）！”

这就是杨洪的智慧，典型的外交辞令，管你是谁叫门，我只当不知道，反正政策规定晚上不能开门，如果有何意见，可以向本人上级部门（具体说来是兵部）投诉反映。

也先气得鼻子冒烟，接着胁迫朱祁镇，命令杨洪亲自出面说话。

这也是一着狠棋，杨洪无论怎么嚣张，真的见了皇帝，也不敢当面违抗命令。

可是城里的回答差点让也先从马上摔下来：

“杨洪出差了（镇臣杨洪已他往）！”

我相信，此刻的也先是十分痛苦的。这种痛苦并不在于他没有能够攻克宣府，而是因为他又被杨洪耍弄了一番。

杨洪真的出差了吗？自然没有，此时，他正手持宝剑，一边站在城下指挥城上的士兵答话，一边厉声对士兵下令：“出城者斩！”

也先就此乘兴而来，败兴而归。

此处不留爷，自有留爷处！出发，去大同！

可是郭登也不是省油的灯啊。

到达大同之后，也先吸取了教训，直接命令朱祁镇找郭登说话，朱祁镇在胁迫之下，只能让人传话，让郭登开门。

郭登不开门。

一来二去没了结果，朱祁镇只好派人传话说："我与郭登有姻亲关系（朕与登有姻。注：此处待查），为何如此拒我啊。"

朱祁镇也真是没办法了，估计刀已经架到了脖子上，连这样的话也说出来了。

话已说到这个份儿上，郭登还能毫无反应吗？

郭登确实有了反应，不过是个比较强烈的反应：

"臣奉命守城，其他的事情不知道（不知其他）！"

于是，也先又一次被无情地拒绝了。

郭登，你好样的，算你狠，今天先回去，下次再来！

之后的岁月对于也先来说是艰苦的，他带着朱祁镇四处旅游，却没有一个地方接纳，赎金也从此了无音信，而大明也新立了朱祁钰为皇帝，手上的这个已经过期作废，不值钱了。

难道就此了事？

哪有那么容易！也先决定，即使手上的这个皇帝不值钱，毕竟还有威信，对边关守将还是有一定的威慑作用的，继续带着他去撞门！

郭登的大同他是不敢再去了，毕竟这位仁兄已经撕破了脸，所谓"不知其他"言犹在耳，去了无异于自取其辱。

还是去宣府吧。

可是事实证明，杨洪也是个软硬不吃的人，前后去了三次，都被赶了回来。到

参考消息 **郭登的办法**

其实，对这个"有姻亲"的皇帝，郭登还是想出了一系列方法援救的。比如趁也先来大同勒索时，派遣壮士深夜把朱祁镇从也先大营里劫出，没有成功；再比如暗中联络朱祁镇，劝诱也先奉驾至大同，再假意打开城门迎接，谋划在朱祁镇进门之后立即关门，将皇帝拐骗回来。可惜也先走到城门时发觉了这个圈套，立刻拎着朱祁镇返回大营，骂了郭登一顿后撤走。计划接连失败，可怜的皇帝只有继续"北狩"了。

后来，也先便胁迫朱祁镇写信给杨洪，让他开门。

可是杨洪做得更绝，他收到信之后，连看也不看，就加上封印，派人送给京城的朱祁钰，而朱祁钰给他的答复是:“这些都是假的，今后收都不要收（伪书也，自今有书悉勿受）！”

说你假，你就假，真的也是假的。

◆ 攻击！攻击！

也先的忍耐已经到了极限，一个多月的时间，他没有拿到多少赎金，喜宁的计策又完全行不通，被人像傻子一样赶来赶去，实在是面子丢尽了。

他已经对身边的这个喜宁失去了信心，事实证明，他所说的这些方法完全行不通。

既然行不通，那就用我的方法!

战争的意念冲上了也先的大脑，他的血液开始沸腾。

不需要再耍什么阴谋诡计，不需要再靠投机取巧!

要恢复大元的天下，还是要靠我们自己!

集中所有的士兵，备好行囊，整装上马，拔刀，冲锋!

目标，京城!

也先并不是傻瓜，他没有带领军队去攻击宣府和大同，郭登和杨洪这两位猛人他是惹不起的，于是他决定绕路走。

他已经选好了突破口，他相信，从这里他能够打开通往京城的大门。

也先选择的突破口，正是当时王振所放弃的行军目标——紫荆关。

正统十四年十月一日，也先率领所有精锐兵力，向着最后的目标挺进。

当然，他不会忘记带上朱祁镇，虽然他已经不是皇帝，但毕竟还是太上皇，起码还可以用来挡挡刀剑，做个掩体。

也先的军队十分强悍，骑兵以猛虎下山之势直扑紫荆关，在喜宁的引导下（所以说叛徒最为可恨)，也先仅用了两天时间就攻破了这座关口，守备都御史孙祥战死。

这里要插一句，按说孙祥死后，应该追认荣誉，就算评不上什么光荣称号，起码也该是因公殉职，但他却在死后被草草火化（焚之），什么也没有得到。英雄得到如此下场，全拜我们前面提到过的一位老朋友所赐，这位老朋友就是言官。

孙祥战死之后，有一些言官不经过调查研究，就胡乱发言告状，说孙祥是弃关逃跑。结果在战后,不但没有给孙祥开追悼会,反而直接把他的尸体烧掉,就此了事,实在是比窦娥还冤。

一年之后，孙祥的弟弟上书为哥哥辩解，朱祁钰这才了解到真实情况，给他的家人补发了抚恤金（诏恤其家）。

紫荆关是京城的门户，此关被破，震惊了京城，因为每一个人都知道，京城从此将无险可守。

◆ 兵临城下

正统十四年十月十一日，北京城头的士兵正在巡哨，突然，满天的尘土呼啸而来，随后传来的是急促的马蹄声和叫喊声。

出人意料的是，城防士兵们并不惊慌，反而有一种放松的感觉，因为他们都十分清楚来的是什么人，以及来干什么。

该来的迟早会来的。

城外瓦剌军主营。

也先的情绪已经高涨到了极点。两个多月前，他在土木堡击溃了明军二十万大军，立下不朽奇功，还活捉了明朝皇帝，事后他才得知，这二十万大军已经是明朝最精锐的部队。

既然明军最强部队都被自己轻易打垮，所谓的三大营也已经全军覆没，明朝还有什么能力和自己对抗?

这次出征的进程更加增强了他的信心，此次他一路攻击前行，只用了十一天就打到了京城，此刻，这座宏伟的帝都已经完全暴露在也先的面前。

在也先看来，进城只是个仪式而已，他不相信主力已经被击溃的明军还能做什么样的抵抗（视京城旦夕可破）。只要叫喊两声，吓唬一下，城内的人就会吓破胆，乖乖地出来办理城防交接。

在攻击前的军事会议上，他自信地看着部落的其他首领们，用洪亮的声音告诉他们，眼前的这座城市不堪一击，大明的壮美河山，无数的金银财宝、古玩稀珍都将归瓦剌所有，伟大的大元帝国将再一次屹立起来！

“京城必破，大元必兴，只在明日！”

据说以前曾有一些餐馆会在门前挂上一块牌子,写着“明日吃饭不要钱”七字。

当然，这些饭馆绝对不是慈善机构，因为那块牌子上的日期永远都是“明日”两个字，而这个明日是永远不会到来的，如此做法不过是拿穷人开心而已。

历史已经证明，也先的这个明日最终也没到来。他又被耍弄了一回，但这次耍弄他的不是杨洪，而是命运。

六天后的也先可能会奇怪，自己的兵力强过土木堡之时数倍，且士气高涨，士兵强悍，最终为什么会失败？

当然，当时的也先是意识不到这些的，毕竟到目前为止，他还是很有信心的。他绝对想不到，自己前进的步伐和恢复大元的梦想将在这里被一个人终止。

一个有勇气的人。

正统十四年十月八日，兵部尚书于谦下达总动员令。

◆ 决战的信念

得知也先进军紫荆关后，于谦敏锐地判断出，这次也先的目标是京城。

虽然现在京城内的士兵数量已经将近二十万，但毕竟作战经验不足。为以防万一，他立刻下令派出十五位御史去各地征集士兵充任预备队。到十月八日，全部兵力集合完毕，总计二十二万人。

◆ 勉强够用了

也先的兵力总计也不过几万人，为什么城内有二十几万人还只是勉强够用呢？

这是由具体情况决定的，绝不是于谦的能力不行。当年的朱文正能够以数万人马挡住陈友谅六十万大军，是因为洪都城池不大，陈友谅虽然兵多，但在同一时间内无法全部展开，只能一批批地上，其实际攻击效果并不好。

但现在于谦守卫的是京城，是大明王朝的首都，这是真正的大城市，并不是比较大的城市（比如铁岭）。

也先攻击的目标是北京外城九门，此九门分别是：

德胜门、安定门、东直门、朝阳门、西直门、阜成门、正阳门、崇文门、宣武门。

这九门的位置大致相当于今天北京市的二环到三环之间，当年的北京虽然远远比不上今天北京市的规模，但也是相当大的。

简单做一个除法会发现，每个门的守卫兵力也就在二万人左右，而也先的兵力在单一攻击其中一门时是占据优势的。更大的问题在于，也先的士兵素质要强于明军，而且全部是骑兵，机动性很强，一旦打开缺口，就能够立刻集中兵力攻击。

军队的战斗力并不单单决定于人数，还有机动力。

所以明军虽然在总的人数上占优，但平均到每个门的防守却是不折不扣的劣势。

在这个世界上，很多事情只要一平均就会原形毕露。

这就是于谦所面临的形势，敌军十分强大，己方兵力虽然也不少，但并不占据优势，形势并不乐观。但与此同时，于谦也找到了一个得力的助手，这位助手将帮助他完成防御北京的任务，并成为他的亲密战友，并肩作战。

当然了，于谦绝对想不到的是，他的这位助手在八年后还会做出一件惊天动地的事情——置自己于死地。

从战友到敌人，从朋友到对头，那位完成这一戏剧性转变的亲密助手，就是石亨。

石亨，陕西渭南人，父亲就是武官，他承袭父业，也干了这一行。此人自幼好勇斗狠，极为骁勇，被称为正统第一勇将，与杨洪并称。

据说在石亨年轻时，一次去街上玩，被一个算命的盯上了，那位算命先生抓住他仔细端详，以极为惊讶的口气说出了这样一句话：

“如今太平盛世，你怎么会有封侯的面相！”

且不说这个故事是真是假，算命先生有没有收费，但起码他总结出了一个规律：

乱世方出英雄。

话虽如此，但正统十四年七月身处阳和的石亨却绝对不能算是个英雄，因为那个时候，他正在逃跑。

数万大军全部覆灭，主将被杀，也先的骑兵肆无忌惮地踩踏着明军的尸体，这一切的一切全部发生在石亨的眼前，可是他无能为力，因为他还有更为重要的事情要做——逃命。

作为统兵的将领，眼睁睁地看着自己统领的军队被敌人歼灭，士兵被残杀、被俘虏，而自己却无能为力，对于一个武将而言，这是最大的侮辱和折磨。

窝囊，真是窝囊啊。

窝囊的石亨活着回来了，然而等待着他的并不是安慰和抚恤。由于他也是军队主将之一，根据军令，他要负领导责任，于是他被罢免职务，贬为事官。

在他人生最为失意的时候，于谦帮助了他。

在于谦看来，这个失败的将领并不是无能之辈，只要能够善加使用，他是能够成就大器的。

于谦的判断是正确的，石亨将成为一柄锋利的复仇之剑，插入瓦剌的胸膛。

也先的军旗在城外飘扬，蒙古骑兵们在城前骑马来回驰骋，向城内的明军显示着他们的军威。八十多年过去了，他们终于又回到了这个地方，他们中的很多人都相信，在不久之后，他们将再次成为这里的主人。

也就在几乎同一个时刻，城内的于谦正在召开他战前的最后一次军事会议。

参加会议的包括朝廷的主要大臣和石亨等防卫北京的武将。这是一次气氛压抑的会议，因为与会的每一个人都知道，他们将要面对的是什么。现在敌军已经兵临城下，只有战胜敌人，才能保住帝都，才能挽救国运，除此之外，别无他途!

会议就在这样的气氛下开始，首先讨论的是如何退敌的问题。

石亨发言认为，在目前的局势下，敌军的实力要强于明军，要想退敌，最好的方法就是坚壁清野，等待敌军疲惫，自然就会退军了。

毫无疑问，这是一个很好的方法，因为也先的士兵并不是机器人，他们也要吃饭，只要坚守城池，等到他们吃光了所有的粮食，自然是要走人的。

石亨深通兵法，他的这个提议也是行得通的。

大多数人支持。

只有一个人反对。

按少数服从多数的原则，石亨的提议应该是会获得通过的。但这次，即使赞成的人再多也没有用，因为这个反对的人手中掌握着否决权。

此人正是于谦。

于谦是兵部尚书，也是会议召集人，在这个会议上虽然谁都可以说话，但只有他说了才算数。

他站起来，说出了自己的观点：

“也先率大军前来，气焰已经十分嚣张，如果坚守不出，只会长他们的气焰。我大明开国至今已近百年，昔日高皇帝布衣出身，尚可纵横天下，横扫暴元，我辈岂惧小小瓦剌！”

他环顾周围众人，停顿了一下，厉声下达了他的第一道命令：

“大军全部开出九门之外，列阵迎敌！”

众臣鸦雀无声。

确实也不用说话了，反正我们说了也不算，你看着办就是了。

于谦接着下达了他的第二道命令：

“锦衣卫巡查城内，但凡查到有盔甲军士不出城作战者，格杀勿论！”

此言一出，举座皆惊。文臣们万万想不到，平日看上去温文尔雅的于谦竟然如此强悍，军令之严厉，前所未闻，甚至连战场杀惯了人的石亨也感到心惊。

沉稳又富含威严的声音再次响起：

九门为京城门户，现分派诸将守护，如有丢失者，立斩！

安定门，陶瑾！

东直门，刘安！

朝阳门，朱瑛！

西直门，刘聚！

正阳门，李端！

崇文门，刘得新！

宣武门，汤节！

阜成门，顾兴祖！

他停了下来。

这不是一个寻常的停顿，因为所有的人都知道，还有一个门他没有说，这个门就是德胜门。

德胜门是最为重要的门户，因为它在北京的北面，且正面对着也先的大军。一旦开战，这里必然是最为激烈的战场。

并没有等待多久，他们听到了镇守者的名字:

“德胜门，于谦！”

他没有开玩笑。

文武大臣们又一次吃惊了，可让他们更吃惊的还在后面，因为于谦马上要颁布的是一道他们闻所未闻的军令:

“凡守城将士，必英勇杀敌，战端一开，即为死战之时！

“临阵，将不顾军先退者，立斩！

“临阵，军不顾将先退者，后队斩前队！

“敢违军令者，格杀勿论！”

这就是明代历史上著名的军战连坐法,此后的明代名将大都曾采用过这一方法。

就在一个月前，他还是一个从未指挥过战争的书生，是一个言谈温和、脸上始终保持着沉着镇定的表情的人。

此刻，他已经成为了一位意志坚定、果断严厉的战场指挥官。

在残酷的战场上，弱者是无法生存下去的，只有最为坚强、刚毅的强者才能活下来，并获取最后的胜利。

于谦就是这样的强者。

看起来会议要谈的问题已经谈完了，似乎也该散会了，正当众人庆幸从于谦那令人窒息的军令中解脱出来的时候，于谦下达了他的最后一道命令。

◆ 最后一道命令

于谦把手指向了兵部侍郎吴宁，下达了他的最后一道命令:

“大军开战之日,众将率军出城之后,立即关闭九门,有敢擅自放入城者立斩！”

听到这道命令，连石亨这些杀人不眨眼的武将也被震惊了，这就意味着但凡出城者，只能死战退敌，方有生路，如果不能取胜，必死无疑！

豁出去了。

所有的人都惊讶地看着于谦，他们这才意识到，于谦这次是准备玩命了，不但玩他自己的命，还有大家的命。

于谦毫无惧意地看着这些惊讶的人，对他们说出了最后的话：

“数十万大军毁于一旦，上皇被俘，敌军兵临城下，国家到了如此境地，难道还有什么顾虑吗？若此战失败，大明必蹈前宋之覆辙，诸位有何面目去见天下之人！

“拼死一战，只在此时！”

这是一场不能失败的战争，如果失败，北方半壁江山必然不保，大明的国运也将从此改变。

这场战争，于谦输不起，大明也输不起。

所以于谦为守护城池的人和他自己留下了唯一的选择：

不胜，就死！

与会众人终于散去了，于谦也回到了他的住处，现在他要做的，是实践他许下的承诺。

自古以来，发言演讲是容易的，但实干起来却是艰难无比。

古代雅典的雄辩家们口才极好，擅长骂阵，指东喝西，十分威风，但马其顿的亚历山大长枪一指，便把他们打得东倒西歪，四散奔逃。

辩论和演讲从来不能解决问题，因为这个世界是靠实力说话的。

于谦看着房中准备齐备的盔甲，他知道，不久之后，他就要脱下身上的公服，穿上这套只有武将才会穿的铠甲，第一次走上战场。

于谦，你真的毫无畏惧吗？

不，我畏惧过，我并不是武将，我没有指挥过战争，没有打过仗，没有亲手杀过人，在过去二十余年中，我的工作只是在文案前处理公务和政事。

那你为什么要站出来挽救危局，指挥战争？

在我看来，这是我应尽的责任。

你真的准备好了吗，走上战场，去指挥你从未经历过的战争？

是的，我已经准备好了，少年时，我曾立志做一个像文天祥那样的人，无论寒暑，我在孤灯下苦读不辍，踏入仕途，我曾青云直上，也曾郁不得志，曾经登堂入室，也曾身陷牢狱，经历了数十年的磨砺和考验，我终于走到了这一步。

我已无所畏惧。

第八章

北京保卫战

○于谦实践了他的抉择　穿上了那套沉重的铠甲　离开了他的住所　向德胜门走去　在那里　他将获得他人生中的最大光荣

于谦实践了他的抉择，穿上了那套沉重的铠甲，离开了他的住所，向德胜门走去。

在那里，他将获得他人生中的最大光荣。

十月十一日，北京保卫战前锋战开始。

也先原先认为，京城已经是个空架子，只要兵临城下，自然会不战而胜。可当他来到北京城下，整兵出战时，才惊奇地发现，那些他认为绝对不堪一击的明军已经摆好阵势，在城外等待着他。

也先是一个有着丰富军事经验的人，单从气势上，他就已经看出，守在门前的这帮人是来拼命的，实在不好惹。

但既然已经来了，就不能不打，于是他决定先试探一下。

他选择的目标是西直门。

在他的命令下，上千名瓦剌士兵挟持着俘获的百姓向西直门发动了试探性进攻。

西直门的守将是刘聚，他迅速做出了反应，派遣部将高礼、毛福寿迎敌。

瓦剌士兵还没有从土木堡的胜利中清醒过来，他们依然认为眼前的明军会像土木堡的那些人一样任他们宰割。

其实在战争中，恶狼和绵羊的角色是经常替换的。

这一次，主演恶狼的是明军。

满腔怒火正无处宣泄，现在这些杀戮自己同胞的仇人竟然还敢找上门来，真正是岂有此理！

此仇不报，更待何时！

于是他们抽出腰刀，睁着发红的眼睛，大呼“杀敌”，以万钧不当之势向瓦剌兵冲去。

瓦剌兵惊呆了，在他们的想象中，这其实是一个美差，那英明神武的也先派他们前来是接受投降的，他们可以优先进城抢夺一番。

可是到了这里，他们才发现，迎接他们的是一群杀气腾腾的人和他们的大刀。

瓦剌军一触即溃，四散奔逃，数百人被杀，挟持的百姓也被明军救走。

当也先看到逃回来狼狈不堪的瓦剌士兵时，他已经明白，眼前的敌人不是牛羊，而是虎狼。

对付这样的敌人，如果硬拼是十分危险的，正在他踌躇之时，超级卖国贼喜宁出场了。

他向也先建议，目前不要与明军开战，应该躲避其兵锋，自己已经想好了一条计谋，必能不战而胜。

喜宁的计划是这样的，首先在城外扎营，然后派人通知明朝大臣，就说太上皇(朱祁镇) 在这里，要他们派人出来迎驾。

这条计策的毒辣之处在于，有意把朱祁镇放在显眼的位置，并公开通知对方前来迎接，如果对方来接，就可以谈条件，索要钱财和利益，如果不来的话，明朝就会理亏，从礼法上讲也是一件丢人的事情。

卖国贼更为人所痛恨，实在不是没有来由的。

一道难题摆在了于谦面前，他会怎么应对呢？

这个在我们看来很难的问题，在于谦那里却十分简单，他立刻派出了两个人去办这件事。

这两个人一个叫赵荣，另一个叫王复。

值得注意的是这两个人的官职，王复是通政司参议，赵荣是中书舍人，在去谈判之前临时才分别提升为右通政和太常少卿。

这是一个意味深长的人事升迁和派遣决定。

奥秘在哪里呢？

只要分析一下他们的官职就明白了，通政司参议和中书舍人是多大的官呢？一个是正六品，一个是从七品，也就是说，王复和赵荣这两个人都是芝麻官，这种人在下层官员中一抓一大把。

那么他们升迁后的官职有多大呢？右通政和太常少卿一样，都是正四品。

正四品，也就是个厅局级干部。

于谦的意思很清楚，他压根就没有把也先说的话当回事，派这么两个小官出去，无非是做做样子，应付一下而已。

也先同志在城外苦苦等待着朝廷大员来和他谈判，来恳求他放回朱祁镇，然后拿到大批的金银珠宝，风光一把。

可他等来的是什么呢？两个六七品的小官，临时给了四品级别，跑来和他谈判。

这不是谈判，这是调侃，是侮辱。

更可笑的是，也先对于明朝的官制和人员并不清楚，他还一本正经地要和对方谈判，因为在他看来，这两个人应该是大人物。

而王复和赵荣也是一头雾水，他们本就默默无闻，别说代表国家出来谈判，平日他们连上朝面圣的资格都没有，在高官云集的京城，说他们是官都是抬举他们了。

这两位仁兄估计不久之前还在大堂坐班，瞬息之间就被告知自己官升四品，并被派任驻瓦剌代表，即刻出行。

既未劳其筋骨，饿其体肤，更谈不上什么空乏其身，忽然就天降大任了。

谈判双方一个心里没底，一个自以为是，这谈的是个什么判。

眼看也先就要成为外交史上的笑柄，死太监、卖国贼喜宁先生又出场了。

他十分清楚这两个所谓的谈判代表不过是两个小人物，便告诉了也先，回报王复和赵荣，拒绝和他们谈，并表示他们的谈判对象仅限以下四人：

于谦、石亨、胡濙、王直。

除此四人之外，其他人不予考虑。

于谦对此的答复是：不作答复。

你嫌小，大爷我还不伺候了！

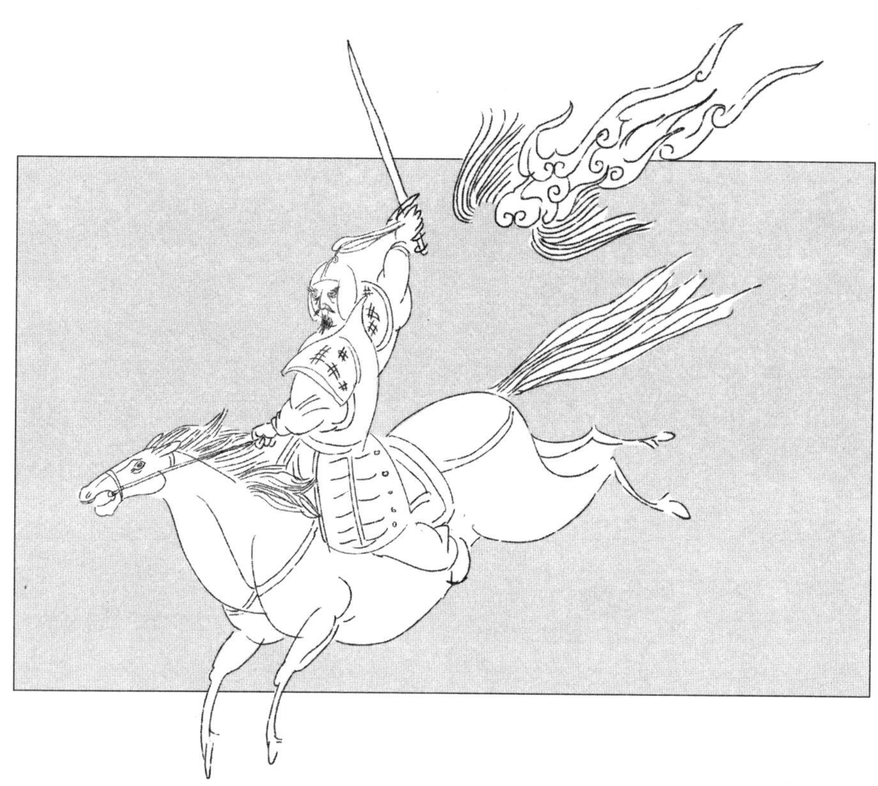

他撂下了一句十分凶狠的话，算是给了个回复：

“我只知道手上有军队，其他的事情不知道（今日只知有军旅，他非所敢闻）！”

也先，别废话了，你不是要打吗，那就来吧！看看你有什么本事！

◆ 出战！

也先真的愤怒了，他曾经天真地以为城里还会派人出来，并满怀诚意地站在土坡上张望，但时间慢慢地过去，别说人，连狗也没一条。

他的心灵又一次受到了严重的伤害，因为他已经意识到，自己又被忽悠了。

他自己也应该为多次上当被骗负一定的责任。我查过也先同志的年龄，正统十四年，他已经四十二岁了，所谓四十不惑，到了这个年纪，性格竟然还这么天真，被骗也实在不算冤枉。

要说到打仗，也先算是一把好手，但要论搞政治权谋，他和明朝那些久经考验的官吏们比，水平还差得太远。

到了这个地步，玩手段玩不过，退回去也不可能了，只剩下了一条路。

攻击！用武力去征服你们！

北京保卫战正式打响。

在于谦的身后，德胜门缓缓地关闭。

这位京城的最高守护者、兵部尚书大人，是抱着必死的决心出战的，他根本就没有打算活着回去。

也先失败的命运就在这一刻被决定。

瓦剌大军终于发动了进攻，他们的目标是德胜门。

◆ 圈套！最后的神机营！

这是个大家都能预料到的开局，攻击的最短路径往往也是最有效的，作为京城北门，德胜门必然会首当其冲。

也先并不是傻瓜，他明白德胜门已经有了准备，于是他派出了小部队伍前往探路。他的如意算盘是先探明形势，如果该门坚固难攻，就改攻他门，如果有机可乘，再带领大军前来攻击。

在这种指导思想下，探路骑兵出发了。出乎他们意料的是，还没有到德胜门就发现了明朝骑兵，而且神色慌乱，装备不整。他们跟踪追击，发现一路都是这种情况，于是他们立刻回报也先。

也先听到这一军情，立刻做出了他的判断：明军还没有做好准备，只不过是在虚张声势而已。

在也先正确的战术指导思想的引导下，瓦剌派出了一万大军进攻德胜门，带队的主将是也先的弟弟孛罗，这支军队是也先的精锐，他派出主力作战，表明其志在必得的决心。

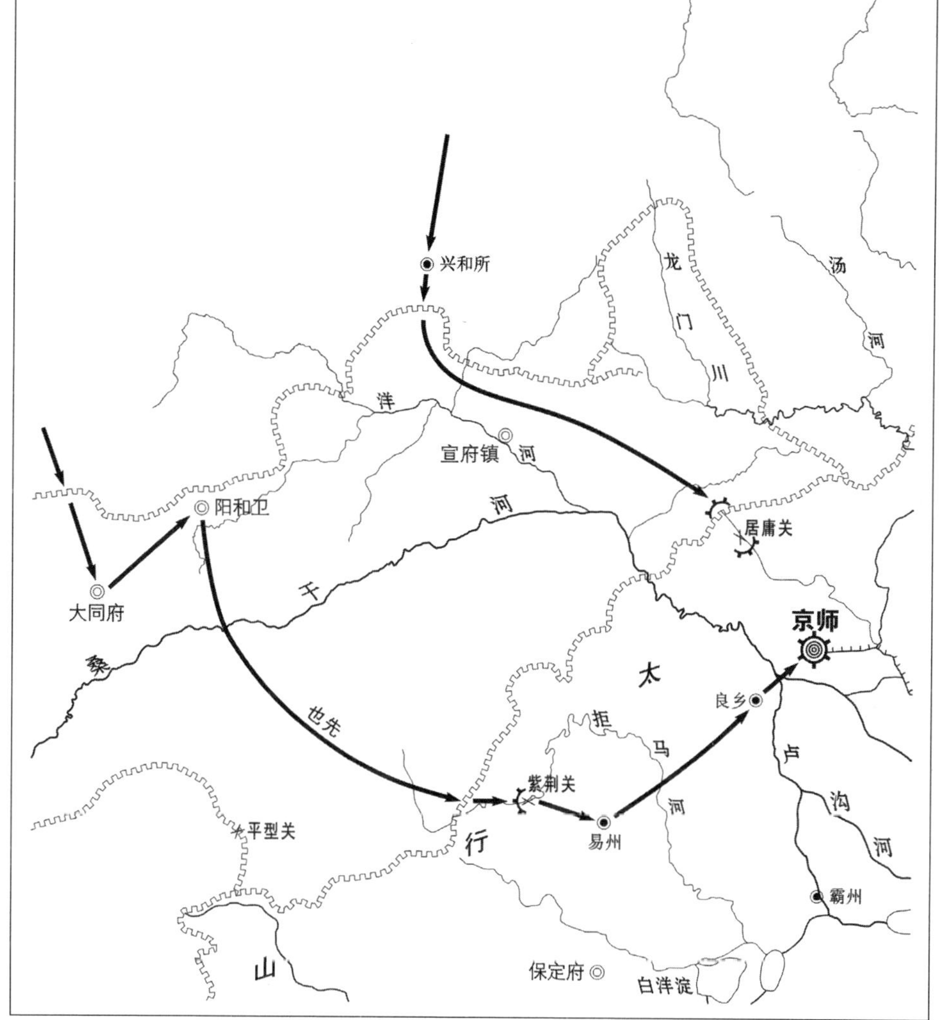

↑ 也先进攻北京路线

大军由也先主营出发，骑兵驰骋争先，烟尘四起，向德胜门杀去。

踌躇满志的孛罗万万没有想到，他连德胜门的边都没能摸到。

因为在前方等待着他们的，是一支复仇的军队——神机营。

早在几天之前，于谦就和石亨分析了战场形势。他们一致认为，如果正面交锋，明军是不占优势的，要想战胜敌人，必须用伏击。最好的选择，是神机营。

神机营主力部队已经在之前的战役中全军覆没了，剩下的这些人只是神机营的二线部队，一线全都死完了，二线自然就变成了一线。

作为京师三大营里战斗力最强的部队，在土木堡没放一枪一炮，就被人像切菜一样干净利落地解决掉了。

所以，在所有的京城守军中，他们的求战欲望最强，复仇心理最重。

把任务交给他们，实在是最为合适的抉择。

最后的神机营此刻正埋伏在前往德胜门的必经之路上，他们隐蔽在沿路的民居中（设伏空舍中），当探路的瓦剌骑兵趾高气扬地经过时，他们并没有动手，因为他们明白，这不过是个诱饵，真正的大鱼在后面。

没过多久，远方道路上扬起了漫天的灰尘，马蹄声伴着风声传来。

来了，终于来了。

孛罗率队飞奔在最前面，他已经隐约看到了德胜门，只要越过前方的民居，京城就唾手可得！

目标近在咫尺！

其实他想的并没有错，他的目标确实就在前方，只是最后的目的地有点不同。

不是京城，而是地府。

到此为止吧，这里就是坟墓！

当瓦剌骑兵冲入这片空旷的民居时，突然从前方两翼冲出大队士兵，堵住了瓦剌前进的道路。与此同时，大队士兵在瓦剌军后面出现，切断了他们的退路。

这种情形在兵法上学名叫做围歼，民间称之为打埋伏，通俗说法是包饺子。

奇怪的是，这些士兵并没有发动进攻，他们似乎在等待着什么。

孛罗不知道他们为什么等待，也不想知道，但他清楚，如果不赶紧冲出去，等待着自己和万人大军的命运只有一种——死亡。

他亲自率领骑兵对围堵的明军发动了总冲锋，希望能够突围。他相信凭借自己骑兵的冲击力，足以击退这些伏兵。当然，这需要一些时间。

但可惜的是，他没有争取到突围的时间。

因为等待着他的，是神机营复仇的火枪。

一霎间，原本平静的民居突然发出巨响，万枪齐鸣，神机营的士兵们发扬了地道战的精神，以民房为据点，开凿枪眼，贯彻打一枪换一个地方、不放空枪的原则，从各个方向射击瓦剌骑兵。

瓦剌骑兵如同陷入地狱之中，因为他们大部都是骑兵，在民居之间根本无法行动，站在高处的神机营把他们当成了活靶子，从容地装药、瞄准、发射。瓦剌骑兵抓狂了，他们疯狂地挥舞马刀，却找不到目标，完全无法进攻，马虽然跑得快，但并不能上房揭瓦，很多人当场就被击毙。个别聪明的已经开始丢弃马匹，拔腿逃跑。

孛罗被这突然的袭击打晕了，不过他并没有晕多久，很快就被神机营乱枪打死。他没有能够成为第一个攻进京城的人，却很不幸地成为了第一个在京城被击毙的瓦剌高级将领。

主帅被击毙，一万大军立刻崩溃，几乎被全歼，至此德胜门之战结束，也先完败。

此刻的也先正在大营等待着胜利的消息，可他等来的却是全军覆没的结果。

他简直不敢相信自己的耳朵，自青年起，他继承父亲伟业，四处征战，灭兀良哈，平女真，统一蒙古，横扫天下。

而土木堡之战，他连对方的皇帝也抓了过来。如此武功，连自己的祖父马哈木也无法比拟，他似乎已经看到，这座宏伟的京城即将归为己有，而恢复大元的梦想也会在自己手中实现，并开创帝国基业，自己的名字将与成吉思汗、忽必烈一起名留青史！

但是于谦给了他一闷棍，将他彻底打醒，并在他的耳边大声喊道：

也先，醒醒，快点起床吧。

◆ 也先的愤怒

我不会输的，更不会输在这里！

也先终于清醒了，他开始认识到自己眼前的这座城池不是那么容易攻克的。

但已经无法回头了，一万骑兵被全歼，弟弟孛罗也被打死了，就此撤回，有何面目见天下人！

再赌一把！我亲自动手！

也先失去了他的耐性，他下达了总动员令，命令所有骑兵对京城九门同时发动总攻，其实此时也先心里应该明白，他已经不太可能攻占这座城池了。

但这是个面子问题。

就算走，也要赢一把再走！

自古以来，无数赌徒就是这样倾家荡产的。

也先骑上马，亲自指挥骑兵发动了最后的冲锋。之前，他经过仔细考虑，为自己这次表演选定了目标——安定门。

安定门的守将是陶瑾。此人名气不大，没有什么卓著的战功，而安定门与德胜门一样，也是京城向北的城门，路途较短，十分适合军队进攻。也先选择安定门为目标，似乎是想找个软柿子作为突破口。

随着他一声令下，精锐的瓦剌骑兵倾巢而出，向着京城最为薄弱的安定门发动了冲锋。

当然，与之前一样，所谓最为薄弱的安定门，只是也先自己的判断。

他万万想不到的是，一位老朋友正在安定门外等待着他，并将带给他意想不到的惊喜。

当然这位老朋友并不是软柿子，而是一块坚硬的石头。

也先带领着他的精锐主力向安定门扑去，但他比他的弟弟要谨慎得多，一路上他都小心翼翼，唯恐中埋伏。

但让他吃惊的是，一直到安定门前，都没有遇到过任何麻烦，也没有任何伏击者出现，这更让他确定了安定门是京城防守的弱点所在。可就在他准备向城门发起冲锋的时候，却惊奇地发现城门守军竟然放弃了防守，主动向自己冲杀过来！

到底出了什么事？

也先实在是摸不着头脑，虽然他已经看清对方也是骑兵，但明朝骑兵并不是瓦剌骑兵的对手，这几乎是公认的事实，可现在这支骑兵竟然放弃防守，主动向自己发动进攻，其中缘由实在让人费解。

原因其实并不难找，还是引用我们之前曾反复说过的那句老话：

凡事总有例外。

驻守安定门的正是这样一支例外的部队，而他们的指挥官就是也先的老相识石亨。

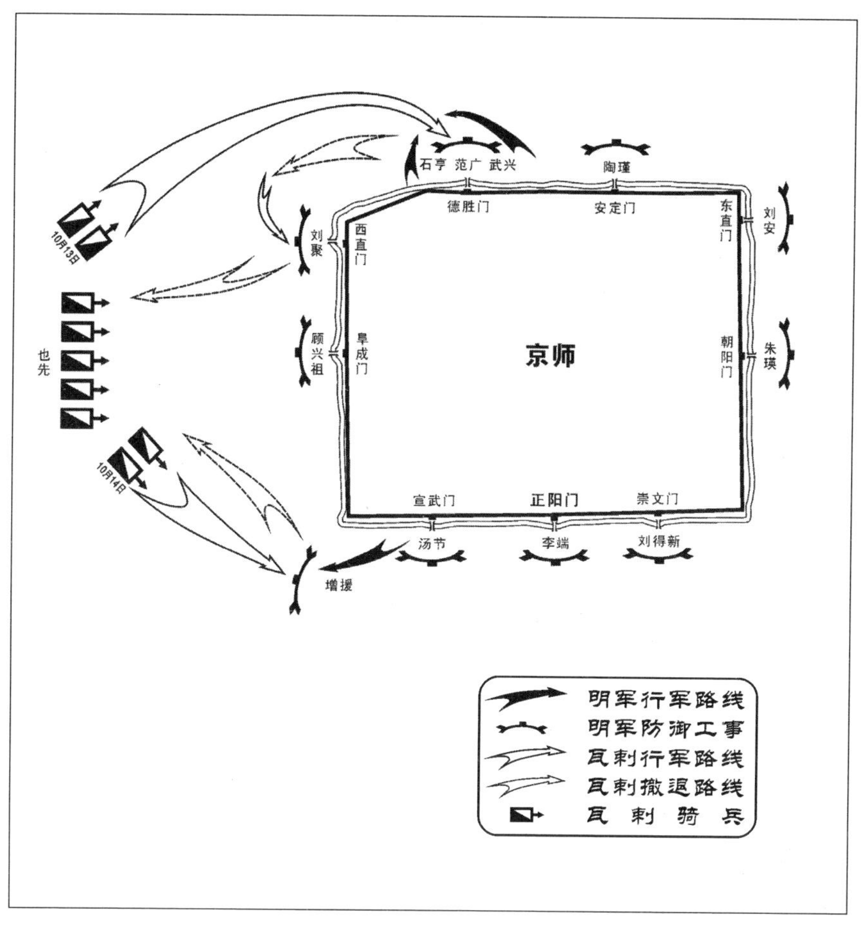

↑ 北京保卫战

石亨和也先算得上是老朋友了，石亨原来做边将的时候，就经常和也先打交道，当然，他们打交道所用的道具是刀剑，地点则是战场。在他们之前的交往之中，双方互有输赢，但在后来的阳和之战中，石亨输掉了他所有的一切。

那是一个让石亨刻骨铭心的时刻，全军覆没，四周布满了手下士兵的尸体，自己孤身逃离，背后是紧追不舍的瓦剌士兵。

成功逃回去的石亨不但没有得到任何安慰，还被削去了官职，并且终日生活在旁人鄙视的眼神中，因为所有的人都知道，这个人是战场上的失败者，抛弃了他所有的属下和士兵，独自逃走并活了下来。

从此石亨在他的心中深深地刻下了自己仇人的名字——也先。

他很明白，要想洗刷自己的耻辱，唯一的方法就是找到也先，并在战场上彻底击败他。

但残酷的事实摆在眼前，自己不但是一个失败者，还是一个被罢了官的人，复仇从何谈起？

就在此时，于谦出现了，他不计前嫌，提拔了石亨，并且给了他一个机会。

一个证明自己的机会。

在战前部署时，石亨与于谦一致判定，也先的进攻重点必然是德胜门和安定门，所以他们进行了分工，德胜门由于谦镇守，并安排神机营设伏，而石亨则率领骑兵在安定门外迎敌。

当看到也先那熟悉的旗帜出现在安定门外时，一股强烈的兴奋感冲击着石亨的大脑，他马上意识到，自己等待已久的复仇机会终于到来了。

安定门外的骑兵们抽出了马刀，准备向眼前的入侵者们发动进攻，可出人意料的是，还没等到下达军令，一个人就单枪匹马冲了出去，而且十分滑稽的是，这个不守军令率先出击的人竟然就是军队的先锋主将！

这位十分生猛、带头冲锋的仁兄名叫石彪。

石彪，是石亨的侄子，人如其名，他平素为人就十分彪悍，蛮横无理，属于那种无风要起几层浪，见树还要踢三脚的人。他没有什么业余的爱好，但对战争和杀戮有着特别的兴趣，一上战场就兴奋无比，经常口喊杀声，冲锋杀敌，其勇武善战连石亨也自愧不如。

此刻，这位仁兄的老毛病又犯了，他忘记了自己的身份，见到敌人出现，便不顾一切，手舞兵器冲了过去。

参考消息 **石亨叔侄**

石亨，据史载，形貌奇异，身材魁梧，脸面方正，最大的特色是有一把好胡子，古代时兴这个，但凡男的有点威严魄力，总少不得提一下胡子的形状。比如《三国演义》里的刘关张三兄弟，出场的时候都是以胡子的形状来辨别的。石亨的胡子特别长，一直到膝盖的位置。此人善于骑射，常常使用大刀作战。他的侄子石彪也有一把好胡子，大概年龄所限，稍稍短一点，须长及腹。石彪也异常勇猛，善于使用斧头作战。

顺便说一句，石彪先生的兵器是比较特殊的，据史料记载，他用的是斧头，上阵杀敌当然不会用砍柴的斧头，至于到底是李逵的板斧还是程咬金的宣花斧就实在很难考证了，但是他用斧头这种笨重的武器作为随身兵器，起码说明了一点：这是个不好惹的人。

眼见先锋率先冲锋，列阵的士兵纷纷醒悟过来，领导已经带头了，小兵还等什么！

石彪挥舞巨斧以万军不当之势冲入瓦剌军阵，左冲右突，大肆砍杀瓦剌士兵。很快，明军也赶来助战，在瓦剌军中左冲右突，横冲直撞，搅得瓦剌大军混乱不堪。

也先万万想不到，自己还没动手，就被人打得落花流水。他眼睁睁地看着石彪和明军在自己阵中势如破竹，砍人如切菜，他挥舞着马刀，想要稳住阵脚，无奈对方太过凶猛，瓦剌军前锋和中军简直不堪一击，纷纷四散奔逃，根本无法组织起有效的抵抗。

也先开始意识到，自己的失败似乎已经是不可避免的了。

保卫自己家园的人总是有着无尽的勇气的，因为他们明白，自己是为了保卫身后的父母亲人而战，他们的奋战和牺牲都是有价值的。

当时的也先是否能够理解这一点，谁也不知道，但我们可以肯定的是，也先十分清楚，如果他再不撤军逃跑，就会全军覆没。

眼看大军即将崩溃，也先无奈地下令全军撤离。石彪紧追不舍，跟着也先的屁股后面猛下黑脚，瓦剌军叫苦不迭，只顾逃命。

逃跑中的也先十分狼狈，但他想不到的是，自己的厄运并没有结束，一个真正的对手正在他的退路上等待着他。

石亨此刻已经列好了队伍，正准备迎接也先的到来。在战前，他与石彪已经商定了计划，由石彪在安定门前布阵，石亨则带兵隐藏于也先的后路，等到也先大军发起进攻时，便开始前后夹击，打对方一个措手不及。

但事情的发展超出了石亨的预想，石彪竟然如此威猛，仅凭一己之力就击退了也先，这样也好，通常打落水狗总是容易的。

当也先上气不接下气地逃离石彪的追击，还没来得及庆祝一下时，就惊喜地发现了为他接风洗尘的石亨军队。

终于可以报仇了，也先，你也有今天！

石亨一点也没客气，亲自率队对也先军发动了最为猛烈的进攻。这是一场没有悬念的战斗，也先军毫无战意，一触即溃，勇猛的瓦剌军队将他们所有的气力都用在了逃跑上，而明军肆无忌惮地在后面追击也先，并杀死所有被他们追上的瓦剌士兵。

奸商也先这次算是彻底亏本了，他虽然没有还清在土木堡和阳和欠下的所有债务，但至少还是付出了相当大的一笔利息。

◆ 西直门孙镗的困局

安定门和德胜门击退瓦剌军的同时，西直门守将孙镗却正面临着尴尬的窘境。

也先的军队是骑兵为主，机动性很强，在德胜门和安定门吃了败仗后，他们立刻转向了京城西面的西直门。这可就苦了正在镇守此门的都督孙镗。

德胜门和安定门虽然是京城北门，正对敌军，但也正是因为这个原因，其防卫十分森严，而西直门就没有这个待遇了，分配来的士兵战斗力和人数都十分有限，而也先军也发现了这一点，于是原先围攻德胜门和安定门的士兵们纷纷转向，他们似乎形成了一个共识：西直门易攻，同去，同去！

北京保卫战的主战场随即转移。

孙镗是一个比较有能力的将领，他带队在门前迎战，率领守军主动冲击瓦剌军前锋。他本人武艺高强，勇猛异常，身先士卒，手持大刀亲自参加白刃战，斩杀多名瓦剌士兵（斩其前锋数人）。

可是孙镗的勇猛并没有改变西直门被围攻的局势，他十分郁闷地发现，瓦剌军越杀越多，攻势越来越猛，守军眼看就要支撑不住了，在经过仔细的思考后，他做出了一个决定——逃跑。

临战退缩对于一个武将来说，实在是很羞耻的事情，但是对于孙镗本人来说，这个行为还是可以理解的。

老子也是人，凭什么武将就该送死，不能逃跑？！

你能说他的想法不对吗？

但武将孙镗很快发现，对于他来说，还有一个更大的难题摆在眼前——往哪儿逃？

外面漫山遍野都是瓦剌军，肯定不能往城外跑，那是找死。

最好的选择当然是退入城内，可问题是于谦大人发布了那道要人命的指令，所有的大门都是紧闭的。

眼看局势危急，孙镗没有办法，只好退到城门前对着城头喊话："我已支持不住，放我军入城！"

此刻，守在城头的人叫程信。

程信是一个文官，具体说来，他是给事中，属于言官，在我看来，这是一个十分有趣的人。

他在城头看得一清二楚，也明白孙镗也并非贪生怕死，实在是支持不下去了，可是他军令在身，而且他也是一个比较死板的人，通俗说来就是认死理。所以他没有开门，而是站在城头，对孙镗喊了很长的一番话。

这番话的大意是，虽然我知道你很辛苦，敌人很多，很想进城，我也可以理解，但是因为上级有命令不能放你入城，所以我不能违背命令放你进来，其实只要你打退敌人，就可以进城了，所以希望你多多努力，我会在城头为你呐喊助阵的。

这番话说得孙镗目瞪口呆，要能打退敌人，老子还找你干吗？不让进就不让进，说这么多废话干啥？

找一个言官来做武将的监军，实在是很有意思的组合，在很多时候会造成极强的喜剧效果。

孙镗明白，虽然这位城头的言官说了一些废话，但是主题意思是清楚的：

能够进城的只有两种人，胜利者，或是尸体！

他拨转马头，转向了激战正酣的战场。

反正也进不去了，就战死在这里吧！也先，老子跟你拼了！

人有时候必须有舍弃生命的觉悟，才能找到生路。

孙镗抱着必死的决心，挥舞大刀向也先军杀去，士兵们被他的勇气（其实这也是没办法的事情）所鼓舞，无不奋力死战，明军士气大振，稳定住了局面。

而城头上的程信也算得上人如其名，他还是很够意思的，并没有说空话，除了指挥拉拉队为孙镗呐喊助威外，还组织了一批士兵，用火铳和弓箭攻击城外的瓦剌军队，用实际行动支持了孙镗。

正在战局相持不下之际，石亨终于赶到。他之前已经把也先打得落花流水，便率领军队开始武装大游行，四处扫荡瓦剌军队，听说西直门被围攻，便立刻赶来支援。在这位猛将兄的指挥下，明军三两下就解决了进攻的瓦剌军，把他们赶了回去。

九死一生的孙镗终于摆脱了自己人生中的困境，由于坚守有功，他在战后还是接受了封赏。但是他不坚定的意图和行为，使得他经常成为其他武将暗地里嘲笑的对象，而很多的史书上都留下了“镗力战不支，欲入城”这样不光彩的记录，自此之后，他就一直在这样的尴尬下干着武将的老本行。

但孙镗最终还是恢复了自己的名誉，在十二年后那个混乱的夜晚，他用自己的行动证明了自己的勇气，挽回了声誉。

◆ 也先的第二方案

此时的也先正在逃亡的路上，在他的背后，是一群近乎疯狂的明军，这些人手持马刀，喊打喊杀，大有不把他碎尸万段誓不罢休的势头。

他终于理解了石亨的痛苦，被人追着跑实在不是一件让人感觉愉快的事情。

这里不能待了，还是退回大本营吧。

也先的大本营在京城外围的土城，这里距离京城还有一段距离，是也先牢固的进攻基地，当然，这是不久之前的事情。

当也先再次来到这里的时候，他深刻地领悟到了屋漏偏逢连夜雨的痛苦，他惊奇地发现，在他逃跑的路上，很多沿途的居民纷纷爬上屋顶，毫不吝啬地向他扔砖头（争投砖石击之），也先第一次体会到了被人拍砖的痛苦。

土城也不能待了，赶紧走人吧。

也先彻底绝望了，他满怀希望前来，却落得这样一个结果，弟弟被乱枪打死，几万军队被打得溃不成军，自己也被当初的手下败将石亨打得到处跑，真是丢人啊。

从开始的踌躇满志到现在的狼狈不堪，对于也先来说，这个世界变化得实在太快。

其实事情到了这个地步，也该收手了，此刻也先最明智的决定应该是率领他的军队撤走。

可是这位也先同志是一个很有个性的人，自他领军以来可谓横扫天下，难逢敌手，在这里吃了如此大亏，就这么走了，面子往哪里摆，回去怎么见自己的手下？

于是他决定再等五天，如果五天之内进攻无效，他将改变自己的计划。

这五天对也先来说是十分难熬的。他利用手中的朱祁镇，想同城内的人谈判，其实他的要求也不过分，给点钱财让他有个台阶下，也就够了，可城内的于谦根本就不搭理他，于是他就武力进攻，可总是被打得落花流水，落荒而逃。

打也不行，谈也不行，也先在城外就这样蹲了五天。十月的北京风沙大，也先足足喝了五天西北风，一无所获，忍无可忍之下，他决定使用第二套方案。

第二套方案仍然是以武力进攻为主，不过这一次，他的进攻方向不再是京城，而是居庸关。

居庸关是北京的门户，只要占据了居庸关，就等于扼住了京城的咽喉。通过多日的试探和进攻，也先已经明白，想要占据京城已经是不可能的了，于是他决定转而求其次，攻击居庸关，这样进可攻，退可守，进退自如，不能不说是一个很好的战术考虑。

也先重整了军队，集合所有兵力（史料记载约有五万），转向攻击居庸关。

应该说也先的这个决策还是正确的，居庸关没有京城那么多的兵力，也没有坚固的城防，也先的军队虽然受挫，但战斗力仍在，正常情况下，居庸关是抵挡不住也先的进攻的。

可也先想不到的是，当时的情况偏偏就不正常。

守卫居庸关的将领叫做罗通，正如也先所料，他并没有足够的兵力和坚固的城防去抵挡瓦剌军队的进攻，但似乎是天不绝人，看似败局已定的罗通此时却迎来了一个帮手——天气。

因为1449年的第一场雪，比以往来得早了一些。

正统十四年（1449）的十月，天气已经十分寒冷，而罗通也充分利用了他的物理学常识，城下重兵压境，他却丝毫不乱，只是不慌不忙地命令城内守军不断往城墙上浇水，城外的也先看着守军的这一行为，也是丈二和尚摸不着头脑，不知他们为何做此举动，只是下令第二天全力破关。

第二天一早，也先就找到了守军那奇怪举动的答案，因为一夜之间，昨天还是砖土结构的居庸关已经变成了一块巨大的冰砖，别说攻城，连个搭手的地方都没有，在这种情况下，也先下令停止进攻，驻营城外。

也先的意志已经接近崩溃，总结自己一个多月来的经历，他痛苦地发现，自己就如同一个天真无邪的小孩，被杨洪、于谦、石亨、罗通等人不断地耍弄，这些人都十分狡猾，很少正面交锋，却总是用各种诡计算计自己，可偏偏自己的脑袋不争气，屡屡被他们得逞，搞到现在这个打也不是，退也不是的尴尬境地。

仗打到这个地步，也先早已不敢奢望什么攻进北京城恢复大元之类的梦想，因为现实已经击碎了他的梦想，在我看来，他需要的不过是个体面的下台阶的机会。

进攻还是撤退，这是个面子问题。

在这种理念的支持下，他在居庸关外痴痴地等待了七天，希望眼前的这座冰山能够融化，希望有人能够给他一个机会，给他一个说法，免得自己的这次庞大军事行动成为人们眼中的笑柄。

可他得到的只是城内射出的弓箭和火铳，以及守军无情的嘲笑。

实在撑不下去了，还是收拾包袱撤吧。

也先下达了撤退的命令，瓦剌的五万大军开始收拾东西，准备回家。

可是罗通实在是一个好客的人，他似乎觉得把也先这位客人晾在城外几天不搭理有点过意不去，便不顾也先的反对，坚持派出全副武装的士兵去为也先送行，于是“三败之，斩获无算”。

也先什么也顾不上了，他已经意识到，这次麻烦大了，如果再不逃走，连老命也保不住，他带着朱祁镇，准备撤回关外。

在败退的路上，也先最后看了一眼那近在咫尺却又远在天边的北京城，叹息而去。

似乎是为了怀念自己那最终未能实现的梦想，也先在离北京城外不远的地方扎营，度过了在京城的最后一个夜晚。

估计也先的打算不过是好好地睡上一觉，再做个好梦，然后第二天走人。可他万万没有想到，于谦已经准备了一份厚礼，作为给他的离别礼物。

也先是一个经验丰富的军事指挥官，他已经预料到了城内的守军可能会夜袭出击，所以他把军营设在了离京城有一定距离的地方，加上他的军队以骑兵为主，所以就算守军出城攻击，他也能够从容做出反应，将军队撤走。

可是这次，上天又一次和他开了个大大的玩笑，由于在小时候没有接受过系统的科学技术教育，也先同志这次又要吃大亏了，吃没文化的亏。

他什么都考虑到了，却忘记了于谦手中有一样武器，不需要靠近他的营地就能置他于死地，而这件可怕的武器就是大炮。

明代的大炮自宋代和元代发展而来，经历长时间的改进，到了明永乐年间，大炮已经具有较远的射程和极大的威力，此时的于谦已经准备了数十门大炮，并把炮口对准了也先的营地，准备在夜里用这份意外的礼物给也先饯行。

就在那个夜晚，也先带着无尽的遗憾和惋惜再次遥望了京城。事后证明，这也是他投向京城的最后一瞥。他始终无法理解的是，自己的军队装备精良，士气高涨，士兵强悍，而对手则是主力被歼灭，装备不全，士气低落，士兵也是临时召集的预备队，毫无经验可言，这样的实力对比，无论用什么方法预测和计算，哪怕是搞民意调查，自己也是无论如何不可能失败的。

然而事实是，他失败了。

在那座看似岌岌可危的城池中，有一种力量在支撑着守军，顽强地对抗着他，而击败自己，创造奇迹的正是这种力量。

这种力量，我们称之为勇气。

作为失败者的也先自然会有很多感慨，可是此刻的胜利者于谦却没有这样的空闲，此时，他正忙于调集大炮，并将黑洞洞的炮口对准也先的营地，准备在夜里为也先组织一场盛大的焰火送行晚会。

既然于谦有大炮，为什么一开始不用，却非要等到也先夜间在城外扎营，准备撤退之时方才动手呢？

其中大有奥妙。

于谦是一个正直勇敢的人，事实确实如此，但我们往往会忽略了这样一点，那就是于谦也是一个历经宦海，很有城府的人，他之所以在战斗的初始阶段不使用大炮，是因为在也先的队伍中有一个身份特殊的人——朱祁镇。

朱祁镇虽然已经不是皇帝，但如果在战阵之中、众目睽睽、光天化日之下被大炮轰死，影响实在不好，舆论压力太大，所以不能轻易动手。我们之前也曾经说过，朱祁镇是死是活其实并不重要，这个人之所以重要只是由于人们知道他是太上皇。

也正是因为这个原因，在战争的前期大炮并没有得到广泛的使用。

但于谦也绝对不会因此放弃使用这种武器，他充分发挥了灵活处理问题的能力，解决了这个难题。

既然不能在众目睽睽下使用，那就等你们走远了再用，就算把你轰死了也是眼不见心不烦；既然不能在光天化日之下，那就等到晚上再动手，大炮无眼，黑灯瞎火的时候就算一不小心“误伤”或是“误杀”了太上皇阁下，那也是可以理解的。

最后如果在打扫战场时发现朱祁镇先生的尸体，就追认一个名分，史书上写些“为国捐躯，英勇献身”之类的话，宣传一下朱祁镇先生奋勇杀敌，寡不敌众被敌军所杀的先进事迹，用以鼓舞后人，启迪后代，至此大功告成，功德圆满。

于是就在那个夜晚，当也先的士兵们进入梦乡，营地一片寂静之时，远处的明军大炮开始了猛烈的轰鸣。数十门大炮齐放，也先营地顿时陷入火海，无数瓦剌士兵在睡梦中被击毙，余者四散奔逃，也先从梦中猛醒，拔刀出营准备组织抵抗，却惊奇地发现眼前并没有敌人，只有那不断从天而降的致命礼物。

瓦剌军营乱成一团，而远处的明军炮兵却是不慌不忙，把瓦剌士兵们当成活动的靶子，从容瞄准开炮，也算是结结实实地上了一堂炮兵瞄准训练课。

仗打到这个地步，也就没什么可说的了，瓦剌军营陷入一片火海，损失惨重（发大炮击其营，死者万人），却连一个敌人也没有看到，也先同志带着他还没有做完的美梦，连夜离开了这片伤心之地。

至此，北京保卫战结束，大明完胜。

北京保卫战是中国历史上一次十分重要的战役，如果此战失败，中国历史将会改写，因为京城一旦失陷，北方将无险可守，半壁江山必然难保，大明王朝的国运也将被改变。在这场决定历史的战争中，明朝政府在主力被歼、皇上被俘、兵力不足、士气全无的情况下，采用了正确的军事和外交方针，最终击败了来犯的蒙古军队，保住了帝国的北部领土，取得了最后的胜利。

从一盘散沙、行将崩溃到众志成城、坚如磐石，从满天阴云、兵临城下到云开雾散、破敌千里，大明帝国终于转危为安，北京保卫战创造了一个力挽狂澜的奇迹，而这个奇迹的缔造人正是于谦。

当几乎所有的人都对现状绝望的时候，他挺身而出，担当重任，挽救国家危亡。

当情况一片混乱、陷入绝境的时候，他一力承担，苦苦支撑，直至胜利的到来。

无论局势如何复杂困难，前景如何黑暗，他始终没有放弃过希望，始终坚持着他的努力和抗争。

这场战争是一个关于勇气和决心的故事，是一个在绝境下始终坚持信念的传奇。

无论在多么绝望的情况下，也不要放弃希望，坚持下去，就一定能够创造奇迹。

于谦用他的行为为我们证明了这一真理。

第九章

朱祁镇的奋斗

○这是真正的绝境　身陷敌营　没有人可以信任　没有人可以依靠　也不会有专人来伺候他的起居　其实衣食待遇不好还在其次　对于朱祁镇而言　能否活到第二天才是他每天都要考虑的问题

◆ 也先的第二个敌人

也先退出了关外，却并不承认自己的失败，他希望重整军队，再次入关进攻京城。但就在此时，一个隐藏的敌人出现了，打乱了也先的计划，而这个敌人比明军更为可怕，因为他就出现在也先的身后。

脱脱不花是黄金家族的传人，也是也先所推立的蒙古大汗，而也先不过是蒙古太师而已，换句话说，他是也先的领导。不过他的这个领导干得实在比较烦，因为他自己并没有足够的军事实力，所以在他的名字前面总会被人加上两个前缀字——傀儡。

事实证明，成吉思汗的子孙一般都不是孬种，至少这位脱脱不花不是。据史料记载，他是一个十分精明强干的人，对于现在的这种地位他十分不满，但又苦于没有足够的资本和兵力与也先叫板，只能一直隐忍下来。

无独有偶，瓦剌部落的第三把手知院阿剌也对也先不满，这倒没有什么可奇怪的，像也先这样强势的人,自然是老子天下第一,不把他人放在眼里。就这样，看似强大无比的瓦剌内部出现了严重的裂痕。对于这些情况，也先心中也是有数的，但他仗着自己兵多将广，不把脱脱不花和阿刺放在眼里，把他们当成跑龙套的，任意使唤，可他想不到的是，这道裂痕将彻底毁掉他的宏图霸业。

瓦剌内部的这些斗争自然瞒不过明朝大臣们的眼睛，他们充分地利用了这一点，并扩大了他们之间的矛盾，而主持这一隐蔽战线工作的正是老牌地下工作者胡濙。事实证明，他的工作是卓有成效的。

也先刚刚退出关外时还是有所期望的，因为在出发之前，他就下达了指令，命令龙套甲脱脱不花和龙套乙阿剌陈兵关外，一旦自己战况不利就立刻进关会师合战，可当他真正下达会师命令时，却惊奇地发现这二位龙套兄早已不见了踪影。

原来这两位仁兄早在进攻前就打好了算盘，他们认为打胜了也是也先的功劳，自己捞不到什么好处，而如果战败自己却要损兵折将，这笔生意做不得（利多归额森，害则均受之），所以他们乐得听从也先的命令，表示自己甘愿做预备队，在关外等候。

而当他们听说也先失败后，不禁喜上心头，大肆庆贺，再加上明朝政府在一边煽风点火，大搞策反工作，还没等也先退出关，他们就变成了和平使者，派遣使者向明朝求和，并赠送了马匹。

这下也先同志有大麻烦了，被打得落荒而逃不说，逃出关外也无人接应，用狼狈不堪来形容实在一点也不过分。但这些还只是小问题，更大的难题在于，他只是瓦剌的太师，脱脱不花虽然是傀儡，但毕竟还是名义上的领导，现在领导都已经求和了，自己这个太师还怎么打？

思来想去，毫无出路，众叛亲离的也先只好满怀悲痛地收回了自己出鞘的马刀，回家放牧，而他一统天下的梦想也就此永远破灭。

历史已经无数次证明，挑起战争的侵略者终归是会失败的。

◆ 孤独的抗争

轰轰烈烈的北京保卫战结束了，于谦用他无畏的勇气击败了来犯的军队，从而名垂青史，万古流芳。朱祁钰也由于这场战争的胜利获得了极大的威望，稳固了自己的皇帝地位。此外，石亨、杨洪等人都因功被封赏。对于明朝的君臣而言，可谓是皆大欢喜。但就在他们弹冠相庆的时候，另一个人却正在痛苦中挣扎和抗争，只为了能够活下去，这位不幸的仁兄就是朱祁镇。

从大同到宣府，再到北京，朱祁镇一直被挟持着来回奔走，堂堂的皇帝成了人质，这个角色的变化固然让人难以接受，但更让他难受的是，他已经得知，自己不再是皇帝，他的弟弟已接替了他的位置。

对于这一变化，朱祁镇是有着亲身体会的。边关将领刚开始对他的到来还小心应对，到后来却变成了毫不理会，而京城的那些人明知自己身在也先营中，却仍然大炮伺候。这一切的一切都告诉他，对于大明而言，他已经变成了一个多余的人。

而绑匪集团自然也不会给他什么好脸色看。之前也先还能从他身上捞到点好处，可慢慢地他发现，大明王朝对赎回这个人没有多少兴趣，自己不但要背一个绑匪的名声，还要管朱祁镇先生的饭。历来不做赔本生意的也先逐渐失去了对这位过期皇帝的耐心，对他十分怠慢。

朱祁镇就此陷入窘境，家里人不要他，不会再派人来赎他，绑匪集团也对他这个过期人质失去了兴趣，随时可能要他的命。而他独自一人身处异地他乡，狼窝虎穴之中，唯有每日随军四处漂泊。

这是真正的绝境，身陷敌营，没有人可以信任，没有人可以依靠，也不会有专人来伺候他的起居。其实衣食待遇不好还在其次，对于朱祁镇而言，能否活到第二天才是他每天都要考虑的问题。

每天生活在这样的环境中，巨大的生理和心理压力足可把任何一个正常人逼疯，但出人意料的是，平日养尊处优的朱祁镇竟然坚持了下来，而且还活得不错，这不能不说是一个奇迹。

应该说朱祁镇的处境确实十分困难，因为很多被派来看管他的蒙古士兵和蒙古贵族祖上都吃过朱棣和明军的大亏，很多人的亲人也死在明朝手中，所以对他怀有极深的仇恨。但朱祁镇用他的气度和风范征服了几乎身边所有的人，即使身处敌营，他也从未因为自己的人质身份向敌人卑躬屈膝，即使对于一些辱骂轻慢他的人，也能够以礼相待，不卑不亢，渐渐地，在他身边的那些原本对他怀有敌意的人都被他所感化。

特别是也先的弟弟伯颜帖木儿，作为一个长期征战的武将，他原本十分瞧不起这个打败仗的明朝皇帝，但自从他奉命看管朱祁镇以来，这个看似弱不禁风的年轻

人却用自己的人格魅力不断地影响着他，即使在极为危险艰苦的环境下，这个人仍然镇定自若，待人诚恳，丝毫不见慌乱。渐渐地，他开始欣赏并喜欢这个人。

他改变了自己的态度，对这个自己看管下的人质不但没有丝毫不敬，还对他礼遇有加，甚至还时常带着自己的妻子去看望朱祁镇，且态度十分恭敬（伯颜与其妻见帝，弥恭谨），如同见自己的上级前辈一般。

伯颜的这种态度使得也先十分不满。他没有想到，这个囚犯竟然反客为主，不但没有吃什么苦头，反而过得很舒服，还让自己的弟弟对他服服帖帖。他想破脑袋也搞不清楚这是怎么一回事，对于这件匪夷所思的事情，他唯一的情绪就是愤怒。

这种情绪驱使着他，在他的内心催生了一个念头——杀掉朱祁镇。

朱祁镇人生中的又一次危机即将到来。

◆ 谋杀与策略

在向北京进军的途中，也先的军队经过黑松林（地名），并在此地扎营，安排歌舞招待高级贵族，这其中也包括朱祁镇。然而就在这个宴会上，又发生了一件让也先十分难堪的事情，促使他下定决心要杀掉朱祁镇。

在宴会召开时，伯颜帖木儿居然就在众目睽睽之下，对身为囚犯的朱祁镇礼遇有加，使得众人侧目。自己的弟弟竟然如此尊敬这个人质，置自己于何地！

也先气得七窍冒烟，他再也无法忍受下去，他下定了决心，宁可不要赎金和人质，也要杀掉这个让他丢面子的朱祁镇！

但公开杀掉朱祁镇影响太坏，于是也先便制订了一个周详的谋杀计划。由于朱祁镇住在伯颜帖木儿的营区，很明显，伯颜帖木儿是不会让也先杀掉朱祁镇的，而且他的营区距离也先的营区还有十几里。为了掩人耳目，也先决定在夜间派人潜入朱祁镇的帐篷，把他除掉。到时即使伯颜帖木儿有什么意见，也没有用了。

可是就在夜深人静，也先决定动手之时，一件意想不到的事情发生了。

原本平静的夜里突然下起雷雨，狂风大作，这还不算，天雷竟然震死了也先的马（会夜大雷雨，震死额森所乘马）！

老天爷的架势一下子把也先吓住了，他自然不会把这场雷雨和积雨云、阴阳电极之类的玩意儿联系起来，在他看来，这是上天对他谋杀行动的愤怒反应。

看来上天真的还在庇护着这个人啊，怀着这样的感慨，也先撤销了自己的计划。

就这样，朱祁镇逃过了这一劫。但似乎上天还想要继续考验他，在他未来的道路上，有一个比也先更为可怕的敌人正在等待着他。

在影视剧中，叛徒和汉奸往往更加可恨，而在现实中也是如此，那个比也先更加厉害、更难对付的人就是喜宁。

不知这位仁兄到底有什么心理疾病，自从他成为也先的下属后，不断地出主意想要毁掉大明江山，想要除掉朱祁镇。

在北京战败后，喜宁充分发挥了太监参政议政的积极性，在也先狼狈不堪，无路可走之时，他故作神秘地告诉也先，他已经找到了一条新的道路，可以绕开京城，攻灭明朝，横扫天下。

喜宁的计划十分复杂，具体说来是由关外直接攻击宁夏，然后绕开京城，向江浙一带前进攻击占领南京，从而占据天下。

我翻了一下地图，大致量了下距离，顿时感到这个世界上真是没有想不到，只有做不到。喜宁先生发扬大无畏之精神，竟然主动要求完成如此艰巨的任务，真可谓是身残志坚。

当然了，与以往一样，他仍然向也先建议，要带着朱祁镇去骗城门兼当人盾。

如果这个计划真的付诸实施，且不说最终能否实现那宏伟的目标，至少朱祁镇先生很可能在某一个关口被冷箭射死或是被火铳打死，而沿途的军民也会大受其害。

朱祁镇又一次走到了人生的十字路口，滑稽的是，他本人并没有意识到这一点。但幸运的是，这一次他的身边多了两个人，帮助他闯过了这一关。

其中一个就是我们之前提到过的袁彬，而另一个人叫做哈铭。

袁彬，江西人，在此之前，他的身份仅仅是一个锦衣校尉，根本没有跟皇帝接近的机会，但机缘巧合，这场战乱使他不但成为了朱祁镇的亲信和朋友，还用他的忠诚与坚毅书写下了一出流传青史、患难与共的传奇。

而另一个哈铭则更有点传奇色彩，因为这个人并非汉族，而是蒙古人。但从其行为来看，他似乎并没有趁着战乱，站到自己的同胞一边以邀功，而是对朱祁镇竭尽忠诚，其行为着实可让无数所谓忠义之士汗颜。

正是有了这两个人的帮助，朱祁镇才得以战胜一个又一个敌人，克服无数的难关，最终获得自由。

朱祁镇是一个政治嗅觉不敏锐的人，听到喜宁的远征计划后，他没有看出喜宁的险恶用心，拿不定主意，便去询问袁彬和哈铭。两人闻言大惊，立刻告诉朱祁镇:

参考消息　人皆有情

哈铭是也先派给朱祁镇的一个听差，名为听差，实则为监视。但在朱祁镇的感召下，不但不再听从也先的指挥，反而跟朱祁镇成了密友。英宗回国后，已经改姓杨的哈铭写了一篇一篇《正统临戎录》。这篇回忆录中说，有一天醒来，朱祁镇对他说：“哈铭，你知道吗？昨天夜里睡觉，你的手压在我胸口上，我怕惊醒你都没敢翻身。汉时光武帝和严子陵同宿，严子陵把脚压在光武帝肚皮上，光武帝也只耐心地等他自己翻身抬下去，你倒和他一般。”两人关系之亲密，由此可见一斑。

此去极为凶险，天寒地冻不说，大哥您还不会骑马，就算没饿死冻死，到了边关，守将不买您的账，您怎么办啊（天寒道远……至彼而诸将不纳，奈何）？

这一番话说得朱祁镇冷汗直冒，他立刻下定决心，无论如何，绝不随同出征！

打定主意后，朱祁镇坚定态度，对喜宁的计划推托再三，还请出伯颜帖木儿等人多方活动，最终使得这一南侵计划暂时搁浅。

就这样，朱祁镇在袁彬和哈铭的协助下，赢得了这个回合斗争的胜利。

经过这件事情，朱祁镇与袁彬、哈铭的关系也更加密切，他们已经由君臣变为了朋友。要知道，在那个时候，和朱祁镇做朋友可不是一件好事，因为在瓦剌军中，朱祁镇的身份是囚犯，他的待遇不过是一顶普通的帐篷和车马（所居止毡帐敝纬，旁列一车一马），况且这位仁兄已经不是皇帝了，还随时有被拖出去砍头的危险，而根据相关部门统计，自古以来，被俘的皇帝能够活着回去的少之又少，跟着这位太上皇大人，非但捞不到什么好处，反而很有可能搭上自己的性命。

如果要搞风险投资，大可不必找朱祁镇这样的对象，因为风险太大，而收益却遥遥无期。

袁彬和哈铭十分清楚这一点，但他们仍然坚持自己的操守，把自己的忠诚保持到了最后一刻。在朱祁镇人生最为黑暗的时刻，他们一直陪伴在他的身边。

在沙漠中，昼夜温差极大，白天酷热难耐，晚上却寒气逼人。很明显，朱祁镇先生并没有独立生活的经验，也缺少自理能力，而他的身边也没有太监和宫女伺候，只有单薄的被褥，夜幕降临，气温下降时，他就冻得直哆嗦。每当这个时候，袁彬都会用自己的体温为朱祁镇暖脚（以胁温帝足）。

可能有人会觉得袁彬的这一行为只能表现封建社会臣子的愚忠，那么下面的事例应该可以证明，至少在这段时间内，他们是亲密无间的朋友。

在行军途中，袁彬不小心中了风寒，在当时的环境下，这几乎是致命的。瓦剌也不可能专门派人去照料袁彬，朱祁镇急得不行，也想不出别的办法，情急之下，他紧紧地抱住袁彬，用这种人类最原始的方法为袁彬取暖，直到袁彬汗流浃背，转危为安（以身压其背，汗浃而愈）。

在那艰辛的岁月中，几乎所有的人都背弃了朱祁镇。这也是人之常情，毕竟瞎子也看得出来，如果没有什么奇迹发生，这位朱祁镇先生就只能老死异乡了。但无论情况多么险恶，袁彬和哈铭始终守在他的身旁，不离不弃。

这种行为，我们通常称之为患难与共。

自古以来，最难找到朋友的就是皇帝，但我们有理由相信，这次朱祁镇先生确实找到了两个朋友，不为名利、不为金钱的真正的朋友。更为难得的是，朱祁镇并没有走他先辈的老路，演一出可共患难不可共享乐的老戏。在之后的岁月中，虽然他的身份有了很大的变化，但他始终牢记着这段艰辛岁月，保持着与袁彬和哈铭的友情。

就这样，朱祁镇、袁彬、哈铭团结一致，在极其困难的环境下坚持着与命运的抗争，但他们逐渐发现，要想生存下去，并不是那么容易的事情，因为有一个人十分不愿意让他们继续活着，非要置他们于死地。

这个人还是喜宁。

喜宁十分厌恶朱祁镇，也十分讨厌忠诚于他的袁彬和哈铭。这似乎也是可以理解的，因为在背叛者的眼中，所有人都应该是背叛者，而袁彬和哈铭违反了这一规则。他多次向也先进言，希望杀掉朱祁镇，但由于有伯颜帖木儿的保护，加上也先的政治考虑，这个建议很难得到实施。于是他灵机一动，希望拿袁彬开刀，可又苦于没有借口，正好这时一件事情的发生几乎促成了他的阴谋。

事情是这样的，也先为了缓和与明朝的关系，也是为了将来打算，决定把自己的妹妹嫁给朱祁镇，但不知是他的妹妹长得不好看，还是朱祁镇不想当这个上门女婿，反正是一口回绝了。但毕竟自己还是人家的囚犯，绑匪愿意招人质做女婿，已经很给面子了，万一要是激怒了也先，那可就吃不了兜着走，于是朱祁镇想了一个很绝的理由拒绝了这门送上门的亲事。

朱祁镇说：很荣幸您愿意把妹妹嫁给我，我也很想娶她，可问题在于我现在还在外面打猎（即所谓北狩，史书中对于被俘皇帝的体面说法），虽然想娶您的妹妹，但礼仪不全，实在太过失礼，等我回去之后，一定郑重地来迎娶您的妹妹（驾旋而后聘）。

朱祁镇打了个太极拳，所谓“驾旋而后聘”，要想让我聘您的妹妹，先得让我“驾旋”，一来二去，又推到了也先的身上。

也先虽然粗，却并不笨，听到这个回答，立刻火冒三丈。

等你朱祁镇回去再说？那得等到什么时候？老子还不想放你呢！

也先这才感觉到，这个貌似文弱的年轻人其实十分之狡猾，他很想砍两刀泄愤，可考虑到政治影响，又只好忍了下来。正在此时，喜宁抓住了这个机会，向也先告密，说这些话都是袁彬和哈铭唆使朱祁镇说的。

这个小报告十分厉害，也先正愁没有人出气，便把矛头对准了袁彬和哈铭，开始寻找机会，想要杀掉这两个人。所幸朱祁镇得到了消息，便安排袁彬和哈铭与自己住在一起，时刻不离。也先碍于面子，也很难在朱祁镇面前动手，袁彬和哈铭的命这才保住了。

但朱祁镇毕竟不能二十四小时和袁彬、哈铭待在一起，他也有外出的时候，虽然这段时间很短，却也差点酿成大祸。

一次，朱祁镇外出探访伯颜帖木儿回来，发现袁彬不见了。他大吃一惊，询问左右人，得知是也先派人把他叫去了，朱祁镇顿感不妙，顾不上其他，问清袁彬出行的方向，立刻追寻而去。

朱祁镇不会骑马，只能一路小跑，虽然汗流浃背却也不敢有丝毫停歇，因为他知道袁彬此去必定凶险异常，如果赶不上就只能看见他的人头了。

好在上天不负有心人，体质虚弱的朱祁镇紧跑慢跑，终于还是追上了袁彬。不出他所料，也先派来的人正准备杀掉袁彬，此时的朱祁镇体现出了他强硬的一面。

他眼见袁彬有难，便跑上去怒斥也先派来的人，以死相逼，绝不允许他们杀死袁彬。那些人看到这个平时文弱不堪的过期皇帝竟然拿出了玩命的架势，也都被他吓住了，便释放了袁彬。

就这样，朱祁镇用他的勇气从也先的屠刀下救回了他的朋友，但他们同时都意识到，如果不除掉头号卖国贼喜宁，这种事情还会再次发生，到时结局如何就不好说了。为了能够解决这个心头大患，朱祁镇经过仔细思考，与袁彬、哈铭密谋，订下了一个完美的计划。

参考消息 **袁彬绝不能死**

英宗复辟后，袁彬风光受赏，但好景不长，锦衣卫指挥门达得势，一时权倾朝野，朝臣多屈服于他，唯独袁彬不肯。门达在他这儿总是碰钉子，遂记恨于心，于是搜集了一些诸如袁彬小妾的父亲骗人钱财的罪状，向英宗告发袁彬。英宗考虑了很久，回答说："随你去办，但要把活的袁彬还给我。"袁彬于是先下狱，后又到南京放闲，直到英宗去世，门达一党被洗刷干净，他才得以官复原职。不久，门达被令充军南丹，袁彬还在郊外为他饯别，赠送财物。

◆ 朱祁镇的圈套

景泰元年（朱祁钰年号,公元 1450）元月,朱祁镇突然一反常态,主动找到也先,表示愿意配合他去向京城要赎金。

也先闻言大喜过望，他正缺钱花，这位人质竟然主动要求去要钱，实在是出乎意料，他连忙询问派何人前去，何时动身。

朱祁镇却不慌不忙地告诉他，什么时候动身都可以，但有一个条件，就是派去的使者需要由他来指定。

这个条件在也先看来不算条件，只要你肯开口要钱，就什么都好说，他立刻答应了。

于是，朱祁镇便看似漫不经心地说出了他早已准备好的两个人选，一个叫高瓅，另一个我不说大家也能猜到，正是喜宁。

朱祁镇提出了他的条件，等待着也先的回复，而也先似乎早已被喜悦冲昏了头脑，他哪里还在乎派出去的是谁，别说喜宁，就算是喜狗，只要能把钱拿回来就行。

他满口答应了，并立刻下令喜宁准备出发。

喜宁倒对这一使命很感兴趣，他原本在宫里当太监，之后又当走狗，现在居然给了他一个外交官身份，威风凛凛地出使，实在是光宗耀祖的好事情，但他绝对想不到的是，他的一只脚已经踏进了鬼门关。

而此时的朱祁镇则是长舒了一口气，当他看见也先满脸喜色地不住点头时，他明白，自己的圈套终于奏效了。

在之前的几个月中，为了除掉喜宁，朱祁镇与袁彬和哈铭进行了反复商议和讨论，最终决定，借明军之手杀死喜宁。但问题在于，如何才能把喜宁送到明军手中，很明显，最好的方法就是把喜宁派去出使明朝，但这必须要也先的同意。

如何让也先听从自己的调遣呢？经过仔细思考，他们找到了也先的一个致命弱点——贪钱，便商定由朱祁镇主动提出去向明朝要赎金，并建议由喜宁出使，而也先大喜之下，必然应允。

事情的发展和他们预想的完全一致，也先和喜宁都没有看破其中的玄机，圈套的第一步圆满完成。

接下来的是第二步，而这一步更加关键，就是如何让接待使臣的明朝大臣领会朱祁镇诛杀喜宁的意图。

要知道，两国交战不斩来使，如果不说清楚，明朝是不会随便杀掉瓦剌使者的，而要想互通消息，还需要另一个使者的帮助，于是，他们为此又选定了一个人充当第二使者，这个人就是高磐。

高磐具体情况不详，在被俘明军中，他只是个不起眼的低等武官，但朱祁镇将如此重要的任务交给他，说明此人已经深得朱祁镇的信任，事实证明，他并没有辜负太上皇对他的这份信任。

为保密起见，高磐事先并未得到指示，所以他一直以为自己真的是出去索要赎金的。直到临出发前的那天夜里，趁着众人都在忙于准备之时，袁彬暗地里找到高磐，塞给他一封密信。高磐看过之后，才明白了自己所行的真正目的。

信的内容十分简单，可以用八个字来概括:

俾报宣府，设计擒宁!

当然，这些工作都是秘密进行的，也先和喜宁对此一无所知。

就这样，喜宁带着随从的瓦剌士兵趾高气扬地朝边关重地宣府出发了，他有充分的理由为之骄傲，因为这是他第一次以外交官的身份出使，当然，也是最后一次。

他更不会注意到，在自己的身后，高磐那冷冷的目光正注视着他。

使者一行人日夜兼程赶到了宣府，接待他们的是都指挥江福。正如朱祁镇等人所料，江福并不清楚这一行人的目的，以为他们只是来要钱的，应付了他们一下之后就准备打发他们走。喜宁自然十分不满，而高磐却另有打算，他找了个机会，将自己所行的真正目的告诉了江福。这时江福才知道，这些人其实不是来要钱的，而是来送礼的。

这份礼物就是喜宁的人头。

于是，江福突然态度大变，表示使者这么远来一趟不容易，要在城外请他们吃饭。喜宁以为事情有转机，十分高兴，便欣然赴宴。

可是他刚到地方，屁股还没坐稳，伏兵已经杀出（至其地，伏尽起），随从的瓦剌士兵纷纷投降。喜宁见势不妙，回头去找高磐，想和他一起逃走，却不料高磐突然大喊“擒贼！”并出其不意地将他紧紧抱住，使他动弹不得（直前抱持之）。众人一拥而上，抓获了这个卖国贼。

朱祁镇回归万事俱备

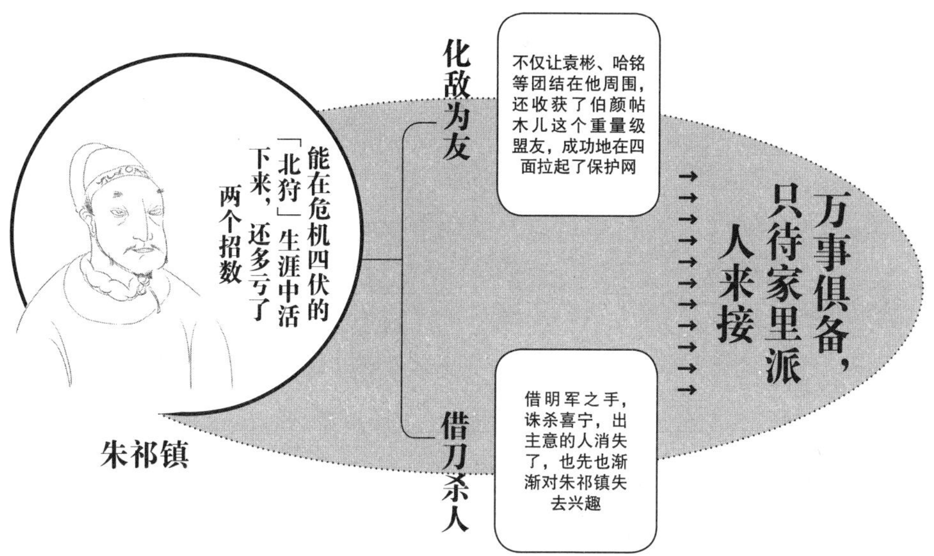

此时，喜宁才如梦初醒，他的外交官生涯也到此为止，往日不同今时，他也指望不了什么外交豁免权，等待他的将是大明的审判和刑罚。

至于喜宁先生的结局，史料多有不同记载，有的说他被斩首，有的说他被凌迟，但不管怎样，他总算是死了，结束了自己可耻的一生。

喜宁的死对时局产生了重大的影响，从此也先失去了一个最为得力的助手和情报源泉，他再也无法随心所欲地进攻边关，而朱祁镇则为自己的回归扫除了一个最大的障碍。

参考消息　哈铭的对策

喜宁死后，少了挑衅的人，作为被也先指派给英宗的长随，哈铭的话也逐渐被也先采纳。哈铭于是利用这种局势，开始是偶尔，后来是常常，劝也先把这个没什么利用价值的太上皇还给大明，免得自己累赘。再说新帝登基，大明的腰杆又硬了，其利用价值就更小了。在这种造势下，也先才一步步降低了索取赎金的下限，最后把人免费送还给了大明。

所以当喜宁的死讯传到朱祁镇耳朵里时，他几乎兴奋得说不出话来，而袁彬和哈铭也是高兴异常，他们似乎已经认定，自己回家的日子不远了！

喜宁死了,不会再有人处心积虑地要加害朱祁镇。也先似乎也对他失去了兴趣，屡次表示只要明朝派人来接，就放他回去。并且已经数次派遣使臣表达了自己的这一愿望。看似朱祁镇回家之事已经水到渠成，顺理成章，然而奇怪的事情发生了，使者不断地派过去，明朝那边却一直如石沉大海，杳无音信。

朱祁镇知道,自己的弟弟祁钰已经取代了自己,成为了皇帝。这些他并不在乎，因为他明白，以他在土木堡的失败和现在的身份，就算回去也绝不可能再登皇位，而他的弟弟取代他也是顺理成章的事情。

说到底，他只是想回家而已。

他不断地等待着家里的人来找他，来接他，哪怕只是看看他也好，可是现实总是让他失望，他逐渐明白:

他想家，但家里人却并不想念他。而他当年的好弟弟，现在的皇帝朱祁钰似乎也不希望再次见到他。

也先固然已经不想再留着他，可是他的弟弟朱祁钰也不想要他回来，朱祁镇成了一个大包袱，没有人喜欢他，都想让他离得越远越好。

在我看来，这才是朱祁镇最大的悲哀。

面对这一窘境，袁彬和哈铭都感到十分沮丧，但出人意料的是，朱祁镇并没有屈服，他依然每天站在土坡之上，向南迎风眺望，无论刮风下雨，日晒风吹，始终坚持不辍。

袁彬和哈铭被朱祁镇的这一行为彻底折服了，他们佩服他，却也不理解他。他们不知道，到底是什么样的力量在支持着这个人，使他在绝境中还能如此坚守自己

参考消息 **向大师求救**

朱祁镇归期不定，十分着急。山西人仝寅，自幼学习汉代学者京房的易学，占卜祸福百算百验，被不少人传成了神人。有人就向朱祁镇推荐仝寅，说不妨找大师算上一卦。朱祁镇被鼓捣得决定一试，于是秘密派遣使者，让大同镇守太监裴富去找仝寅，询问回去的时间。没多久，仝大师的结论传回来了：大吉，明年仲秋皇帝必能回国。

的信念。

“为什么你能一直坚持回家的希望？”

“因为我相信，在那边，还有一个人在等着我回来。”

◆ 孤独的守望者

千里之外的京城确实有一个人还在等着朱祁镇回来，即使全天下的人都背弃了朱祁镇，但这个人仍然在这里等待着他。

她就是朱祁镇的妻子钱皇后。

在土木堡失败、朱祁镇被俘后，朝廷上上下下忙成一团，有的忙着准备逃跑，有的忙着备战，有的忙着另立皇帝，谋一个出路，没有人去理会这个失去了丈夫的女人。

这似乎也是顺理成章的事情，在这场巨大的风暴前，一个女子能有什么作为呢？朱祁镇都已经过期作废了，何况他的妻子。

但在这个女子看来，那个为万人背弃的朱祁镇是她的丈夫，也是她的唯一。

她只知道，自己什么都可以不要，只求能换回她的丈夫平安归来。

她不像于谦、王直那样经验丰富、能够善断，也没有别的办法，听说能用钱换回自己的丈夫，便收集了自己几乎所有的财产派人交给也先，只求能换得人质平安归来。可是结果让她失望了。

之后发生的事情大家都知道了，于谦主持大局，朱祁钰成为了新的皇帝，朱祁镇成了太上皇，朝廷上下都把他当成累赘，再也无人理会他，更不会有人花钱赎他。

政治风云的变幻莫测就发生在这个女人的眼前。在这段日子中，她允分体会了人情冷暖和世态炎凉。面对着这些让人眼花缭乱的变化，她没有办法也没有能力做些什么去换回自己的丈夫，于是她只剩下了一个方法——痛哭。

哭固然没有用，但对一个几乎已经失去一切的女人而言，除了痛哭，还有什么更好的方法呢？

整日除了哭还是哭，白天哭完晚上接着哭，所谓“哀泣吁天，倦即卧地”，孟姜女哭倒长城只不过是后人的想象，在由强者书写的历史中，历来没有眼泪的位置。

痛苦没有能够换回她的丈夫，却损害了她的身体。由于长期伏地痛哭，很少活动，她的一条腿变瘸了（损一股），到最后，她不再流泪了，不是她停止了哭泣，而是因为她已哭瞎了眼睛，再也流不出眼泪（损一目）。

她已经无能为力，唯有静静地等待，等待着奇迹的发生，等待着丈夫在某一天突然出现在她的眼前。

这个已经瘸腿瞎眼的女子就此开始了她孤独的守望，虽然前路茫茫，似乎毫无希望，但她始终相信:

总有一天，他会回来的。因为他也知道，这里有一个人等着他。

钱皇后希望自己的丈夫回来，朱祁钰却不希望自己的哥哥回来。

作为领导了北京保卫战的皇帝，朱祁钰的声望达到了顶点，而相对于他打了败仗的哥哥而言，此刻的朱祁钰早已是众望所归，大臣们向他顶礼膜拜，百姓们对他感恩戴德，而这种号令天下的快感也使得他终于明白了皇权的魔力，明白了为什么那么多的人要来争夺这个位置。

他倚在龙椅上，看着下面跪拜着的大臣们，感到了前所未有的满足感和舒适感。

是的，这是属于我的位置，属于我一个人的位置，我不再是摄政，不再是代理，现在，我是大明王朝至尊无上的皇帝，唯一的皇帝！

至于我的好哥哥朱祁镇，就让他继续在关外打猎吧（北狩），那里的生活虽然艰苦，但我相信他会喜欢并习惯这种生活的。当然了，如果他就这么死在外面自然更好，那就一了百了了。

哥哥，我再也不想见到你了，就此永别吧。

在权力面前，从来就没有兄弟的位置。

第十章

回家

○他决心创造奇迹 即使什么都没有 他也要把朱祁镇带回来

○凭什么 就凭他的那张嘴

在我们的印象中，建立不世奇功的于谦此刻应该风光无限，万众归心。事实也是如此，但与此同时，他的烦恼也来了。

所谓树大招风，人出名后总会有很多麻烦的，古人也不例外。

在北京保卫战胜利后，朱祁钰感念于谦对国家社稷的大功，给了他很多封赏，授予他少保（从一品）的封号，还打算给他的儿子封爵。

于谦独撑危局，力挽狂澜，朝廷上下心里都有数，给他这些封赏实在是合情合理，理所应当，但于谦却拒绝了。

他推掉了所有的封赏，说道：让敌人打到京城，是我们大臣的耻辱，怎么还敢邀功（卿大夫之耻也，敢邀功赏哉）！但朱祁钰执意要他接受，无奈之下，他只接受了少保的职衔，其他的赏赐仍然不受。

朱祁钰无奈，只得依从了他。而于少保的称呼就此流传下来，为众人传颂。

于谦这样做是很不容易的，明代官俸很低，于谦是从一品，但仅凭他的工资也只能糊口而已。他为政清廉，又不收礼受贿，家里比较穷，后来被抄家时，执行的人惊奇地发现，这个位极人臣的于谦竟然是个穷光蛋（及籍没，家无余资）。

三公、三孤

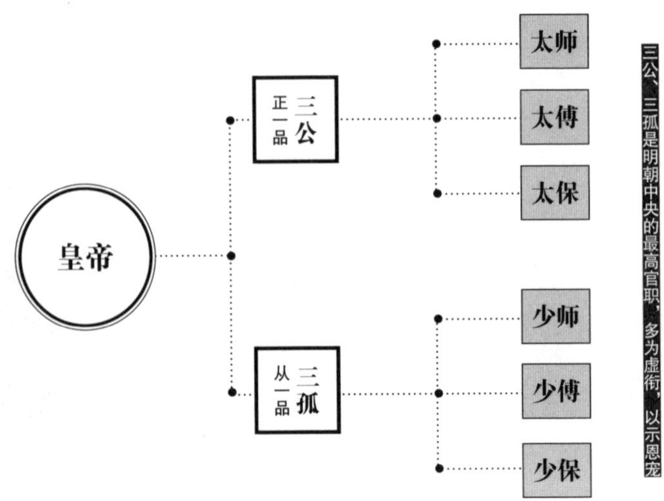

但就是这样一个德才兼备的于谦，竟然还有人鸡蛋里挑骨头，找借口骂他。

第一个来找麻烦的是居庸关守将罗通。他向皇帝上书，说北京保卫战不过尔尔，且有人谎报功绩，滥封官职。文中还有一句十分有趣的话——“若今腰玉珥貂，皆苟全性命保爵禄之人”。

这位仁兄很明显是一个心理不平衡的人，他的目的和指向十分清楚，连后世史官都看得明明白白——“意益诋于谦、石亨辈”。

于谦万没想到，竟然还有人这样骂他，便上奏折反驳，表示北京保卫战中被封赏者都有功绩录可查，且人数并不多，何来滥封之说？他十分气愤，表示如果罗通认为官职滥封，大可把自己的官职爵位收回，自己去干活就是了（通以为滥，宜将臣及亨等升爵削夺……俾专治部事）。

罗通的行为激起了大臣们的公愤，他们一致认为“谦实堪其任”，这才平息了一场风波。

可不久之后，翰林院学士刘定之又上奏折骂于谦，而这篇奏折的目的性更为明确，文中字句也更为激烈，摘录如下：

比如：“德胜门下之战……迭为胜负，互杀伤而已，虽不足罚，亦不足赏。”

还有更厉害的：“于谦自二品进一品，天下未闻其功，但见其赏。”

就这样，于谦先生危难之中挺身而出，力挽狂澜，匡扶社稷，才换来了京城的固守和大臣百姓们的生命财产安全，事成之后还拒绝封赏，只接受了一个从一品的虚衔，可这位刘定之却还是不满，硬是搞出了个“天下未闻其功，但见其赏”的结论。

刘定之先生战时未见其功，闲时但见其骂，观此奇文共赏，我们可以总结出一个定律：爱一个人不需要理由，骂一个人也不需要借口。

而后代历史学家则看得更为清楚，他们用一句话就概括出了这种现象出现的原因——“谦有社稷功，一时忌者动辄屡以深文弹劾”。

于谦开始还颇为激动，上奏折反驳，后来也就淡然处之了。

其实于谦完全没有必要激动和愤怒，因为这种事情总是难免的，树大招风这句话几千年来从未过时，绝无例外，屡试不爽。

不管于谦受到了多少攻击，甚至后来被政敌构陷谋害，但他的功劳和业绩却从未真正被抹杀，历史最终证明了他。

因为公道自在人心。

于谦因声名太大为人所诟，而另一重臣王直的境遇也不好，他也被人骂了，但不同的是，骂他的不是大臣，而是皇帝，被骂的原因则是因为他太天真。

到底他们干了什么天真的事情，惹了皇帝呢？答案很简单，他们提出了一个朱祁钰十分不喜欢的建议——接朱祁镇回来。

原来也先自战败之后，屡次派人求和，时任吏部尚书的王直便有意趁此机会接朱祁镇回来。其实他的本意并不是要让朱祁镇回来复位，只是觉得太上皇被俘在外是个很丢人的事情，现在如果能够让朱祁镇回归，也算是为国争光。

可惜他们的这番意见完全不对朱祁钰的胃口。这位新皇帝皇位刚刚坐热，听到朱祁镇的名字就头疼，只希望自己的这位哥哥滚得越远越好，如果可能，最好把他

参考消息 **刘定之**

现代流行一句话：没有调查就没有发言权。不过，明代的御史不管这个。不问青红皂白、逮着人就上本参是不少御史的通病。而除此之外，刘定之在史册上的形象良好，说他观民情，访民意，是个难得的好官。相传此人特别喜欢写东西，每天都要写，一写就停不下来。皇帝命他写首元宵诗来看看，此君居然一口气写了一百首七绝，其高产的效率让人瞠目结舌。

送到外星球去，永远不要回来，于是他对此置之不理。

可是王直偏偏是个一根筋的人，他误以为朱祁钰不理会自己，是他没有拿定主意，尚在犹豫之中，便公然上奏折表达了自己的观点。本来上奏折也没什么，可偏偏这位直肠子仁兄写了一段比较忌讳的话，搞得朱祁钰也暴跳如雷，把事情闹大了。

他写了一段什么话呢，摘抄如下：“陛下天位已定，太上皇还，不复莅天下事，陛下崇奉之，诚古今盛事也。”

其实王直的这段话还是经过仔细思考才写出来的，他已经察觉，朱祁钰不想朱祁镇回来，就是因为皇位，所以他特别声明，就算朱祁镇回来了，也不会抢你的皇位，你就安心吧！

这样看来，这段话似乎没有问题，那怎么会让朱祁钰生气呢？

因为王直千算万算，却算漏了一点：这件事情虽然众人皆知，却是朱祁钰埋藏最深的心事，帝王心术鬼神不言，你王直竟然捅破，真是自作聪明！

果然，朱祁钰看过之后十分气愤，认为这是在揭他的短，竟然也写了一篇文章来答复王直！文中表示，他之所以不去接朱祁镇，是因为也先太狡猾，怕对方趁机进攻，故而迟迟不动，希望大臣们能够多加考虑，然后再做这件事情。

这明显是一招拖刀计，其实就是不想去做这件事情，而很有意思的是，他在文章里还写了一段十分精彩的话，估计可以看做是他的辩护词：

“你的奏折我看了，说的都对，但这份工作不是我自己想干的（大位非我所欲），是天地、祖宗、宗室、你们这些文武大臣逼我干的。”

王直十分惊讶，他这才发现自己踩到了皇帝的痛处，无奈之下，他也只好闭口不提此事。

事情就这么平息了下去，可是仅仅过了一个月，也先就又派出了使臣前来求和，表示愿意送还朱祁镇，可是朱祁钰却态度冷淡，丝毫不予理会。这下子朝臣议论纷纷，连老牌大臣礼部尚书胡濙也表示，如果能够迎接朱祁镇回来，又何乐而不为呢？

面对这一境况，朱祁钰终于坐不住了，他决定召开一个朝会，狠狠地训斥一下那些大臣。

朝会公开举行，王直、胡濙、于谦等人全部到会。会议开始，朱祁钰就一反常态，以严厉的口气数落了瓦剌的恶行，并表示与瓦剌之间没有和平可言。

还没等大臣们回过神来，他就把矛头对准了王直，语句之尖锐刻薄实在出人

意料:

“你们这些人老是把这件事情拿出来说,到底想干什么？！”(屡以为言,何也？)

话说到这个地步，大大出乎王直的意料，但这位硬汉也真不是孬种，他居然顶了皇帝一句:“太上皇被俘，早就应该归复了，如果现在不派人去接，将来后悔都来不及（勿使他日悔）！”

要说这王直也真是猛人，竟然敢跟皇帝掐架，但他的这种冲动不但对解决事情毫无帮助，反而彻底激怒了朱祁钰，使他说出了更加惊世骇俗的话。

朱祁钰听到王直和他顶嘴，更加火冒三丈，大声叫道:“我本来就不稀罕这个位子，当时逼着我做皇帝的，不就是你们这些人吗？（当时见推，实出卿等）怎么现在跳出来说这些话！”

王直真的傻眼了,他没有想到皇帝竟然如此暴怒。现场大臣们也不敢再说什么,一时气氛十分尴尬。

此时，一个冷眼旁观的人打破了这种尴尬。这个人就是于谦。

事实上于谦也是一个城府很深的人，他早就看清了形势，也明白朱祁钰的心理变化以及他震怒的原因。经过仔细思考后，他站出来，只用了一句话就化解了僵局。

“天位已定，宁复有它！”

这句话真是比及时雨还及时，朱祁钰的脸色马上就阴转晴了。于谦见状趁机表示，要派遣使者，不过是为了边界安全而已，还是派人去的好。

于谦的这一番话说得朱祁钰心里一块石头落了地，只要皇位还是自己的，那就啥都好说。

他一扫先前脸上的阴云，笑逐颜开，对于谦连声说道:“依你，依你（从汝）。”

我每看到此处，都不由得自心底佩服于谦，不但勇于任事，还如此精通帝王心术，实在不简单。

计划已定，大明派出了自己的使者。

这个使者的名字叫做李实，他当时的职务是礼部侍郎。

在这里特意指出此人的职务，是因为其中存在着很大的问题。大家知道侍郎是副部长，三品官，外交人员也要讲个档次的，这样的级别出访按说已经不低了，似乎可以认为朱祁钰对于这次出使是很重视的，但我查了一下资料，才发现别有玄机。

就在几天之前，这位仁兄还不是礼部侍郎，他原先的职务仅仅是一个给事中（七品官）！直到出发前，才匆忙给他一个职称，让他出使。

既然出使，自然有国书，可这封国书也有很大的问题，其大致内容是：你们杀了大明的人，大明也能够杀你们！我大明辽阔，人口众多，之所以不去打你，是怕有违天意，听说你们已经收兵回去，看来是已经畏惧天意，朕很满意，所以派人出使。

大家看看，这像是和平国书吗？估计都可以当成战书用了，而且其中根本没有提到接朱祁镇回来的问题，用心何在，昭然若揭。

当李实看到这份国书，发现并没有接朱祁镇回来的内容时，不禁也大吃一惊，马上跑到内阁。他还比较天真，以为是某位大人草拟时写漏。谁知在半路上正好遇到朱祁钰的亲信太监兴安，便向他询问此事，兴安根本不搭理他，只是大声训斥道："拿着国书上路吧，管那么多干什么（奉黄纸诏行耳，它何预）！"

李实明白了皇帝的用意。

就这样，一个小官带着一封所谓的和平国书出发了。在我看来，这又是一场闹剧。

而千里之外的朱祁镇听到这个消息后，却十分兴奋。他认为这代表着他回家的日子已经不远了，可他万万没有想到，这个叫李实的人其实并不是来接他的，恰恰相反，这个人是来骂他的。

此时，刚刚天降大任的李实估计也不会想到，他这个本来注定无籍籍之名的小人物会因为这次出使而名震一时，并在历史上留下两段传奇对话。

◆ 传奇的对话

景泰元年七月十一日，李实抵达也失八秃儿（地名），这里正是也先的大本营，然后由人带领前去看望朱祁镇。

君臣见面之后，感慨万千，都流下了眼泪，不过从后来的对话看，他们流泪的原因似乎并不相同。

双方先寒暄了一下，然后开始了这段历史上极为有趣的对话。

朱祁镇：太后（孙太后）好吗？皇上（朱祁钰）好吗？皇后（钱皇后）好吗？

李实：都好，请太上皇放心。

朱祁镇：这里冷，衣服不够，你带了衣服来没有？

李实：不好意思，出门急，没带。

朱祁镇：……

李实：臣和随从带了自己的几件衣服，太上皇先用吧（私以常服献）。

朱祁镇：这里吃的都是牛羊肉，你带吃的来了吗？

李实：不好意思，没有。

朱祁镇：……

李实：臣这里随身带有几斗米，太上皇先吃着吧。

朱祁镇：这些都是小事情（此皆细故），你来帮我料理大事，我在这里都待了一年了，你们怎么不来接我啊？

李实：臣不知道。

朱祁镇：现在也先已经答应放我走了，请你回去告诉皇上，派人来接我，只要能够回去，哪怕是只做一个老百姓（愿为黔首）！哪怕给祖宗看坟墓也行啊（守祖宗陵寝）！

说到这里，朱祁镇再也忍耐不住，痛哭起来。

身为太上皇，竟说出这样的话，看来朱祁镇确实是没办法了，他只想回家而已。

朱祁镇开始了见面后的第二次哭泣，但这一次，哭的只有他一个人，因为李实并没有哭。

李实只是冷冷地看着他，并最终问出了两个令人难以置信的问题。

问题一：

太上皇住在这里，才记得以往锦衣玉食的生活吗？

参考消息　**看得见够不着**

屡次前往也先大帐和谈的明使，其实多少还是带了些衣服、食物给朱祁镇的，好歹也是自己的太上皇。只是这些东西都被伯颜帖木儿的家人分了。朱祁镇派哈铭去讨要，哈铭就劝他不要奢望了，这些东西你拿不到的。朱祁镇气得揍了哈铭几下，闹出了动静，连伯颜帖木儿的老婆都听说了，只好将东西送了回来。不过，朱祁镇并没有捞到什么实惠，因为这些东西转手就又被喜宁扣下了。朱祁镇看着暖和的毛领子被喜宁抱走，欲哭无泪地对哈铭说：“你说得太对了，这些东西非我本分啊！”

问题二：

太上皇有今日，只因宠信王振，既然如此，当初为何要宠信这个小人？

如此之态度，如此之问话，若非载于史书，实在让人难以置信，却又不得不信。

真是落难的凤凰不如鸡啊，一个小小的芝麻官竟然敢用这种口气去嘲讽太上皇，朱祁镇那仅存的自尊和威严就此彻底消散。

朱祁镇听到这两个问题，心中百感交集，他无法也不能回答这两个问题，唯有失声痛哭，并说出了他唯一的辩词：

“我用错了王振，这是事实，但王振在时，群臣都不进言，现在却都把责任归结于我（今日皆归罪于我）！”

到了这个地步，也没啥可说的了，李实结结实实地把太上皇训斥了一顿，便离开了他的营帐，去见也先。

作为外交惯例，也先与李实又开始了一次对话，而这次对话也堪称经典。

也先看完了国书，倒也不怎么生气，看来脾气总是由实力支撑的。

他很奇怪地问李实：怎么国书中不提接朱祁镇回去的事呢？

李实没有回答也先，因为他不知道，即使知道，他也不能回答。

也先接着说道：你回去告诉皇帝，只要派几个太监、大臣过来，我就马上派人送去，这样可行？

李实仍然是唯唯诺诺，毕竟他只是个芝麻官，哪里有这样的发言权！

也先看李实没有什么反应，急得不行，说出了这段对话中最为经典的一段话：

“太上皇帝留在这里又不能当我们的皇帝，实在是个闲人，你们还是早点把他接回去吧！”

堂堂一代枭雄，竟然说出了这样的话，着实让人哭笑不得。

可怜的也先，他实在也是没办法了。

一个不知所谓的使者，一个哭泣的太上皇，一个无奈的部落首领，这场闹剧般的出访就此结束。

朱祁镇还是老老实实地待在他的帐篷里，他终于明白，自己回去的可能性已经不大了。

李实倒是相当高兴，他本是一个芝麻官，这次不但升官，还出访见了回世面，骂了一把太上皇。

也先却并不糊涂，他从李实的反应中发现这个人并不是什么大人物，而朱祁镇除了在这里浪费他的粮食外，好像也没有什么其他的作用，于是他决定再派一批使臣出使大明，务必把这个累赘丢出去。

此次他派出的使臣名叫皮勒马尼哈马（这个名字很有特点）。但估计也先本人对这次出访也不抱多大希望，因为这已经是第六批使臣了，指望外交奇迹出现，似乎也不太现实。

可偏偏就是这位名字很有特点的仁兄促成了一位关键人物的出场，并最终将朱祁镇送了回来。

◆ 奇迹的开始

皮勒马尼哈马受命来到了京城，可他到这里才发现，根本就没有人把他当回事，草草找了个招待所安排他住下后，就没人管他了，别说皇帝、尚书接见，给事中也没看到一个。

皮勒马尼哈马心里发慌，他虽然读书不多，倒也有几分见识，明白这样下去回去交不了差，苦思冥想之下，竟然想出了一个不是办法的办法——上访。

这位先生在无人推荐的情况下，自己找到办事的衙门，表示要找礼部尚书胡濙。礼部的办事官员看到这位瓦剌人士，倒也不敢怠慢，便向领导报告了此事。最后胡濙终于得知此事，感觉闹得太不像话，便立刻去见朱祁钰，希望再派一个使臣出使瓦剌。

朱祁钰给他的答复是，等李实回来再说。

此时，从土木堡逃回的知事袁敏上书，自告奋勇要带衣服和生活必需品去瓦剌监狱探望朱祁镇（携书及服御物，问安塞外）。

朱祁钰表扬了他的想法，然后不再理睬。

李实回来了，告知了也先想要退还人质的想法和要求。朱祁钰耐心听完，慰问了李实，还是不再理睬。

王直等人实在看不下去了，坚持要求再派使者。朱祁钰无奈之下只好同意，便随意指派了一个官员充当大明使臣出使。

胡濙表示，太上皇在外缺衣少食，希望能够让使者带去一点，免得他受苦。朱祁钰表示他的意见很好，但仍然不再理睬。

朱祁钰非但不理睬这些人，连这批使臣的基本费用都不给足，甚至连给也先的礼物也少得可怜，而朱祁镇所需要的食物衣服更是分毫没有。在朱祁钰看来，让也先勃然大怒杀死自己的哥哥或是让哥哥活活饿死冻死，都是一个很不错的选择。

朱祁钰还故伎重演，又给了这个所谓使团一封国书，当然和上次一样，这封国书也压根没提接朱祁镇回来的事情。

做兄弟做到这个份儿上，也真是够意思。

朱祁钰用他的行为告诉了我们一个权力世界的常识：

兄弟情分，狗屁不如。

一个见面礼少得可怜、连路费都不充裕的使团，一个被随意指派的官员，带着一封莫名其妙的国书，向着瓦剌出发了。无论从哪个角度看，这似乎又是一场闹剧。

可是奇迹就是从这里开始的。

朱祁钰为使团的出访设置了他所能想到的所有障碍，不给钱，不给礼物，甚至不给一个正当的出使名义，这些障碍中的任何一个都可能成为此次出访失败的重要原因。

但要想做成一件事情，往往只要有一个成功的因素就足够了。

而在这个使团中，就存在着这样一个成功的因素。虽然只有一个，但却是决定成败、创造奇迹的关键。

具有讽刺意味的是，这个最为重要的因素竟然是朱祁钰自己造就的，因为成功的关键就是那位被他随意指派出使的官员。

这位官员的名字叫做杨善，时任都察院右都御史。他虽然是个二品官，却并不起眼，算不上什么人物，这也正是朱祁钰挑选他去的原因之一。可惜朱祁钰并不知道，这位杨善先生是一个身怀绝技的人，而他的这项绝技即使在整个明代历史中所有同类型的人里也可算得上是数一数二的。

杨善的这项绝技，就是说话。

◆ 明代最佳辩手登场

战国时候，张仪游说各国，希望找个官做，却被打得遍体鳞伤，他的妻子心疼地对他说，为什么要出去找官做，现在得到教训了吧。

张仪却问了她一个问题:“我的舌头还在吗？”

他的妻子回答，当然还在。

“只要舌头还在，还能说话，就有办法。”

杨善就是一个只要舌头还在，还能说话，就有办法的人。

杨善，大兴县人（今属北京市），此人出身极为特别，他官居二品，但我查了一下他的履历，才惊奇地发现，这位二品大员非但不是庶吉士（由前三甲科进士中选出的精英），甚至连进士都不是！这在整个明朝三百年历史中都极为罕见。

明代是一个注重学历的年代，要想在朝廷中混到一官半职，至少要考上举人，而想做大官,就非进士不可,所谓“身非进士,不能入阁”。在当时的三级考试制度中，如果说进士是大学毕业，举人是高中毕业，那么杨善先生的学历只能写上初中毕业，因为他只是一个秀才。

所谓秀才，也就算个乡村知识分子，根本就没有做官的资格。在假文凭尚未普及的当时，杨善是怎么混到二品大员的呢？

看过他的升迁经历就会发现，他能走到这一步，并没有半分侥幸。

建文元年（1399）十月，李景隆率大军进攻北平，也就在此时，年轻的秀才杨善参加了燕王的军队，不过他并没有立过战功，而是专门负责礼仪方面的工作。

杨善是一个合格的礼官，他干得很不错，但由于他的学历低，当与他同期为官的人都纷纷高升之际，他却还在苦苦地熬资格，博升迁。

就这样苦苦地熬了三十多年，他才升到了鸿胪寺卿（三品），实在很不容易。宦途上的坎坷，使得他历经磨砺，为人圆滑，学会了一套见人说人话，见鬼说鬼话的本领。他算得上是个人精，无论政治局势如何复杂，都能做到左右逢源，不管是三杨执政还是王振掌权，这位仁兄一直稳如泰山，谁也动不了他。

有很多人都瞧不起他的这种处世方式，羞于和他交往，但他却我行我素，到了正统年间，他已升任礼部侍郎。

不久之后，正统十四年的远征开始了，此时已经六十多岁的杨善也随军出征。要说他还真不是一般的厉害，战乱之际，刀光剑影血肉横飞，无数年轻且身体强壮的大臣丧命其间，而他这个六十多岁的老头子竟然还逃了回来，不知道是不是每天早上坚持跑步锻炼的结果，着实让人叹服。

之后他调任都察院，被任命为右都御史，并充当使臣出使瓦剌。

杨善不像李实那么天真，他很清楚隐藏在出使背后的玄机，也明白朱祁钰根本就不想让他的哥哥回来，事实也证明了他的预想，这个所谓的大明使团一没钱，二没物，甚至连个出使的具体说法都没有。

没有人支持，也没有人看好，在大家的眼中，这又是一次劳而无功的长途旅行。

但杨善还是满怀信心地上路了，他决心创造奇迹，即使什么都没有，他也要把朱祁镇带回来。

凭什么？

就凭他的那张嘴。

◆ 牛是吹出来的

杨善带领着使团来到了瓦剌的营地，见到了也先派来迎接他的使者。可就在为他举行的欢迎宴会上，杨善经历了第一次严峻的考验。

不知道是不是因为之前派出的使者受到太多的轻慢，也先对这个杨善并没有多大好感，所以在他的授意下，宴会之上，接待人员突然以傲慢的语气问了杨善一个让人极为难堪的问题：

参考消息　杨善的准备工作

杨善虽在朱祁钰手下过得有些平淡，但跟朱祁镇却是老相识了。当朱祁镇知道使者中有杨善的时候，兴奋地大叫：这是个老熟人啊！这位参与过京师保卫战、说话没一句正经的老臣杨善的确没有让朱祁镇失望。在途中，他碰到了归来的李实，李实把自己的所见所闻和谈判无果的原因和盘托出，杨善听得十分仔细，受益良多，听完胸有成竹地说：“这就行了，这回即便是没有皇上的御书，这事儿也能成。”

“土木之战，你们的军队怎么这么不经打？”

正在埋头大吃的杨善听见了这个故意找麻烦的问题，他抬起头，直视对方那挑衅的眼神，开始了紧张的思索。

为了处理好这一复杂局面，既不丢面子维护国格，又不跟对方闹翻，杨善决定吹一个牛，虽然他之前可能吹过很多牛，但这次吹牛我认为是最完美的。

杨善突然愁眉苦脸起来，他叹了口气，说道：有些事情我原本不想说的，但到现在这个时候，还是告诉你们吧。

这句话说得对方一愣，连忙追问原因。

杨善这才看似很不情愿地接着说了下去：“土木之战时，我们的主力部队不在京城，全部出征了（壮者悉数南征）。王振率军轻敌而入，才会失败。现在南征的部队已经全部回来了，有二十万人啊。再加上新练的三十万军队，全部经过严格的训练，随时可以作战！”

听完这番话，也先使者不由得倒抽了一口凉气，可他们万想不到，下面他们听到的话将更为耸人听闻，因为杨善先生吹牛的高潮部分即将到来。

六十多岁的杨善此时摆出了老奶奶给小孙子讲鬼故事的架势，绘声绘色地为瓦剌人描述了一幅可怕的景象。

“我们在边界准备了很多火枪和带毒的弓弩，你们被打中就必死无疑（百步外洞人马腹立死），而且我们还在交通要道上安放了很多铁锥（隐铁锥三尺），你们的马蹄会被刺穿，根本无法行动。”

估计杨善还是一个擅长编恐怖故事的人，他最后还煞有其事地对脸都吓得发白的瓦剌人说：“实话告诉你们，每天夜里你们睡觉的时候，我们派了很多刺客窥视你们的营帐，来无影去无踪，你们还不知道吧！”

就这样，杨善终于结束了他的牛皮，微笑着抬起头，看着对面那些吓得目瞪口呆的瓦剌人。

可光吓人是没有意义的，于是杨善继续了他的表演。

他脸色突变，换上了一副悲天悯人的表情，发出了一声叹息：

“唉，可惜这些都没用了。”

瓦剌人刚刚被这位仁兄那诡异可怕的语气吓得不行，突然又看他态度转温，搞不懂他玩什么花样，便追问他为什么。

杨善这才说出了他最终的用意:

“我们已经讲和，彼此之间就像兄弟一样，怎么还用得上这些！”

瓦剌人笑了，他们终于不用担心那些火枪、铁锥和刺客了，虽然这些东西并不存在。

杨善也笑了，因为他又成功地讲了一个动人的故事。

结束了这场饭局上的较量后，杨善动身去见也先，在那里等待着他的将是一场真正的考验。

◆ 最后的考验

杨善终于来到了也先的面前，他明白，最后的时刻到了。他没有丰厚的礼物，也没有体面的国书，但他要让眼前的这个一代枭雄心甘情愿地与自己和谈，并且免费（他也没钱给）把朱祁镇交给自己。

他要实现这个不可能的任务，要征服也先这个雄才大略的征服者，而他唯一的武器就是他的智慧。

果然，谈话一开始就出现了问题，因为也先发火了。

也先之所以愤怒，是情有可原的，毕竟开战以来，他吃了不少亏。此刻他抖擞精神，采用先发制人的策略，向杨善提出了一连串的责难。

“为什么你们降低马的价格（削我马价）？”

“为什么你们卖给我们的布匹都是劣等货（帛多剪裂）？”

“为什么我们的使者经常被你们扣留（使人往多不归）？”

“为什么你们要降低每年给我们的封赏（减岁赐）？”

问完之后，也先杀气腾腾地看着杨善，等待着他的回答。

虽然也先的态度咄咄逼人，但他提出的这些问题也确实都是事实。而杨善作为一个只管礼仪的官员，这些国家大政根本就没他的份儿，更不用说对外发言了。

但是现在他必须回答。

面对这样的局面，杨善却并不慌乱。他稳定住自己的情绪，表现得神态自若，脑海中却在紧张地思索着一个得体的答复，在过去五十多年的宦海生涯中，他已经历过无数的危机和困难，但他都挺住了，眼前的这个难关应该也不例外。

片刻之间，他已胸有成竹。

杨善笑着对也先说道：“太师不要生气，其实我们并没有降低马的价格啊。太师送（要收钱的）马过来，马价逐年上升，我们买不起却又不忍心拒绝太师，只好略微降低价格（微损之），这也是不得已的啊。您想想，现在的马价比最初时候已经高了很多了啊。”

“至于布匹被剪坏的事情，我们深表遗憾，也已经严厉查处了相关责任人员（通事为之，事败诛矣）。您送来的马匹不也有不好的吗，这自然也不是您的意思吧？”

也先连忙答道：“当然，当然，我可以保证，这绝对不是我的安排。”

此时最佳辩手杨善已经进入了状态，他神采飞扬地继续说了下去：

“还有，我们没有扣留过您的使者啊。您派来的使者有三四千人，这么多人，难免有些人素质不高，偷个窃或是抢个劫的也是难免，我们也能理解。而太师您执法公正，必定会追究他们，这些人怕被定罪就逃亡了（归恐得罪，故自亡耳），可不是我们扣留他们的啊。其实岁赐我们也没有减，我们减去的只不过是虚报的人数，已经核实的人都没有降过的。”

“您看，我说得有没有道理？”

正方辩手杨善的辩论题目“明朝到底有没有亏待过瓦剌”就此完成。

反方辩手也先瞠目结舌，目前尚无反应。

在战场上，也先往往都是胜利者和征服者，但这一次，也先被一个手无缚鸡之力的老头子彻底征服了，被他的言语和智慧所征服。

在这场辩论中，杨善状态神勇，侃侃而谈，讲得对手如坠云里雾里，针锋相对却又不失体统，还给对方留了面子，实在不愧明代第一辩手的美名（本人评价，非官方）。

而在这个过程中，也先表现得就很一般了。史料记载，他除了点头同意，以及不断说几个“好”、“对”之类的字外（数称善），就没有任何表示了。

杨善再接再厉，发表了他的最后陈词：

“太师派兵进攻大明，太师也会有损失，不如把太上皇送回大明，然后大明每年给太师赏赐，这样对两国都好啊。”

也先被彻底说动了，他已经被杨善描述的美好前景打动，决定把朱祁镇送回去。

可当他喜滋滋地拿起大明国书仔细察看时，却发现了一个十分重要的问题：

“你们的国书上为什么没有写要接太上皇呢？”

这确实是一个重要的问题，你不说要接，我干吗要送呢？

杨善却早有准备。

终究还是发现了，不过不要紧，有这张嘴在，没有过不去的坎！

他沉着地说：“这是为了成全太师的名声啊！国书上故意不写，是为了让太师自己做这件事。您想啊，要是在国书上写出来，太师您不就成了奉命行事了吗？这可是大明的一片苦心啊！”

听到这段话，也先做出了他的反应——大喜。

也先被感动了，他没有想到明朝竟然如此周到，连面子问题都能为自己顾及，确实不容易。于是他决心一定把朱祁镇送回去。

可是此时，又有一个人出来说话阻挠。

也先的平章昂克是个聪明人，眼看也先被杨善忽悠得晕头转向，他站了出来，说出了一句十分实在的话：“你们怎么不带钱来赎人呢？”

杨善看了昂克一眼，说出了一个堪称完美的答复：

“我们本来是带钱来的，但这样不就显得太师贪财了吗？幸好我们特意不带钱来，现在才能见识到太师的仁义啊！”

然后他转向也先，说出了这次访问中最为精彩的话：

“太师不贪财物，是男子汉，必当名垂青史，万世传颂（好男子，垂史册，颂扬万世）！”

我每次看到这里，都会不由得想找张纸来，给杨善先生写个服字。杨善先生把说话上升为了一种艺术，堪称精彩绝伦。

而也先更是兴奋异常，他激动地站了起来，当即表示男子汉大丈夫一言九鼎，兄弟你先安顿下来，回头我就让人把朱祁镇给你送回去。

他还按捺不住自己的高兴，不断地走动着，一边笑一边不停地说着：“好，好！”（笑称善。）

奇迹就这样诞生了。没有割让一寸土地，没有付出一文钱（路费除外），杨善就将朱祁镇带了回来，完成了不可能完成的任务。

立功了，杨善立功了！他继承了自春秋以来无数说客、辩手、马屁精的优良传统，深入大漠，在一穷二白的情况下充分发挥了有条件上，没有条件创造条件也要上的敢死队精神，空手套白狼把朱祁镇套了回来，着实让人佩服得五体投地。

可是杨善却怎么也没有想到，他立下此不世奇功，得到的唯一封赏竟然只是从右都御史升为左都御史。应该说以他的功劳，这个封赏也太低了，其实原因很简单，因为他带回来了一个当今皇帝不愿意见到的人。

这些且不说了，至少朱祁镇是十分高兴的，他终于可以回家了。

但就在这个关键时刻，有一个人出来阻挠朱祁镇回去。其实在瓦剌，很多人仇视明朝，不愿意放明朝皇帝回去，这并不奇怪，但这次不同，因为朱祁镇做梦也没有想到，阻止他回家的人，竟然是伯颜帖木儿。

伯颜帖木儿阻挠朱祁镇回去，但原因却实在让人啼笑皆非:

“必须保证朱祁镇回去后能够当上皇帝，才能放他走！”

从伯颜帖木儿和朱祁镇的关系看，他不想让朱祁镇就这么回去，很有可能是怕他回去后被自己的弟弟（朱祁钰）欺负，会吃亏受苦，而事实也证明他的这种猜测是对的。

伯颜帖木儿是很够意思的，他决心把友情进行到底，最后再帮朱祁镇一把。于是他找到也先，提出把使者扣押起来，等明朝承诺恢复朱祁镇的皇位后再送他回去。

也先表示，自己已经答应了杨善，男子汉一言九鼎，绝不反悔。

于是，朱祁镇还是被送了回去，而送行那一天发生的事情，也让人不得不感佩伯颜帖木儿的深厚情谊。

为表郑重，也先率领全体部落首领为朱祁镇送行。送君千里终需一别，大家都陆陆续续地回去了，可是伯颜帖木儿却一直陪着朱祁镇，走了一天的路，一直到了野狐岭才停下。

野狐岭离居庸关很近，伯颜帖木儿送到此地停止，是因为他已不能再往前走了，因为这里已经是明朝的势力范围，他随时都有被敌方明军抓住的危险。

伯颜帖木儿在这里下马，最后一次看着他的朋友，这个在奇异环境下结交的朋友，想到从此天人永隔，竟不能自已，号啕大哭起来，他拉住朱祁镇的马头，声泪俱下言道:

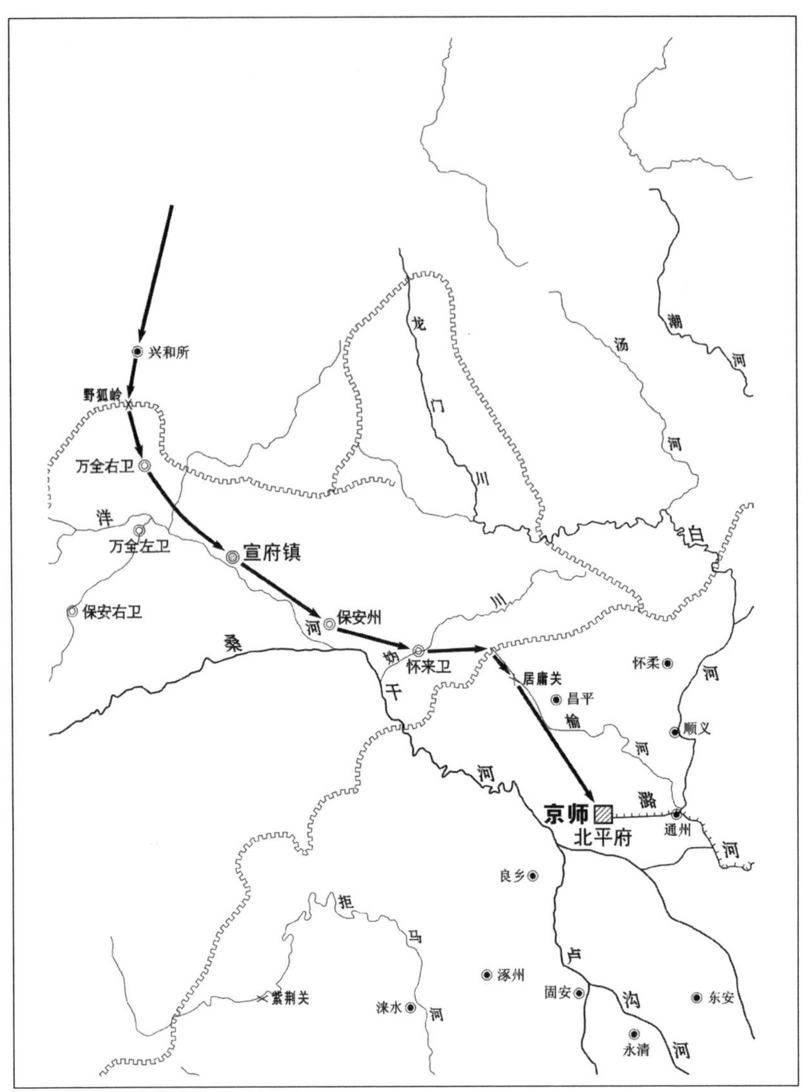

↑ 朱祁镇返京路线

“今日一别，何时方得再见，珍重！”

然后他掩面上马向瓦剌方向飞奔而去，从此他们再未见面。四年后（1454），伯颜帖木儿被知院阿剌所杀，这一去确是永别。

穿越那被仇恨、偏见纠缠不清的岁月，我看到的是真挚无私的友情。

◆ 承诺

居庸关守将出城迎接朱祁镇的归来，这些边关将领对朱祁镇还是十分尊重的，但奇怪的是，他们也并不急着送这位太上皇回去，而是似乎在等待着什么。

他们等待的是京城的迎接队伍。

我国素来是礼仪之邦，就算是杀人放火的事情也要讲个体面，更何况是太上皇打猎归来这么光荣而重要的事情，自然应该大吹大擂一番，以扬我国威，光耀子孙。

可这一次却极为反常，京城的人迟迟不到，令这些等待的人疑虑丛生，唯恐京城里出了什么事。

京城里确实出事了。

朱祁钰万万没有想到，他设置了如此之多的障碍，那个不起眼的老头子竟然还是把朱祁镇带了回来，这可怎么好？

朱祁钰很不高兴，礼部尚书胡濙却很高兴，他趁机提出了一整套迎接的仪式。

这套仪式十分复杂，具体说来是先派锦衣卫和礼部官员到居庸关迎接，然后在京城外城由文武百官拜迎，最后进入内城由现任皇帝朱祁钰亲自谒见，然后将太上皇送往住所，大功告成。

朱祁钰仔细听完了这个建议，然后给出了他的方案:

“一台轿子，两匹马，接他回来！”

厉行节约，简单易行，对亲哥哥一视同仁，朱祁钰先生也算为后世做出了表率。

给事中刘福实在看不下去了，便上书表示这个礼仪实在太薄。朱祁钰反应很快，

参考消息　英宗回京之后的蒙古诸部

知院阿剌杀伯颜帖木儿和也先，纯属报复行为。英宗回国后，对大明仍存野心的也先杀死脱脱不花，自封为汗。阿剌自恃劳苦功高，要求也先封他为太师。对此，也先一口回绝，推说他已经把这个职位许给自己的二儿子了。也先怕阿剌因此闹事，便先下手为强，暗杀了阿剌的两个儿子。阿剌不但没捞到太师，还搭进去了两个儿子，气恨交加。景泰五年八月，也先等人准备偷袭大明，阿剌瞅准时机，带领三万余骑包围也先营帐，杀死也先、伯颜帖木儿等人。也先死后，瓦剌顿时势衰，一直被也先压制的蒙古本部迅速集结，拥立脱脱不花幼子为汗，并以弑君的名义冲击阿剌所部，阿剌兵败身亡。

立刻回复道："我已经尊兄长为太上皇了，还要什么礼仪！刘福说礼仪太薄，到底是什么用意！"

这话就说得重了。不得已，胡濙只得出面，表示大臣们没有别的意思，只是希望皇帝能够亲近太上皇，前往迎接罢了。

这个理由确实冠冕堂皇，不好反驳，但朱祁钰却不慌不忙，因为朱祁镇在归途中曾托人向他表示希望礼仪从简，有了这个借口，朱祁钰便扬扬得意地对群臣说："你们都看到了，这是太上皇的意思，我怎么敢违背（岂得违之）！"

想来朱祁镇不过是跟朱祁钰客气客气的，但朱祁钰却一点都不客气。

就这样，光荣回归的朱祁镇坐着轿子，在两匹马的迎接下，"威风凛凛"地回到了京城。在这里，没有百姓沿路相迎，也没有文武百官的跪拜，这位昔日的皇帝面对着的是一片寂静，几分悲凉。

朱祁钰还是出来迎接他的哥哥了，他在东安门外和这位太上皇拉了几句家常，便打发他去了早已为太上皇准备好的寝宫——南宫。在那里，他为自己的哥哥安排了一份囚犯的工作。

然后他回到了一年前自己哥哥住的地方，继续做他的皇帝。

兄弟二人就此分道扬镳。

朱祁镇不是傻瓜，从迎接的礼仪和弟弟的态度，他已经明白，自己不是一个受欢迎的人，而所谓的寝宫南宫，不过是东华门外一处十分荒凉的破房子。

但他并不在乎，大漠的风沙，也先的屠刀，喜宁的诡计，他都挺过来了，对于经历了九死一生的他来说，能够回来就已经是老天开眼了，毕竟很多和他一起出征的人已永远留在了土木堡，相比之下，他已经很满足了。

他带着急促的步伐向荒凉的南宫走去，虽然已经物是人非，今非昔比，但他相信，还有一个人正在那里等待着他，等着他回来。

他并没有失望，当他打开大门的时候，他看见了这个人。

开门的声音惊动了里面这个坐着的人，她似乎意识到了什么，便站起身来，摸索着向发出声音的方向走去，她看不清来人，因为在漫长的等待岁月中，她已经哭瞎了自己的眼睛。

我答应过你，我会等你回来的。

当一切浮华散尽的时候，我还会在这里等待着你。

朱祁镇释然了，他的亲信大臣抛弃了他，他的弟弟囚禁了他，他失去了所有的权势和荣华富贵，从一个君临天下的皇帝变成了被禁锢的囚徒。

但此刻，他笑了，因为他知道，自己才是天下最幸福的人。

他终于确信，在这个世界上，还有用金钱和权势换不来的东西，即使他不是皇帝，即使他失去了所有的一切，这个人依然会在他的身旁，一直守候着他。

此情可流转，千载永不渝。

是的，其实我们不需要刻意去寻找什么，因为最宝贵的东西，往往就在我们身边。

参考消息 **钱皇后**

钱皇后出身算不上大户人家，父亲钱贵只是朱棣北征时的一个副千户。钱皇后对丈夫的感情倾动朝野，朱祁镇去世后，新帝朱见深的生母周贵妃升为太后，却不想跟半残的钱后平起平坐，朝臣力争，方能两宫并尊。及至钱太后薨，周太后又不愿钱太后与朱祁镇同陵，下旨另选陵地。大臣们听说之后，齐聚文华门外哭了一整夜，周太后才松口。

第十一章

囚徒朱祁镇

○也先虽然文化不高 行为粗鲁 但还算是个比较讲义气的人 说话算数 而自己的这个好弟弟却为了巩固皇位 一心一意要把自己这个已经失去一切的人往死里逼

从此，荒凉的南宫迎来了新的主人——太上皇朱祁镇和他的妻子钱皇后，说他们是主人也并不贴切，因为事实上，他们都是当今皇帝朱祁钰的囚徒。

朱祁钰对这个意外归来的哥哥有着极大的戒心和敌意，虽然朱祁镇已经众叛亲离，失去所有的一切，只想过几天舒坦日子，朱祁钰却连自己哥哥这个最基本的要求也不愿意满足。

景泰元年十二月，胡濙上书要求带领百官在明年元旦于延安门朝拜太上皇朱祁镇，希望得到朱祁钰的批准。

朱祁钰的答复是不行。

然后他还追加了一条:“今后所有节日庆典都不要朝拜（今后正旦庆节皆免行）！”

为了确实搞好生活服务和安全保卫工作，他还特意挑选了一些对朱祁镇不满的宦官来服侍这位太上皇，并派出锦衣卫把南宫内外严密包围。同时，朱祁钰也周到地考虑到了环境噪音问题，为了让自己的哥哥能够不受打扰地生活，他命令不许放任何人进去看望朱祁镇，他的所有生活必需品都由外界定期定时送入。

王直、胡濙曾来此看望朱祁镇，被这些忠实的保卫者挡了回去。他们这才意识到，这位所谓的太上皇实际上只是一个囚犯。

朱祁钰和大臣的三次斗争

第一回合：回归问题

朱祁钰

太上皇喜欢移民

王直（吏部尚书）

太上皇是明朝不可分割的一部分

↓↓↓↓↓↓↓↓↓↓

第二回合：礼仪问题

朱祁钰

太上皇喜欢低碳

刘福（给事中）

排场是太上皇不可分割的一部分

↓↓↓↓↓↓↓↓↓↓

第三回合：朝拜问题

朱祁钰

太上皇喜欢安静

胡濙（礼部尚书）

朝拜是臣子不可分割的一部分

朱祁钰把事情做绝了。

他虽然迫于压力，没有杀掉自己的哥哥，但也做了几乎所有不该做的事情，给他的哥哥判了一个终身监禁。

那个原本和气亲善的好弟弟已经不见了，取而代之的是一个六亲不认、心如铁石的陌生人，这虽然是悲剧，却也是皇权游戏的必然规则。

住在里面的朱祁镇反倒是十分平静，对他而言，活下来就已经很满足了，他老老实实地过着弟弟给自己安排的囚徒生活，从来也不闹事，唯一的问题在于朱祁钰割断了他和外界的联系，甚至连他的日常生活必需品也不能保证。

朱祁镇并没有去向朱祁钰提出要求，因为他知道，就算提也是没有用的，可是他又没有其他的经济来源，无奈之下，钱皇后只能像普通民妇一样，自己动手做手工活，托人拿出去换点吃穿用品（钱后日以针线出贸，以供玉食）。

只要不是黑牢，即使是囚犯，吃饭也应该不是个问题，逢年过节加个餐，没事还能出去放放风透透气，可是朱祁镇连这种基本待遇都没有，他每天唯一能做到的就是抬头看天，和自己的妻子说说话。

所谓的太上皇沦落到这个地步，也算是千古奇闻。

可就是这样的生活，他的好弟弟也不愿意让他过下去。

南宫没有纳凉的场所，所以每逢盛夏，朱祁镇只能靠在树荫下乘凉，这也算是他唯一一点可怜的奢侈享乐。

不久后的一天，他如往常一样，准备靠在树下避暑，却惊奇地发现，周围的大树已不见了踪影，他询问左右，才知道这是他的好弟弟所为。

他苦笑着，深深地叹了一口气，什么也没有说，便回到了酷热的住所。

他已经失去了一切，现在连自己的一片树荫也保不住。

树犹如此，人何以堪！

朱祁钰之所以要砍掉那些树，是因为大臣高平对他说，南宫的树木太多，便于隐藏奸细。这一说法正好合乎朱祁钰的心意，他立刻下令砍掉南宫的所有树木，以便监视。至于朱祁镇先生的树荫，当然并不在他的考虑范围之内。

朱祁镇终于明白，他的好弟弟是一个比也先更为可怕的敌人，也先虽然文化不高，行为粗鲁，但还算是个比较讲义气的人，说话算数，而自己的这个好弟弟却为了巩固皇位，一心一意要把自己这个已经失去一切的人往死里逼。

朱祁钰，你太过分了！

但他也没有别的办法，只能继续这么过下去，毕竟能活一天就是一天。

所以他默默地忍受了下来，依然以他诚恳真挚的态度去对待他身边的人，慢慢地，那些被安排来监视他的人也被他的真诚和处变不惊打动，成为了他的朋友。

这其中有一个人叫做阮浪。

阮浪是个比较忠厚的宦官，他永乐年间进宫，不会拍马屁，也不搞投机，只是老老实实地过他的日子，在宫内待了四十年，却只不过是个小小的少监而已，没人瞧得起他。这次他被派来服侍朱祁镇，也是因为这份工作没有人愿意做。

朱祁镇倒是如获至宝，他平日也没事，正好可以和这个他从小就认识的老太监聊聊天，有一次聊得开心，他便把自己随身携带的一个金绣袋和一把镀金刀（注意，是镀金的）送给阮浪。

此时的朱祁镇已经身无长物，这些所谓的礼物已经是他身上为数不多的值钱的东西，由此可见朱祁镇确实是个诚恳待人的人。但他万万没有想到，正是这个金绣袋和那把不值钱的刀送掉了阮浪的命。

阮浪是个比较随意的人，全然没有想到这其中蕴藏着极大的风险，他收了这两件东西，觉得没有什么用，便又送给了他的朋友王瑶。

这个王瑶和阮浪一样，只是个小官，他想也没想就收下了。如果事情就此了结倒也没什么问题，偏偏这个王瑶又有个叫卢忠的朋友，他时常也会把这两样东西拿出来给卢忠看。

王瑶是卢忠的朋友，卢忠却不是王瑶的朋友。

卢忠是锦衣卫，当他看到这两件东西的时候，其特务本能立刻告诉了他，这是一个可以利用的机会。

于是他勾结自己的同事锦衣卫李善，去向朱祁钰告密，罪名是阴谋复辟。根据就是绣袋和金刀，因为在他们看来，这两件东西是朱祁镇收买阮浪和王瑶的铁证。

朱祁钰终于找到了借口，他立刻采取了行动。

后面的事情就简单了，王瑶和阮浪被抓进了监狱，严刑拷打，酷刑折磨，只为了从他们口中得到一句话——朱祁镇有复辟的企图。

卢忠亲自参加了拷打和审讯，并威胁如果供出所谓阴谋，就放了他们，因为卢忠认为即使本无此事，阮、王二人也会为了自保，供出点什么。可事实告诉他，并不是所有的人都像他那么无耻。

阮浪和王瑶虽然官不大，却很有骨气，受尽折磨也不吐一个字，直到最后被押送刑场处决，他们也没有诬陷过朱祁镇。

朱祁钰的企图落空了，卢忠的升官梦也破灭了，阮浪和王瑶虽然人微言轻，其

参考消息 **卢忠装疯**

卢忠见阮浪、王瑶死了，朱祁镇分毫未伤，就担心将来案子追查到自己头上。忐忑不安中，他偷偷找了算卦先生仝寅。仝寅对卢忠所为颇为不齿，斥责他说：“这是一个大凶之兆，你就是现在死了，也不足以赎罪！”卢忠越想越怕，终于想到一个屡试不爽的方法——装疯。卢忠装疯后，商辂和太监王诚向朱祁钰报告，说卢忠是个疯子，说的话都是无中生有，不足为信。朱祁钰也不想再扩大事态，于是下旨结案。扑朔迷离的金刀案，就这样不了了之了。

行为却堪称顶天立地，光明磊落。

朱祁镇又一次从悬崖边被拉了回来。

而当他得知那个和蔼的老宦官已被自己的弟弟杀害，再也不能和他聊天的时候，他已经明白，在这场权力的游戏中，没有弃权这一说法，只有胜利者，才有活下去的资格！

◆ 朱祁钰的绝妙计划

朱祁钰越来越不安了，自从他的好哥哥意外归来后，他一直都处于担惊受怕的精神状态之中，他已经习惯了被人称为皇上，已经习惯了文武百官向自己朝拜，他害怕自己已经得到的一切再次失去，所以他囚禁自己的哥哥，并寻找一切足以置其于死地的机会。

金刀案的发生，更加深了他的这种恐惧，自此之后，他的行为越来越偏激，越来越过分。

为了斩草除根，免除后患，朱祁钰已经打定主意，就算不杀掉朱祁镇，也要废掉他的儿子，当时的皇太子朱见深，把帝国未来的继承人换成自己的儿子朱见济。

是的，只有这样，我才能安心在这张龙椅上坐下去。

可这件事情不是一般的难，因为早在朱祁钰被临时推为皇帝之前，老谋深算的孙太后早已立了朱见深为太子，并言明将来一定要由朱见深继承皇位，当时朱祁钰本人也是同意了的。虽说朱祁钰本人可以翻脸不认账，但他眼前还有一道难关必须要克服，那就是得到大臣们的支持。

可是自古以来，废太子之类的事情都是不怎么得人心的，要大臣们支持自己，谈何容易！他苦苦思索着方法，却始终不得要领，正在这时，他的亲信太监兴安为他出了一个绝妙的“好主意”。

不久之后的一天，朱祁钰召集内阁成员开会，当时的内阁成员共六人，分别是首辅陈循、次辅高穀、阁员商辂、江渊、王一宁、萧鎡，这六个人就是当时文官集团的头目。

他们进宫拜见朱祁钰，行礼完毕后，等着听皇帝陛下有什么吩咐，可是等了半天，坐在上面的这位仁兄却始终一言不发。

过了好一会儿，皇帝陛下终于支支吾吾地说话了，可讲的内容都是些如你们工作干得好、辛苦了之类的话。

这六位大臣都是官场中久经考验的人物，个个老奸巨猾，一听朱祁钰的口气，就明白这位皇帝有很重要的话要说。他们面带笑容，嘴上说着不敢不敢，脑子里却在紧张地盘算着，做好了应对的准备。

可朱祁钰说完这些套话后，竟然宣布散会，搞得他们都摸不着头脑，难不成这位皇上染了风寒，神志不清，说两句废话，存心拿自己开涮？

但不久之后，他们就知道了答案。散会后兴安分别找到了他们，给他们每个人送钱。具体数额是：首辅陈循、次辅高穀每人一百两银子，其余四位阁员每人五十两银子。

只要具备基本的社会学常识，你应该已经猜到那位太监兴安给皇帝陛下出的“好主意”就是行贿。

皇帝向大臣行贿，可谓是空前绝后，而行贿的数额也实在让人啼笑皆非，竟然只有一百两！

这就是兴安先生尽心竭力想到的好办法，千古之下，仍让人匪夷所思，感叹良久。看来小时候好好读书实在重要，这样将来即使做太监也能做个有文化、有见识的太监。

这六位仁兄拿着这点银子，着实是哭笑不得。虽然明朝工资低，但这些重臣们自然有各种各样的计划外收入，怎么会把这点钱放在眼里？但他们明白，别的钱可以不收，这笔钱不能不要，这可不是讲廉洁的时候，不收就是不给皇帝面子。

收下了钱，他们得知了皇帝的意图：改立太子。

不管是谁的钱，收下了钱，就要帮人办事，这条原则始终都是适用的，更何况是皇帝的钱，六位大臣就算再吃黑也不敢黑皇帝陛下，于是他们纷纷表示同意，并建议马上再立太子。

兴安搞定了这六位大人，便继续在群臣中活动，具体说来就是送钱，当然数额和之前差不多。出乎他意料的是，事情竟然十分顺利，群臣纷纷收下了钱，同意了改立太子的倡议。这自然不是因为收了那点钱的缘故，只是大家都知道朱祁钰的目的，不敢去得罪他而已。

倒也不是所有的人都装糊涂，吏部尚书王直就发扬了他老牌硬汉的本色。他万没有想到，皇帝竟然出此下策，公然向大臣行贿，所以当别人把他那份钱拿给他时，他拍着桌子，捶胸顿足喊道："竟然有这种事，我们这些大臣今后怎么有脸见人啊！"

有没有脸见人都好，反正事情最终还是办成了。景泰三年（1452）五月，朱祁镇的最后希望——皇太子朱见深被废，朱祁钰之子朱见济继任太子。在朱祁钰看来，千秋万世，就此定局。

但他想不到的是，就在他风光无限的时候，一股潜流也正在暗中活动，而这股潜流的核心是一个满怀仇恨和抱负的人。

◆ 八月十八日，另一个人的命运

让我们回到四年前的正统十四年八月十八日，就在那一天，于谦挺身而出，承担了挽救帝国的重任，为万人推崇，并从此开始了他人生中最为光辉的历程。

但就在那一天，另一个人的命运也被彻底改变。

"而今天命已去，唯有南迁可以避祸。"

这就是那一天徐珵的发言，接下来他得到的回应我们大家都已经知道了：

"建议南迁之人，该杀！"

这两句话就此决定了于谦和徐珵的命运，于谦在众人的一致称赞推举下成为北京城的保卫者，荣耀无比。

而徐珵得到的是太监金英的训斥："滚出去（叱出之）！"

然后，他在众人的鄙视和嘲笑中，踉踉跄跄地退出了大殿。他怎么也想不通，自己竟然会因为这句话被群臣耻笑，被看做贪生怕死的小人。

他很明白，自己的政治前途就此终结了。

其实很多人都想逃走，我不过是说出了他们心底的话，为何只归罪于我一个人？

受到于谦的训斥，被众人冷眼相待的徐珵失魂落魄地离开宫殿，向自己家走去。因为只有在那里，他才能得到片刻的安宁。

可他想不到的是，还没等他到家，另一个打击又即将降临到他的身上。

因为当他走到左掖门的时候，遇到了一个人，这个人叫江渊。

江渊是徐珵的朋友，也是他的同事，时任翰林院侍讲学士，二人平时关系很好，而江渊见到徐理如此狼狈，便关心地问他出了什么事。

徐珵十分感动，哭丧着脸说道："我建议南迁，不合上意，才落得这个地步（以吾议南迁不合也）。"

江渊好声安慰了徐珵，让他先回家去好好休息，凡事必有转机，自己也会帮他说话的。

然后，江渊在徐珵感激的目光中走进了大殿，他朝见朱祁钰后，便以洪亮的声音，大义凛然地说道："南迁决不可行，唯有固守一途耳！"

几个月后，江渊被任命为刑部侍郎、文渊阁大学士，成为朱祁钰的重臣。

这真是精彩的一幕。

徐珵绝望了，并不只是对自己的仕途绝望，也对人心绝望。当时无数的人都在谈论着逃跑，而自己的这套理论也很受支持，可当自己被训斥时，却没有一个人帮自己说话。那些原本贪生怕死的人一下子都变成了主战派，转过来骂自己苟且偷生，动摇军心。

这出人意料的戏剧性变化给徐珵上了生动的一课，也让他认识到了世态炎凉的真意。

这之后，每天上朝时，很多人都会在暗地里对他指指点点，嘲讽地说道："这不就是那个建议南迁的胆小鬼吗？"而某些脾气大的大臣更是当着他的面给他难堪。

这些侮辱对于一个饱读诗书、把名誉看得高于一切的读书人而言，比死亡更让人难以忍受。

但徐珵每天就在这样的冷遇和侮辱中按时上班上朝，因为他要活下去，生活也要继续下去，不上班就没有俸禄，也养不活老婆孩子。

窝囊地活着总比悲壮地死去要好，这就是徐珵的人生哲学。

人生中最难承受的并不是忍，而是等。

徐珵坚持下来，是因为他相信自己的能力和工作成绩终归会被人们所接受，自己总有翻身的那一天。可是事实又一次让他失望了。他工作成绩很好，可总是得不到提升，无奈之下，他只好去求自己的仇人于谦。

于谦确实是个光明磊落的人，他并没有因为徐珵建议南迁就不理睬他，而是主动向朱祁钰推荐此人，可是朱祁钰一听到徐珵的名字就说了一句重话："你说的不就是那个主张南迁的徐珵吗，这个人品行太差，不要管他。"

于谦没有办法，只能就此作罢。而徐珵并不知道这一切，他误以为这是于谦从中作梗。从此在他的心中，一颗复仇的火种已经播下。

被人侮辱和嘲讽，辛勤工作也得不到任何回报，只是因为当时说错了一句话，对于徐珵来说，这确实是不公平的。

他想改变自己的窘境，却又得不到任何人的帮助，冥思苦想之下，他竟然想出了一个绝妙的主意——改名字。

在我们今天看来，这似乎是不可理解的，难道你换个马甲就不认识你了吗？

可是在当年，情况确实如此。毕竟皇帝陛下日理万机，徐珵改名字也不用通知他，更不用通告全国，到户籍地派出所备案，而只要到吏部说明一下就行。到提交升迁的时候，皇帝陛下也只是大略看一下名单而已，绝对不会深究有没有人改过名字。徐珵抓住了这个空子，将他的名字改成了徐有贞。

瞒天过海后，徐有贞果然等来了机会，他被外派山东为官。徐有贞是一个很有能力的人，且具有很强的处理政务的能力，外派几年干得很好，之后凭借着自己的功绩被提升为左副都御史。

对此我曾有一个疑问，因为左副都御史是都察院的第三号人物，有上朝的权力，也是皇帝经常要见的人，那朱祁钰为什么会认不出这所谓的徐有贞就是徐珵呢？

具体原因我也不太清楚，想来是皇帝陛下太忙了，早已不记得徐珵的模样了。

无论如何，徐有贞的人生终于有了转机，但在他的心中，一刻也没有忘记过自己所受的侮辱和讽刺，他在静静地等待。

等待着复仇机会的到来。

◆ 疯狂的朱祁钰

朱祁钰得偿所愿，立了自己的儿子为皇位继承人，他终于松了一口气。在这场皇位归属的斗争中，他获得了胜利。

可是这场胜利并没有持续多久，第二年（景泰四年，公元 1453）十一月，朱祁钰受到了沉重的打击，他的儿子，帝国的未来继承者朱见济去世了。

这下问题麻烦了，儿子死了倒没什么，问题在于朱祁钰只有这一个儿子，到哪里再去找一个皇位继承人呢？

而更为麻烦的还在后头，很多大臣本来就对朱见深被废掉不满，便趁此机会要求复立，这是理所应当的事情。

反正你也没有儿子了，不如另外立一个吧。

可是朱祁钰不这么想，他已经和朱祁镇撕破了脸，要是复立他的儿子为太子，将来反攻倒算，置自己于何地！

可问题是太子是一定要立的，偏偏自己又不争气，生不出儿子。这儿子可不是说生就能生的，就算你是皇帝，这种事情也不能随心所欲。

一来二去，朱祁钰急眼了，加上由于国事操劳，他的身体已大不如前，想到将来前途难料，他的脾气也越来越暴躁，疑心也越来越重。

可是破屋偏逢连夜雨，怕什么来什么，不久之后，两个大臣的公然上书最终掀起了一场严重的政治风暴。

这两个大臣一个是御史钟同，另一个是郎中章纶。这二位仁兄职务不高，胆子却不小，他们各写了一封奏折，要求复立朱见深。其实这个说法很早就有，朱祁钰也读过类似的奏折，就算不批准，也应该不会有什么大问题，但坏事就坏在此二人的那两份奏折上。

这二位仁兄的奏折有什么问题呢？摘抄如下：

先看钟同的："父有天下，固当传之于子，太子薨逝，遂知天命有在。"

这句话如果用现代话说得直白一点，可以这样解释：老子的天下应该传给儿子，现在你的儿子死了，这是天命所在，老天开眼啊。

而章纶先生的更为厉害，他不但要求复立，还要朱祁钰逢年过节去向朱祁镇请安，中间还有一句惊世骇俗的话："上皇君临天下十四年，是天下之父也；陛下亲受册封，是上皇之臣也。"

这句话的意思就不用解释了，地球人都知道。

说话就好好说话嘛，可这二位的奏折一个讽刺皇帝死了儿子是活该，另一个更是提醒皇帝注意自己的身份。把皇帝不当外人，也真算是活腻了。

后果也不出意料，朱祁钰看过之后，暴跳如雷。当时天色已晚，朝廷也都已经下班了，按规矩，有什么事情应该第二天再说，可是朱祁钰竟然愤怒难当，连夜写了逮捕令，从皇宫门缝递了出去（这一传送方式紧急时刻方才使用），让锦衣卫连

沦为“守权奴”的朱祁钰

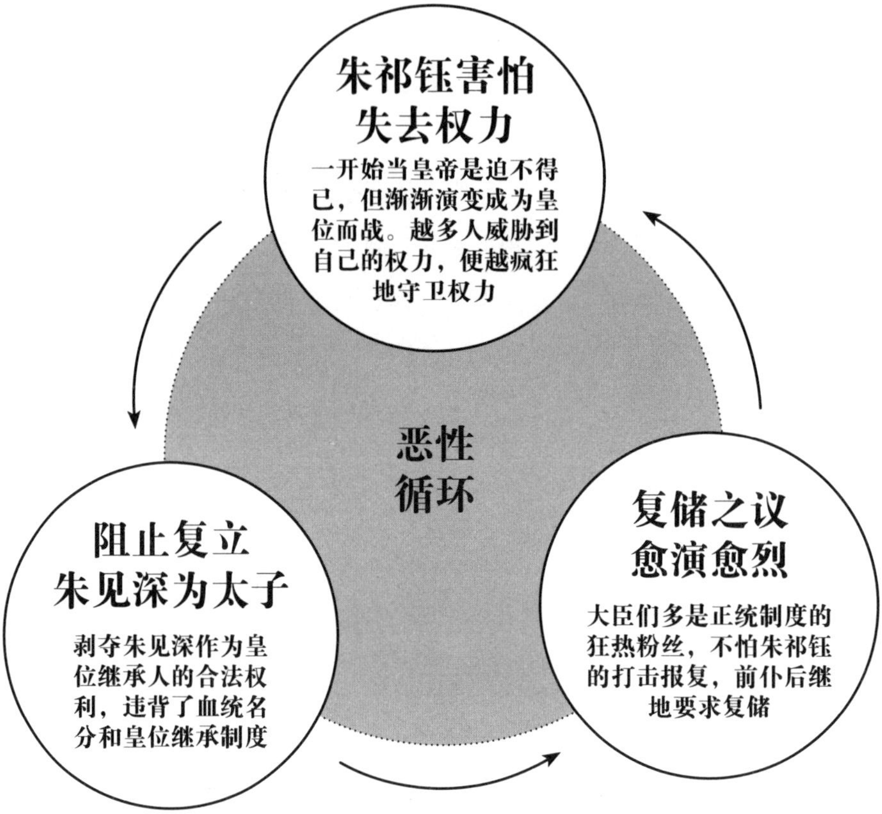

朱祁钰害怕失去权力

一开始当皇帝是迫不得已，但渐渐演变成为皇位而战。越多人威胁到自己的权力，便越疯狂地守卫权力

复储之议愈演愈烈

大臣们多是正统制度的狂热粉丝，不怕朱祁钰的打击报复，前仆后继地要求复储

阻止复立朱见深为太子

剥夺朱见深作为皇位继承人的合法权利，违背了血统名分和皇位继承制度

恶性循环

参考消息 **祸不单行**

景泰四年中，朱祁钰受到的打击接二连三，除了爱子的去世、群臣的威胁外，藩国日本也不失时机地来制造麻烦。这年，由遣明使东洋允澎率领的九艘勘合贸易队到达大明港口，可是入境之后屡屡生事。勘合队除了正副使臣、僧人之外，还有一些船头、客商、水夫等，人员众多。他们携带武器，胡作非为。不但在路上惹出了伤临清指挥使的事端，随后又聚众殴打了北京会同馆的馆夫。景帝正值心情不好，立即下令，勘合队日后朝贡，船只不得超过三艘，并且极大地降低了赏赐和接待规格。自此中日勘合迅速低迷，这也为后世的倭乱埋下了隐患。

夜抓捕二人。

此二人被捕后，被严刑拷打，锦衣卫要他们说出和南宫的关系以及何人指使，想利用这件事情把朱祁镇一并解决，但这二人很有骨气，颇有点打死我也不说的气势，一个字也不吐。

这两个人的被捕不但没有消除要求复立的声音，反而引起了一场更大的风潮，史称“复储之议”。一时间，大臣们纷纷上书，要求复立，朝廷内外人声鼎沸，甚至某些外地的地方官也上书凑热闹。

朱祁钰万没想到，事情会越闹越大，他已经失去了儿子，现在连自己的皇位也受到了威胁，在越来越大的压力下，他的情绪已经近乎疯狂。

为了打压这股风潮，他动用了老祖宗朱元璋留下的传家之宝——廷杖。

他使用廷杖的原则也很简单，但凡说起复储的人，一个也不放过，个个都打！

一时之间，皇城之前廷杖此起彼落，血肉横飞，惨叫连连，应接不暇，大臣们人人自危，这股风潮才算过去。

当时复储的大臣几乎都被打过，而这其中最为倒霉的是一个叫廖庄的官员，他的经历可谓是绝无仅有。

廖庄不是京官，他的职务是南京大理寺卿，在景泰五年，他也凑了回热闹，上书要求复储，不知为什么，后来追查人数打屁股时竟然把他漏了过去，由于他也不在北京，就没有再追究了。

一年后，他的母亲死了，按照规定，他要进京入宫朝见，然后拿勘合回家守孝，这位仁兄本来准备进宫磕了头，报出自己的姓名，然后就立马走人，没有想到朱祁钰竟然把他叫住了:

“你就是廖庄？”

廖庄顿感荣幸，他万没想到皇帝还记得自己这个小人物，忙不迭地回答道:“臣就是廖庄。”

朱祁钰也没跟他废话，直接就对锦衣卫下令:

“拖下去，打八十杖！”

廖庄目瞪口呆，他这才想起一年前自己凑过一次热闹。

朱祁钰不但打了他，也给他省了回家的路费，直接给他派了个新差事，任命他为偏远地区定羌驿站的驿丞（类似官方招待所的所长，是苦差事)。

打完了廖庄，朱祁钰猛然想起这件事情的两个罪魁祸首钟同和章纶，便询问手下人这两个人的去向，得知他们还关在牢里后，朱祁钰一不做二不休，决定来个周年庆祝，连这两个人一起打。

为了表现他们的首犯身份，朱祁钰别出心裁，他觉得锦衣卫的行刑杖太小，不够气派，便积极开动脑筋，自己设计了两根大家伙（巨杖），专程派人送到狱里去并特别交代："这两根专门用来打他们，别弄错了！"

说实话，那两根特别设计的巨杖到底有多大，我也不知道，但我知道的是，这一顿板子下来，那位钟同先生就去见了阎王，而章纶估计身体要好一些，竟然挺了过来，但也被打残。

朱祁钰这种近乎疯狂的举动震惊了朝野内外，从此没有人再敢提复储一事。

朱祁钰本不是暴君，就在几年前，他还是一个温文尔雅的年轻人，和他的哥哥相敬如宾，感情融洽，但皇权的诱惑将他一步步推向黑暗，他变得自私、冷酷、多疑、残忍。囚禁自己的哥哥，废黜自己的侄子，打死反对他的大臣，谁敢挡他的路，他就要谁的命。

但他的这些举动并没有换来权力的巩固，不断有人反对他的行为，他唯一的儿子也死去了，却没有人同情他，那些大臣们只关心下一个主子是谁，而他的身体也越来越差，撑不了多久了。他很明白，一旦自己死去，朱见深很有可能继位，而朱祁镇也会再次出山，清算自己的所作所为。为了权力他六亲不认，做了很多错事，可事到如今却回天乏术，欲罢不能，面对着隐藏的危险和潜流，他唯有以更加残忍和强暴的方式来压制。

权力最终让他疯狂。

第十二章

夺门

○○我是太上皇 我太上皇也 开门

七年的屈辱 恐惧和等待 最终换来了这一声怒吼

歇斯底里的朱祁钰终于用棍棒为自己争得了平静的生活，但这平静的生活只有两年。

景泰八年（1457）正月。

按照规矩，朱祁钰应该去主持郊祀，可他已经病重，已然无法完成这件事，更让他心灰意冷的是，眼见他病重，大臣们非但不慰问他的身体，反而趁此机会上书让他早立太子。

人还没有死，就准备订棺材、分行李了。朱祁钰的愤怒已经无以复加，他急火攻心，病情加重，实在没办法了，他便找来了一个人，让他替自己去主持祭祀。

这是一个错误的决定，因为他叫来的这个人正是石亨。

此时的石亨已经成为了于谦和朱祁钰的敌人。北京保卫战立下大功后，他得到了最高的封赏，被册封为侯爵，而功劳最大的于谦却只得到了少保的虚名。石亨心里不安，便自行上书保举于谦的儿子于冕为官，算是礼尚往来。

可他没有想到，于谦对此并不感冒，反而对朱祁钰说了这样一段话："石亨身为大将，却保举私人，应予惩戒！"

搞什么名堂，保举你的儿子，不但不领情，竟然还去告状！

石亨不能理解于谦这样光明磊落的行为，他也不想理解，他只知道，于谦是一个不“上路”的人，一个不履行官场规则的人。

而这样的人，是不可能成为他的朋友的。

但是于谦是不容易对付的，他的后台就是朱祁钰，石亨明白，要解决这个对手，必须先解决朱祁钰。

而当朱祁钰奄奄一息地召见他，让他代为祭祀时，他意识到，机会已经来临。

这一天是正月十一日，阴谋就此开始。

◆ 惊魂六日

正月十一日夜。

石亨为他的阴谋找到了两个同谋者，一个叫曹吉祥，另一个叫张軏。

这是两个不寻常的人，曹吉祥是宦官，原先是王振的同党，而张軏的来头更大，

他们为什么想到了造反

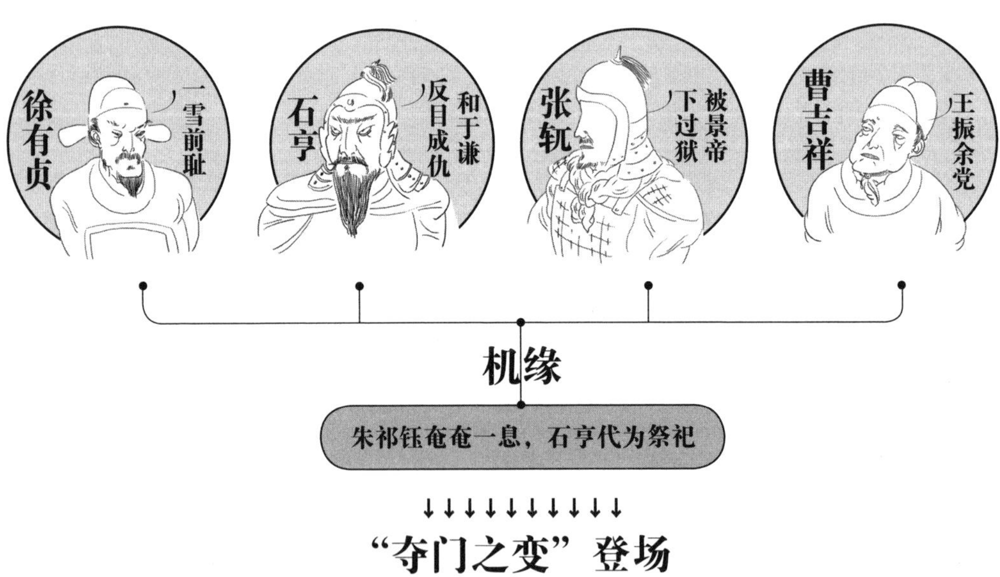

他是张玉的儿子、张辅的弟弟。石亨和他们关系很好，此时便凑在一起准备搞阴谋。

可谈了一会儿，他们就发现了一个严重的问题——这阴谋从何搞起？

要知道，阴谋造反不是请客吃饭，是有很高技术含量的，而三人之中，曹吉祥是太监，见识短，张軏是高干子弟，眼高手低，武将石亨则是个粗人。这样的三个人如果谈谈吃喝玩乐，估计还有用武之地，可现在他们要讨论的是谋反。以他们的智商和政治斗争水平，想要搞这种大工程，估计还要回学校多读几年书。

眼看这事要泡汤，石亨便去向他的老熟人太常寺卿许彬请教搞阴谋的入门知识。

许彬告诉他，自己老了，已经不适合这种高风险的职业，但可以推荐一个人去和他们一起干，然后他告诉石亨，只要这个人肯参加，大事必成！

他推荐的人就是徐有贞。

徐有贞终于等到了复仇的机会，他已经忍耐了太久。他眼光独到，极有才干，却因为说错一句话被众人唾弃，受到冷遇。虽然他现在已经身居高位，但当年的羞耻始终挂在心头，他要讨回属于他的公道。

于是，这个阴谋集团迎来了第四位成员，也是最为重要的一个成员。

到底还是读过书的人搞阴谋有水平，徐有贞刚参加会议便一针见血地指出，目前当务之急是要和南宫内的朱祁镇取得联系，才方便动手。毕竟你们就算杀了朱祁钰，也不可能自己做皇帝吧。

那三位粗人这才如梦初醒，便马上派人去和朱祁镇联系。

这一天是正月十三日，阴谋集团确定，计划正式实施。

正月十四日，晨。朝会。

朱祁钰已经病得十分严重，但仍然坚持参加了这个会议。因为在这次会议上将决定帝国的继承人。

会议一开始就呈现一边倒的情况，大多数大臣主张复立朱见深，因为朱祁钰本人没有儿子，似乎已无更好的选择了。

大学士王文和陈循是朱祁钰的亲信，自然不同意这一观点，他们坚持认为，即使到外面去找个藩王来做皇帝，也不要复立朱见深。

大臣们各持意见，谁也不服，便在朝堂上争吵起来。

被病痛折磨得奄奄一息的朱祁钰坐在皇位上，悲哀地看着下面这些吵闹的人们，他很清楚，无论是支持他的，还是反对他的，争来争去，只不过是为了自己将来的利益，为了投机。

这些道貌岸然的所谓读书人，不过是一场游戏中的棋子而已——权力的游戏。

我也是游戏中的一员，可我这一生似乎也快要走到尽头，游戏该结束了吧。

但在结束前，我绝对不能输！

朱祁钰紧紧抓住宝座的扶手，对大臣们说出了他朝会中唯一的谕令:

“我现在染病，十七日早朝复议。”

然后他补充了一句话:

“复立沂王（朱见深）之事，不行（所请不允）！”

话说到这个份儿上，群臣只好各自散去，准备三天后再来。

朱祁钰发布了谕令，用自己的权威又一次赢得了暂时的胜利，但估计他自己也没有想到，这竟然是他的最后一次朝会，最后一道谕令，最后一次胜利。

正月十四日，夜。石亨家中。

徐有贞:“南宫（朱祁镇）知道了吗？”

石亨:“已经知道了，他同意了。”

徐有贞笑了，只要朱祁镇同意，阴谋就已经成功了一半。

然后他说出了自己的计划，一个看来几乎完美无缺的计划:

第一步，先利用边关报警的消息，让时任都督的张軏率领一千军队进入京城;

第二步，利用石亨保管的宫门钥匙打开内城城门，放这一千人入城，作为后备军和警戒，以防朱祁钰的军队反扑;

第三步，去南宫释放朱祁镇，然后带着太上皇进入大内宫城，趁朱祁钰病重，宣布复位。

这个计划确实十分的好，考虑周详、分工明确，石亨和张軏都很满意，但他们也有疑虑:

“会不会还有什么漏洞呢？”

徐有贞自信地答道:“不会有漏洞的，这个计划一定能够成功！”

石亨和张軏这才放下心来，他们相信徐有贞的判断。

然而这个计划确实是有漏洞的，这个致命的漏洞就是:

虽然石亨管理京城防务和内城城门，但他们并没有南宫和大内宫城的钥匙！

南宫且不说，这个大内宫城却是真要人命，明代的所谓宫城，就是清代所称的紫禁城，是皇帝居住的地方，没有皇帝的命令，夜间宫城城门是绝不会开的。那些士兵就算吃了豹子胆，也不敢公然攻打皇帝的住所，而且只要一打起来，闹出声响，侍卫和城防部队就会立刻赶到，等待着徐有贞等人的只能是失败的命运。

我相信以徐有贞的聪明，应该了解这一点，但他却坚持要冒风险，去实现这个所谓完美的计划。

原因似乎也很简单，不是徐有贞嫌命太长，恰恰是因为在他看来，人生太过短暂。短到他不愿意再忍耐，也不愿意再等待。

是死是活，就赌这一把！

此时，南宫的朱祁镇也是辗转反侧，深夜难眠，他已经知道了石亨的计划，他也清楚这个计划有很大的风险，一旦出错，想要再当囚徒也不可能了。

但他仍然同意了，而且不带丝毫犹豫。

因为他别无选择。

正月十四日，阴谋策划完成，决心已定。

正月十五日，天下太平。

这一天，大臣们相安无事，互致问候，朱祁钰在宫里养病，那无尽的争吵和钩心斗角似乎已经离他远去，一切似乎都那么的平静，平静得让人窒息。

这是暴风雨来临前的平静,暗流已经变成了可怕的漩涡,即将奔涌而出,改天换日。

正月十六日，晨。

于谦、胡濙、王直经过仔细商议,决定推举朱见深复立为太子。他们找到了商辂，让他起草一份奏折，准备在第二天朝会时向皇帝提请同意。

这是一份极为重要的文件，如果这份文件提交出去，徐有贞的阴谋将再无用武之地，因为朱祁钰在无子且奄奄一息的情况下，很有可能会同意这一建议，到那时，朱祁镇就只能和自己的儿子抢夺皇位了。

状元商辂完成了他的大作，于谦等人看过后都十分满意，他们准备在第二天提出这一方案。

第二天，是正月十七日。

正月十六日，夜，最后时刻到来。

徐有贞的家中，此刻聚集了阴谋集团的全部成员。他们都知道，再过几个时辰，天就要亮了，朝会即将召开，新的太子将被选出，而无论谁被选为太子，他们都将得不到任何的利益。

留给他们的时间已经不多了。

干，还是不干？

平日骄横跋扈的石亨等人此刻也慌了神，他们把目光集中在徐有贞的身上。因为他们知道，这个人才是阴谋的真正核心和主使者。

面对着众人焦灼的目光，徐有贞沉默了，他在房中不断地踱步，思考着每一个细节和步骤，计算着自己的胜算。

然后他停下来，不慌不忙地对那些焦急的人们说道："我要去看一下天象。"

众人目瞪口呆，都什么时候了，还看啥天象？！可是毕竟是这位仁兄拿主意，既然他执意要去，那就让他去吧。

徐有贞登上了自家房顶，静静地抬起头，看着繁星点缀的天空。九年前的那个夜晚，他也是站在这里，准确地预测出了土木堡的失败。

但那次成功的预测并没有给他带来好运，却使他受尽侮辱和嘲弄，被人排挤，忍气吞声许多年。

他十分清楚，所谓天象不过是糊弄人的玩意儿，如果人生祸福能由天象而见，他早就能够未卜先知，也不用受这几年的罪了。

现在他终于又一次走到了十字路口，但这一次，他预测的不仅是阴谋的成败，还有自己的生死。成，则生；败，则死！

天象根本帮不了他，他必须独立做出判断，而唯一可依靠的只有他自己的智慧和勇气。

人生的转变往往只在那一刻的决断。

徐有贞最终做出了他最后的选择：

"成大事就在今晚，机不可失，动手！"

当石亨等人听到这句杀气腾腾的话时，也不禁打了个冷战，最后时刻终于到来了。

徐有贞的家人们已经知道了即将要发生的事情，他们站在门口默默地为这位一家之主送行，悲戚之情溢于言表。

徐有贞却没有这样的伤感，他借着门外的月光向自己的家投下了最后一瞥，留下了一句话，便毅然离去：

“若回来，就做人；不能回来，便是鬼！”

◆“夺门之变”

阴谋集团的成员们在夜色笼罩之下向着内城出发了，他们的第一个目标是长安门。

长安门的钥匙由石亨掌管，他将张軏统领的一千军队放进了内城，然后关上了城门。

石亨看着这一千进城士兵，心中七上八下，因为这一千人并不知道自己是来造反的，随时有哗变的可能。要是这些士兵被人发现，就算尚未行动，他也逃不脱谋反的罪名。

思前想后，这位杀人不眨眼的武将开始慌张起来。

徐有贞冷冷地看着已经六神无主的石亨，对他说了一句话：

“门锁好了吗，把钥匙给我吧。”

石亨满腹狐疑，不知徐有贞想干什么，但还是把钥匙交给了他。

徐有贞接过钥匙，却做了一件石亨做梦也想不到的事情——他把钥匙扔进了阴沟里。

石亨惊呆了，他冲了上去，抓住徐有贞的衣服，厉声问道：“徐有贞，莫非你疯了，你到底想干什么？”

在皎洁的月光下，石亨看清了徐有贞的脸和他那阴狠坚毅的眼神，一股寒意顿时涌上心头，让他不寒而栗。

徐有贞死死地盯着石亨，一字一句地吐出了似乎是来自地狱的声音：

“有进无退，有生无死！”

石亨害怕了，他这才认清了眼前此人的真面目：不是一只绵羊，而是一只饿狼。

后路已经全无，几个人只好在徐有贞的带领下向着南宫出发。可就在此时，原本星密月明的夜空，突然变得昏暗无光！四周伸手不见五指，前方道路也一片黑暗。石亨和张軏慌了，他们原本干的就是见不得人的勾当，见此情形，顿感大事不妙，莫非上天不愿自己动手？

他们站住了。

徐有贞却不为所动，他镇定地看着慌张的张軏，冷冷地逼问道：

"为什么还不走？"

张軏怯生生地小声说道："事情能成功吗（事济否）？"

徐有贞缓缓走到张軏的面前，突然用低沉的声音吼道：

"一定能成功（必济）！"

武将石亨历经沙场，砍头无数，被称为正统第一勇将，却临阵慌乱，不知所措，他的所谓勇敢不过是匹夫之勇而已。

在这场危险的游戏中，手无缚鸡之力的徐有贞才是当之无愧的勇者。

这并不奇怪，因为只有内心的坚忍和顽强才是真正的勇敢。

在文弱书生徐有贞的威逼和鼓励下（虽然有点滑稽，但确是事实），石亨一行人来到了他们的第一个目标——南宫。

宫门果然紧闭，叫门也无人应答，这正是夺门计划中的第一个漏洞，但徐有贞却胸有成竹，用一句话解决了难题：

"不用叫门，把墙撞开就是了！"

于是军士上前，用木桩撞开了宫墙（毁墙入），那个被监禁了七年的囚徒终于走了出来。

他看清了这些深夜前来的人们，也看清了他们心底的一切——欲望、投机、愤怒、抱负。无论如何，他只剩下了一种选择。

"走吧，我们去东华门。"

东华门是宫城的大门，只要进入东华门，到奉天殿敲响钟鼓，召集百官前来，天下就将再次握在这位囚徒的手中。

然而当他们到达东华门的时候，才发现了这个计划中的最大漏洞——他们进不去。

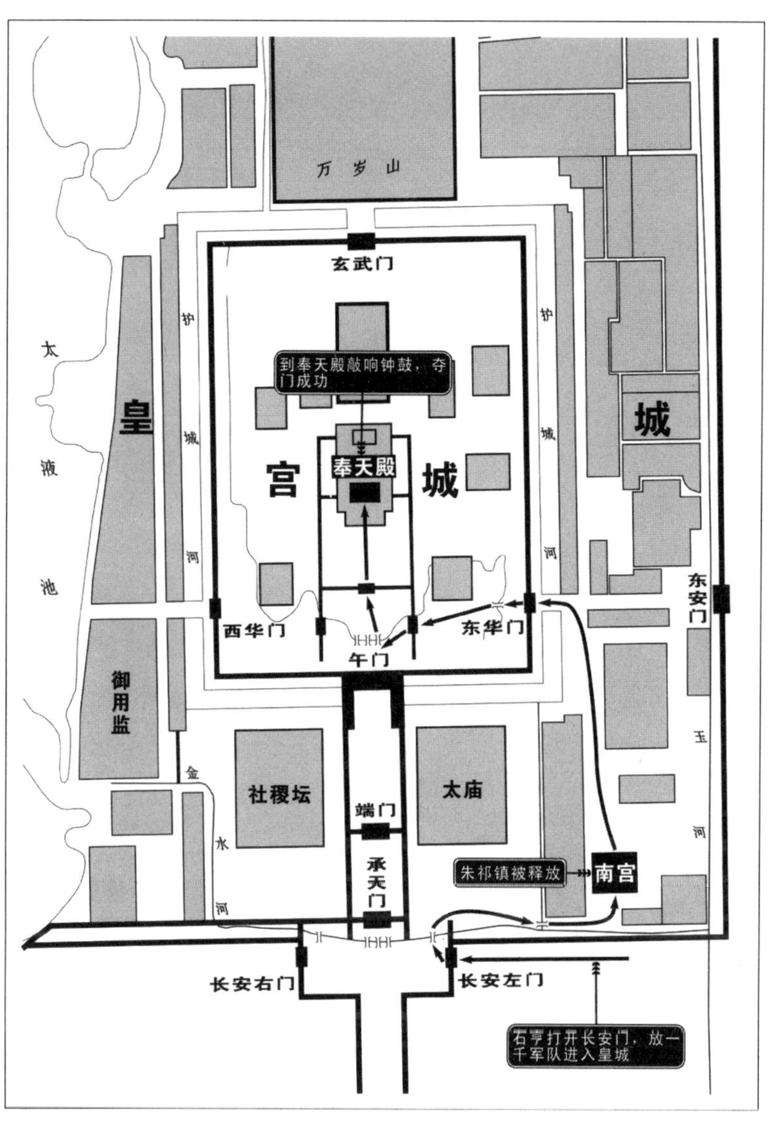

“夺门之变”经过

东华门守卫不开门，他们也没有钥匙。没有南宫的门钥匙，可以把墙撞开，但这是因为南宫偏僻，就算把它拆掉也没人去投诉你，可东华门是大内重地，由专人看守，一旦有什么风吹草动，就会引来侍卫，而这些夜游神马上就会变成黄泉鬼。

愁眉苦脸的石亨看着徐有贞，他已经无计可施，只等着这位大哥说话。

可这次徐有贞同样保持了沉默，他虽然聪明，但并不是阿里巴巴，就算对着门喊一万声“芝麻开门”，这门也是不会开的。

阴谋集团的成员们就此陷入困境，打也不是，闹也不是，隔着门把好话说尽，守门人理都不理。眼看天就要亮了，如果再进不去，大家就会一起完蛋！

在这最为关键的时刻，那位囚徒突然大喊一声：

“我是太上皇（我太上皇也），开门！”

七年的屈辱、恐惧和等待，最终换来了这一声怒吼。

包括守门人在内的所有人都被这一声怒吼震惊了，东华门就此敞开，通往至尊宝座的道路就此敞开。

朱祁钰，我回来了，来拿回属于我的一切！

他走向了奉天殿，敲响了上朝的钟鼓，宫城大门闻声纷纷开启，准备迎接百官的朝拜。

徐有贞终于成功了，他带着疲惫的身躯和得意的笑容，独自站在大门前，挡住了上殿的道路。

闻讯而来的内阁重臣们惊奇地看着这个以往并不显眼的小人物，准备呵斥他立刻离开。

然而徐有贞很快就说出了他敢如此嚣张挡路的理由：

“太上皇已经复位了，诸位还是快去祝贺吧！”

我终究还是成功了，属于我的时代终于到来了。

此时的朱祁钰正奄奄一息地躺在自己的寝宫内，但在迷茫之中还是听到了钟鼓的声音。他很清楚，这个上朝的讯号并不是他发出的。于是他叫来了左右，问到底是谁在敲击钟鼓。

左右人已经知道了真相，这些服侍朱祁钰的人十分担心，怕这位已经病入膏肓的皇帝听到这个消息，急怒攻心就此一命呜呼。但事到如今，不说也不行了，于是他们忐忑不安地告诉朱祁钰：是那位被他关押的囚犯，他的哥哥在召集群臣。

可是这位垂死的皇帝接下来的表现是他们做梦也想不到的。

听到这个消息，朱祁钰沉默了一会儿，然后他抬起头来，笑了。

他笑得很从容，并最终吐出了三个字：

“好，好，好！”

哥哥，皇位还给你吧，我虽然囚禁了你，夺走了你的一切，但我也没有得到快乐，这八年中，我一直在恐惧和孤独中生活。

我已经厌倦了。

朱祁镇坐上了阔别已久的宝座。八年前，他离开了这里，沦为异族的俘虏；之后他历经千辛万苦，终于回到了京城，却又被自己弟弟关押起来，吃了七年的牢饭。

现在他终于回到了当年的起点，一条新的道路已在他眼前展开，他将再次统治这个庞大的帝国。

很多的事情即将开始，很多人的命运即将改变。

第十三章

有冤报冤，有仇报仇

○ 正月二十三日 于谦被押往崇文门外 就在这座他曾拼死保卫的城池前 得到了他最后的结局 斩决 史载 天下冤之

◆ 改天换日

当年的囚犯朱祁镇终于回到了他的宫殿，八年前他从这里出发，沦为人质和囚徒，八年后他回到了这里，继续做他的皇帝。

中国的史书是很神奇的，再狼狈不堪的事情也能说得冠冕堂皇，朱祁镇先生先后当过俘虏、人质、囚徒，吃尽了苦，受尽了累，史书上却说他是“北狩”、“静养”，用今天的话来描述也可以说是出去体察民情，下放边疆体验生活，与民同乐，协调民族关系。

当然了，自己吃的亏自己知道，朱祁镇先生也只能打落门牙往肚里吞。但无论如何，这一次他也算是“我胡汉三又回来了”。

但这位胡汉三目前最重要的工作并不是国家大政方针，而是要安抚他的“还乡团”。

朱祁镇确实是个很够意思的人，在登基后的第二天，他就给了“还乡团”的成员们优厚的回报：

“还乡团”一号成员徐有贞：入阁，兵部尚书。

“还乡团”二号成员石亨：封忠国公（爵）。

“还乡团”三号成员张軏：封太平侯（爵）。

“还乡团”四号成员曹吉祥：司礼太监，总督三大营。

功德圆满，善莫大焉。

根据我们以往的常识，既然是“还乡团”，就一定会干点杀人放火、伤天害理的事情，这也难免，毕竟人家不是旅游团、探亲团，而徐有贞等人也牢记“还乡团”的宗旨，雷厉风行地干了几件坏事。

就在同一天，徐有贞便下令逮捕了于谦和王文等人，把他们关进了监狱。对于徐有贞而言，他已经忍得太久了，此时不报，更待何时！

然后就是内阁大换血，陈循、江渊、商辂、萧镃等人统统被炒鱿鱼赶了出去，而徐有贞也很够意思，他唯恐自己的对头陈循和江渊失业后找不到工作，特别找人关照他们，给他们安排了一份工作让他们继续报效国家（充军辽东）。

当然了，某些受到处罚的人也是罪有应得，比如那个金刀案件中的卢忠。这位仁兄出卖朋友后没有捞到什么好处，此刻却得到了报应——斩首。

还有那个建议朱祁钰砍树、让朱祁镇晒太阳的高平，当年他一时兴起，拿朱祁镇开涮，此时也被砍掉了脑袋，其实他除了滥伐树木外，倒也没干什么其他的事情。

看来破坏环境者还真是没有什么好下场。

内阁被“还乡团”扫荡之后，只剩下了高穀，于是徐有贞又安排了自己的亲信许彬、薛瑄入阁，至此他完全控制了内阁和朝政大权。

此时的内阁加上徐有贞共有四人，可能是徐有贞嫌人太少，在二月，他又召另一个“自己人”吏部右侍郎李贤入阁。

可是徐有贞万万没有想到，这个叫李贤的人其实并不是他的亲信，在徐有贞、石亨、曹吉祥飞扬跋扈、不可一世的时候，他保持着沉默，默默地观察着这些“夺

参考消息 **战犯变烈士**

朱祁镇复辟，大赏功臣，这其中就包括已经死掉的王振。虽然因王振的误导，他在外面凄凄惨惨地当了一年的人质，但在内心深处，他始终不认为王振是坏蛋。王山被千刀万剐，却又似乎剐错了。怀着对王振的愧疚，朱祁镇开始了一系列的弥补工作：首先，从名义上将王振官复原职；其次，在京城的智化寺为他塑了个彩身泥像，让王振得以配享，还美其名曰王振是殉国而死的。可笑的是，该寺香火一直很旺，万历年间还大修过一次，康熙年间又修过一次。

门之变”“还乡团”的一举一动，寻找着他们的弱点和矛盾，等待着时机的到来。

无论后来如何，至少在当时，徐有贞等人确实是威风无比，特别是徐有贞，他不遗余力地打击诬陷所有与自己为敌的人，而他导演的最大一起冤案就是著名的于谦案。

徐有贞曾经认为，只要自己掌权，杀掉于谦易如反掌，但现在他才发现，想除掉于谦并不是一件容易的事情。

原因在于，他没有杀掉于谦的理由。

于谦为人清廉，威望极高，又没有什么劣迹，实在找不到啥借口，既没有经济问题,也没有生活作风问题(这在当年也算不上是什么问题),要把他搞倒谈何容易!

但最终，对于谦的刻骨仇恨让他想到了一个办法。

于谦是推立朱祁钰的主要大臣，也是朱祁钰的亲信，而朱祁镇最为痛恨的人就是他的弟弟朱祁钰，徐有贞决定利用这一点加深朱祁镇对于谦的反感，同时徐有贞还编造了一个谎言，说于谦有意请外地藩王到京城接替皇位，并坚决反对朱见深继位。

做好了这些准备之后，他去见朱祁镇，在他看来朱祁镇一定会同意杀掉于谦。

可是事情的发展大大出乎他所料。

徐有贞在朱祁镇面前慷慨陈词，说于谦不愿和谈、拥立新君，是想置太上皇于死地，如此之人，应该杀之后快等等。

可是朱祁镇却只是笑着摇了摇头,对徐有贞说道:“于谦是有功的。”(谦实有功)

徐有贞傻眼了。

他把朱祁镇看得太简单了，这位太上皇饱经风雨，深通人心，对徐有贞的动机一清二楚，他知道徐有贞这样做是为了报私仇，却想借刀杀人，让他背一个杀功臣的恶名，这种亏本买卖，他怎么肯干?

徐有贞急了，如果留着于谦，将来一旦复起，自己必将性命不保，情急之下，他想出了另一个杀于谦的理由。

他相信，只要把这个理由说出来，于谦就必死无疑！

◆ 于谦非死不可！

徐有贞昂头大声说道："不杀于谦，此举无名！"

朱祁镇被惊醒了，他突然意识到，徐有贞是对的。

所谓"夺门之变"是一场政变，并没有正当的名义，而照徐有贞所说，于谦等大臣都是准备立外藩王为帝的，是反对自己的，在这种情况下，如果不杀掉于谦，树立一个阴谋集团的典型，向举国上下表明自己行为的被迫性和正义性，"夺门之变"的合法性就不复存在。

没办法了，这个恶名不背也得背了。

于谦，你非死不可！

徐有贞笑了，他知道皇帝已经动了杀机，但这位皇上绝想不到的是，他其实是中了自己的圈套，因为所谓于谦非死不可，不过是一个复杂的逻辑陷阱，而这个陷阱之所以能奏效，则完全是建立在那个于谦准备立藩王为帝的谎言基础上。

这确实是一个复杂的逻辑陷阱，直到两年后，另一个聪明人李贤才最终为朱祁镇揭开了其中奥妙。

不久之后，牢中的王文和于谦都知道了自己的罪名——迎立外藩。这是极为严重的罪行，不但要杀头，还要灭族。王文一听就急了，他跳了起来，准备为自己申辩。

王文很有自信，他有充足的辩解理由，因为所谓迎立藩王，必须先使用金牌召藩王入京，而他和于谦都没有动过金牌，所以在他看来，这个罪名是很容易驳倒的。

可是于谦却丝毫不动，只是笑着对王文说道："这是石亨他们指使的，申辩有什么用！"

事实确实如于谦所料的那样，此案主审官最终查无实据，没有办法，只好向徐有贞请示如何办理这个难题。

徐有贞到底是政治老流氓，他不假思索地说出了一句话，解决了这个问题，估计他自己也没有想到，这句话会成为千古名句，为后人唾弃不已。

他的这句话是："虽无显迹，意有之。"

官员们浓缩了他的意思，将其提炼为更传神的两个字——"意欲"，并最后以此定罪。

在中国历史上，臭名昭著的程度足以与此句匹敌的只有那句"莫须有"。

"莫须有"杀掉了岳飞，"意欲"杀掉了于谦。

好一幕精彩的丑剧！

而徐有贞也凭借此句入选史上最无耻之辈排行榜，堪与秦桧并称，遗臭万年。

◆ 一个伟大的人

正月二十三日，于谦被押往崇文门外，就在这座他曾拼死保卫的城池前，得到了他最后的结局——斩决。

史载：天下冤之。

于谦被杀之后，按例应该抄家，可当抄家的官员到于谦家里时，才发现这是一项十分容易完成的工作，因为于谦家里什么也没有，除了生活必需品外，根本就没有多余的钱（家无余财）。

抄家的官员万没料到，一个从一品的大官家里竟然如此穷困，他们不甘心，到处翻箱倒柜，希望能够找出于谦贪污的证据。

不久之后，他们终于发现于谦家中有一间房子门锁森严，无人进出，大为兴奋，认定这是藏匿财宝的地方，便打开了门。

房子里没有金银财宝，只陈设着两样东西——蟒袍和宝剑。这是朱祁钰为表彰于谦的功绩，特意赏赐给他的，于谦奉命收下，却把它们锁了起来，从未拿去示人

于谦的一生

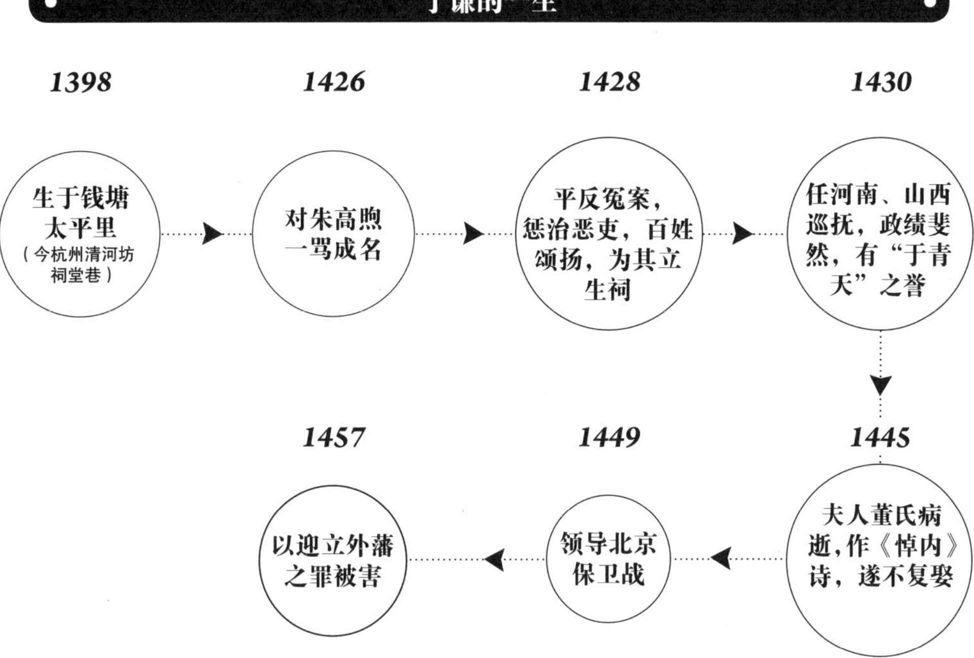

以显荣耀。

抄家的人最终收敛了自己一贯嚣张的态度，安静地离开了于谦的家，因为他们眼见的一切都明白无疑地告诉了他们：这个被他们抄家的对象，是一个人品高尚的人，是一个了不起的人。

朱祁镇事后不久也十分后悔，特别是在徐有贞阴谋败露后，他曾反复责问另两个当事人石亨和曹吉祥，为何要编造谎言诬陷于谦。石亨没有办法，只好把责任推

参考消息　天下冤之

朱祁镇冤杀于谦，并没有敢跟宫内孙太后讲。孙太后一直以来守着京城这个大摊子，最知道于谦的功绩。后来知道于谦被杀，哭了很多天，英宗这才知道于谦立了多大的功劳，后悔不迭。宫外，连曹吉祥的部下都替于谦喊冤，尽管被曹吉祥拿着鞭子抽着，还是不断有人到于谦横尸之处祭拜。于谦的惨死，一些同僚看了也不免心寒，王直即请求致仕，宁愿在家种地，也要赶紧离开这是非之地。

给徐有贞，回答道:“我也不知道，这都是徐有贞让我这么说的。”

朱祁镇听到这句话，目瞪口呆，只是不断摇头叹气。

但皇帝是不能认错的，朱祁镇便将这一任务交给了他的儿子。八年后，太子朱见深刚刚继位，便下了一道诏书，为于谦平反，并召回了于谦的儿子于冕。到万历年间，懒得出奇的明神宗也对于谦敬仰有加，授予谥号“忠肃”，以肯定他一生的功绩。

其实于谦并不需要皇帝的所谓嘉许，因为这些所谓的天子似乎并没有评价于谦的资格。明英宗之前有过无数的皇帝，在他之后还会有很多，而于谦是独一无二的。

人们不会忘记，正是这个人在危难之际挺身而出，力挽狂澜，保卫京城和大明的半壁江山，拯救了无数平民百姓的生命。

他从小满怀以身许国的志向，经历数十年的磨砺和考验，从一个孤灯下苦读的学子成长为国家的栋梁。

他身居高位，却清廉正直，在他几十年的官场生涯中没有贪过污、受过贿，虽然生活并不宽裕，却从未滥用手中的权力，在贫寒中始终坚持着自己的操守。

他不畏惧困难和风险，在国家最为危难之时挺身而出，承担天下兴亡。

他是光明磊落地走完自己一生的。

在这个污浊的世界上，能够干干净净度过自己一生的人，是值得钦佩的。

而如果他还能做出一些成就，那么我们就可以说，这是一个伟大的人。

于谦就是一个这样的人。

他的伟大不需要任何人去肯定，也不需要任何证明，因为他的一生就如同他的那首诗一样，坦坦荡荡，堪与日月同辉。

石灰吟

千锤百炼出深山，
烈火焚烧若等闲。
粉身碎骨浑不怕，

要留清白在人间！

这正是他一生的写照。

我曾往杭州一游，并专程去拜祭这位英雄人物。但我到于谦祠时，所见之景象实在让我大吃一惊，当时正值黄金周，杭城游人无数，可于谦祠却是游人寥寥，极为冷清，倒是遇到几位外国留学生正在向于谦像鞠躬。惊讶之余上前攀谈，这才得知他们是在大学读书时看到这段历史，对这位英雄十分仰慕，特意赶来瞻仰的。

听完他们的话，我无言以对。

神台之上，于谦先生依然保持着他那从容的神态，想来他在临刑前也是如此吧。

五百多年过去了，于谦似乎从来都没有离去过，他始终站在这里，俯瞰着这片他曾用生命和热血浇灌过的土地，俯瞰着那些他曾拼死保卫的芸芸众生。

我释然了，不管这里是否门庭冷落，无人问津，也不管这里有没有仰慕者前来顶礼膜拜，都与这座祠堂的主人于谦无关。

即使再过五百年，无数浮华散去，于谦依然会站立在这里，依然会因他的正直无私、勇敢无畏被世代传颂。

我坚信这一点。

明代有很多厉害的人物，我曾给这些人物做过一个排行榜，而于谦在我看来，应该排在第二名，虽然明代有一些人物的丰功伟绩不下于、甚至超过了于谦，但他们的排名也在于谦之后，这是因为评定的标准有两项：品行、才能。虽然某些人的才能确实胜过于谦，但他们的品行是有缺憾的。比如朱元璋同志的政治问题和张居正同志的经济问题。

而于谦不但才能过人，品德上也几乎无可挑剔，所谓德才兼备者，千古又有几人！

如无例外，于谦本应排在第一，可惜的是，在他之后，还有另一位高人横空出世，此人不但文武兼备、智勇双全，而且五花八门无一不通、三教九流无一不晓，且善始善终，堪称不世出之奇才。对这位仁兄，英雄的称呼似乎已不适用了，因为在很多人看来，有一个更适合他的称呼——圣贤。

这位仁兄是后面文章中的主角，这里就不多说了。

最后提一句，于谦死后，他的儿子于冕被罚充军，而充军的地点叫做龙门，后来的系列电影《龙门客栈》就是以此为故事模板的，而那位大反派太监的生活原型就是司礼监曹吉祥同志。

虽然我们有理由相信这是子虚乌有的事情，但闲来无事调侃一下曹吉祥等人，倒也不失为一种乐趣。

◆ 过河拆桥

杀了一批，换了一批，做新龙袍，修宫殿，改年号（景泰改为天顺），足足折腾了一个多月，朱祁镇终于消停了。这也难怪，平常人搬个家都累死累活的，何况是换皇帝。

按说事情也算顺利完成了，可朱祁镇怎么也没有想到，虽然他已经思虑周密，事必躬亲，却还是犯了一个天大的错误，而这个错误将造就一个中国历史上绝无仅有的现象，让朱祁镇成为历史的笑柄。

朱祁镇到底犯了什么错误呢？我们前面提过，朱祁镇于正月十七日夺门成功，随即登基为帝，他什么都考虑到了，却忘记了那个被他赶下皇位的人——朱祁钰！

参考消息 **一波三折**

夺门之变后，朱祁钰被废为郕王。他死后，是按照亲王礼下葬的。朱祁镇对他很不客气，赐谥号为“戾”。这是一个恶谥，表示他不仅终身为恶，还死不悔改。但明宪宗继位后，念及这位叔叔保明有功，遂下旨恢复他的帝号，并定谥号为“恭仁康定景皇帝”。不过，朱祁钰虽然又重新成了皇帝，但相比而言，他的规格还是要低于其他皇帝，因为他的谥号只有五个字，而明代的其他皇帝都是十七个字，此外他还没有庙号。直到南明的弘光时期，朱祁钰才拥有了自己的庙号“代宗”，谥号也增加到了十七个字。或许他自己也没想到，这皇帝生前当得憋屈，死后也这么不顺畅。

当时朱祁钰已经奄奄一息，所以朱祁镇也没有去理会他，直接就坐上了皇位。可他没有料到，自己的这个弟弟生命力还很顽强，过了一个多月才死。这还不打紧，要命的是，他忘记了一件极为重要的事——废黜朱祁钰的皇帝身份！

这位老兄风风火火地干了十几天，才猛然想起自己那个只剩半条命的弟弟仍然是皇帝，哭笑不得的朱祁镇立刻用皇太后的名义宣布废黜朱祁钰，但是已经太迟了。

此时已经是二月初一，也就是说在这十几天里，大明王朝同时有两个皇帝，而且这两位皇帝都是现任皇帝，外面坐着一个，里面还躺着一位。此真可谓千古难得一见之奇观。

朱祁镇虽然闹了笑话，但毕竟还是坐稳了皇位，并从此开始了他的第二代统治——天顺。

而那些“还乡团”成员们在冤杀了于谦之后，前景似乎也是一片光明，如果用童话的语言就此结尾，可以表述为“他们四个人手牵着手，从此开始了幸福的生活”。

但是很可惜，在具有悠久的优秀历史文化传统（比如权谋斗争、厚黑学）的我国，童话是没有市场的，类似他们这种阴谋集团，结局总是逃不开两句话：

一句叫“攘外必先安内”；另一句叫“过河拆桥”。而从后来的情况发展看，“还乡团”大致适用于第二句。

第十四章

隐藏的敌人

○他已经制定了一个周密的计划 并在暗中窥视着自己的猎物 随时准备打出那致命的一击 而在他的猎物名单上 有着这样三个名字 徐有贞 石亨 曹吉祥

解决外敌，即刻内斗也算是华夏文明的光荣传统之一。很快，“还乡团”的成员们便十分自觉地依照这一传统开始了轰轰烈烈的内部斗争。

说来有点滑稽，斗争的起因并非分赃不均，而是性格不合。因为徐有贞是一个有理想、没道德、有文化、没纪律的复合型人才，虽然他心黑手狠脸皮极厚，但还是想做事的，是有追求的。

可是石亨和曹吉祥这两位仁兄，除了有野心和贪欲外，啥也没有。如果坏人也分档次的话，徐有贞就是一个有品位的坏人，而石亨和曹吉祥就是坏人中的渣滓。

夫妻之间性格不和可以离婚，而政治家性格不和最终却只有一个结局——你死我活。

于是，坏人之间的斗争就此开始。

◆ 你的素质太低！

徐有贞和石亨、曹吉祥的矛盾从“夺门之变”后不久就开始了，他们原本是一根绳子上的蚂蚱，关系很好，但功成名就之后，徐有贞才发现，他的这两个同伙素质实在太低。

徐有贞入阁之后，开始操持国家大事，每日忙于办理各种事务，毕竟他还是一个有追求的人。可石亨和曹吉祥却截然不同,他们发达之后,只热衷于干一件事——贪污受贿，不但如此，他们还不断在朝廷中安插自己的人，混乱朝纲。

比如石亨同志先后打过多次报告给朱祁镇，要求封赏夺门有功人员，前后竟多达四千人！真是天晓得这些人都是哪里来的，估计他连那天晚上在自己家厨房做饭的老妈子（应该是有力地保障了后勤补给）也算了进去。

曹吉祥也不甘人后，他的养子、侄子乃至于七姑八婆之类的八竿子打不着的亲戚也都封了官，令人叹为观止。

徐有贞每次看到这种乌烟瘴气的情景，都会不由得羞愧有加:

当年我怎么和这帮人搞到一起了？什么素质啊？

自己虽然是一个阴谋家，可那二位仁兄充其量却只能算是两个混混，如果继续跟他们混下去，实在太丢人。

打定了主意，徐有贞开始和石、曹二人保持距离，见面了也不打招呼，他要树立自己的光辉形象。

石亨和曹吉祥终于发现，这位高学历的仁兄想洗手下船，和自己决裂。

决裂就决裂吧，怕你不成！

天顺元年五月，“还乡团”第一次内斗正式开幕。

这天，徐有贞、曹吉祥等人正在朝堂之上议事，朱祁镇突然拿出一份奏折，当众宣读，内容是这样的：曹吉祥、石亨等人贪污受贿、专横霸道、欺上瞒下、排除异己，应予惩戒。

曹吉祥先生当时就蒙了，他手足无措，张嘴想要辩解，却不知说什么好。

朱祁镇却没有看他,而是微笑着对徐有贞说:“御史敢于直言,是国家的福分啊。”

徐有贞看了尴尬的曹吉祥一眼，也笑了。

这封奏折的作者是都察院御史杨瑄,是个小人物,而根据厚黑政治学第一定律,小人物敢弹劾大领导，排除个人精神失常的因素，唯一的结论就是有人指使。

指使他的人我不说大家也能知道，就是徐有贞。

◆ 徐有贞的没落

徐有贞没有理会无地自容的曹吉祥，扬扬得意地走出了大殿。他有充分的理由得意，作为内阁首辅，他能够调动文官集团的所有资源去对抗他的敌人，他有无数的打手（言官），在他看来这是一场没有悬念的战争。

可是他错了。

因为他的对手是明代历史上唯一可以与文官集团对抗的死敌——宦官集团。

话虽如此，但当时的宦官集团并没有太大的权力，司礼监曹吉祥是很难与内阁首辅徐有贞对抗的。

为了解决徐有贞，曹吉祥整日冥思苦想，功夫不负有心人，经过长时间的业务(厚黑）钻研，他终于发现了徐有贞的破绽，并由此想出了一个绝妙的主意。

不久后的一天，曹吉祥进宫见朱祁镇，君臣二人聊天，气氛和洽，突然曹吉祥话题一转，貌似轻松地说起了宫内的一件事情，且谈得津津有味，可他的谈话对象朱祁镇却脸色突变，大惊失色。

为什么会出现这样的一幕呢？

因为朱祁镇十分清楚，这件事情他只告诉过一个人——徐有贞。

于是他急切地打断曹吉祥，问他是怎么知道的。

“是徐有贞告诉我的。”(受之有贞)

然后曹吉祥带着疑问的表情加了一句:

“皇上还不清楚吗，外面的人全都知道了！”

这句话同时也宣布了徐有贞的结局：他彻底完了。

背叛和泄密是皇帝绝对无法忍受的。自此之后，朱祁镇渐渐远离了徐有贞，不再将他看做自己的亲信。

徐有贞也是丈二和尚摸不着头脑，他想来想去，也不明白自己到底哪里得罪了皇帝，受到如此冷遇。面对着朱祁镇那冷淡的眼神，他无从申辩也无法申辩。

曹吉祥赢了，他终于达到了自己的目标，给了徐有贞一次漂亮的回击。徐有贞当然不会将那些隐秘的事情告诉他，那他是怎么知道谈话内容的呢？

这个诡计的秘密在于，徐有贞进宫见朱祁镇时，交谈的确实只有他们两个人，但听见的却有三个人，而那个多出来的旁听者就是太监。

这些皇帝的贴身太监受到曹吉祥的指使，将每次谈话的内容告诉他，然后曹吉祥会在不经意间说出这些原本只有天地你我方知的事情，将徐有贞塑造成一个口不把门的奸臣。

曹吉祥十分得意，和石亨弹冠相庆，从此更加飞扬跋扈。这也难怪，也该轮到他了，但曹吉祥想不到的是，他并不是这次胜利唯一的得意者，还有一个人正在暗地里庆祝着自己的胜利。

◆ 隐藏者的图谋

曹吉祥和石亨所不知道的是，五月的那次弹劾，策划者并非只有徐有贞一个人，这次攻击的实际组织者是另一个人——李贤。

在徐有贞看来，这个叫李贤的人是他一手提拔的，绝对忠实于他，事实上，这个人也确实极为精明强干，很能帮得上徐有贞的忙（史载：颇得其力）。所以他与李贤共同策划了对曹、石等人的攻击行动，并收到了一定的效果，这也让徐有贞更加认定，李贤是一个极为可靠的人。

可是徐有贞不知道的是，这位李贤先生除了是自己的下属和亲信外，还是一个卓越的社会活动家，喜欢广交朋友，而他的朋友中有一个人叫石亨。

早在徐有贞拉拢之前，李贤和石亨的关系已经十分融洽，石亨曾经劝说李贤参加夺门阴谋，但被李贤拒绝，后来吏部尚书王直退休，继任尚书王翱也是个很有背景的人，根本不买石亨的账，石亨十分不满，便对当时任吏部侍郎的李贤私下表示，

李贤的“潜伏”

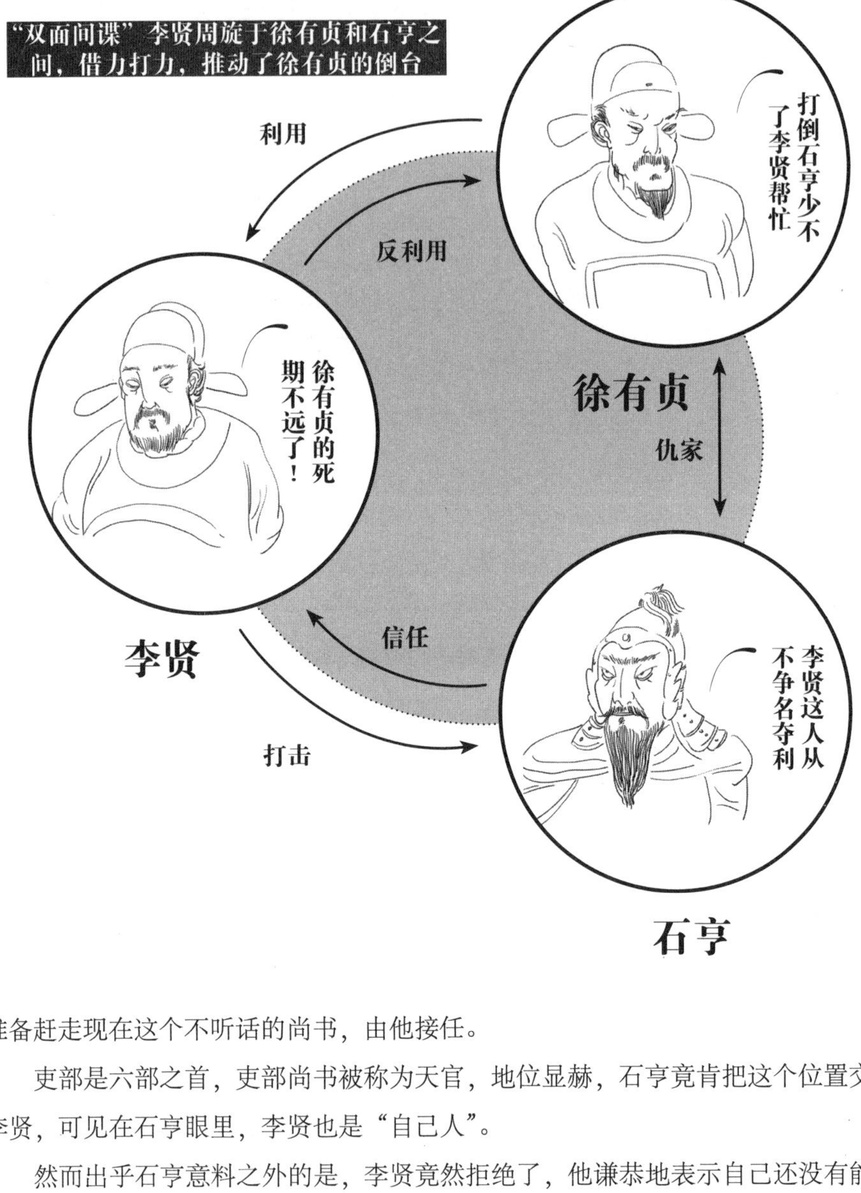

准备赶走现在这个不听话的尚书，由他接任。

吏部是六部之首，吏部尚书被称为天官，地位显赫，石亨竟肯把这个位置交给李贤，可见在石亨眼里，李贤也是“自己人”。

然而出乎石亨意料之外的是，李贤竟然拒绝了，他谦恭地表示自己还没有能力担当此大任，还是让原尚书留任的好。

李贤的这一举动让石亨大为感慨，在他看来，李贤这个人与旁人不同，非但不争名夺利，连到手的大官都不要，实在是个难得的人才，不禁对李贤又多了几分好感。

可是石亨绝对想不到的是，李贤之所以拒绝自己的好意，是因为他有着更深的图谋。为了实现这一图谋，他已经制定了一个周密的计划，并在暗中窥视着自己的猎物，随时准备打出那致命的一击。

而在他的猎物名单上，有着这样三个名字：徐有贞、石亨、曹吉祥。

徐有贞已经被皇帝疏远了，但他对自己的处境却并不了解，每日依然以首辅自居，不把曹吉祥和石亨放在眼里，这也使得他们之间的矛盾越来越大。而上次指使御史弹劾也让徐有贞尝到了甜头，所以他决定再来一次。

这次他找到了御史张鹏，并搜集了大量石亨、曹吉祥不法的证据，准备向朱祁镇提出弹劾，和以前一样，他还是找李贤一起商议，并具体安排行动步骤。

徐有贞的聪明终于到了头，皇帝已经不再信任他，他却没有自知之明。可是奇怪的是，虽然徐有贞并不通晓其中玄机，李贤却是知道的，但他非但不阻止徐有贞的行为，反而积极参与筹划，这一举动也让徐有贞倍感亲切。

因为李贤知道，他计划的第一步即将实现，不久之后，他将把一个人的名字从他的名单上划去。

徐有贞开始行动了，他命令张鹏向皇帝上书弹劾石亨。这个时机很好，因为石亨此刻出征在外，正好可以对曹、石两人分别击破，这个算盘打得确实不错，然而他没有料到，自己的计划还没有等到实施，就已经破产了。

石亨并不是笨蛋，他早已在言官中安排了自己的眼线。就在张鹏准备上书的前一天，他已经得到了消息，便连夜赶了回来，找到了曹吉祥商量对策。

曹吉祥告诉石亨，告状的事情已经是板上钉钉，变不了了，但只要你跟我进宫干一件事，保管你我明日太平无事。

然后他领着石亨进宫觐见了朱祁镇，还没等皇帝大人缓过神来，曹吉祥便向石亨使了个眼色，开始做他们预先商量好的那件事——痛哭。

看着眼前这二位鼻涕眼泪一起下来，朱祁镇手足无措，连忙追问出了什么事情，曹吉祥这才悲痛地说道：“御史张鹏受人指使，想置我们二人于死地，我们没有办法，只有请皇上为我们做主！”

朱祁镇听了倒也没有什么大的反应，毕竟这是大臣之间的矛盾，与他没有多大关系，所以他表现得十分平淡。

然而石亨接着说了一句话，正是这句话触动了他，最终决定了徐有贞的结局:

“一个御史怎么敢这样做（安敢尔），现在内阁专权，容不下我们啊！”

专权？

对，就是专权。

石亨的似乎无心之语击中了朱祁镇的死穴，他或许是一个好人，或许是一个宽厚的人，但如果有人敢于触动他的权力，就算是天王老子也没商量！

朱祁镇决定动手了，他要用实际行动去显示他的权威，告诉所有的人，他才是这个帝国的统治者。

第二天一早，朱祁镇便下令关押了张鹏和之前曾经上书的杨瑄，矛头直指徐有贞。

此时，石亨已经得知，李贤也是攻击他的策划者之一，他十分惊讶，也非常愤怒，决定要把李贤和徐有贞一起整死。之后他不断地在皇帝面前攻击二人，最终促使朱祁镇下定决心，把徐有贞和李贤关进了监狱。

徐有贞彻底完了，他被关进了当年于谦待过的地方——诏狱，整日唉声叹气，在阴暗潮湿的牢房里反思着自己。一切都宛如梦幻，他用尽心思机巧，胆大包天，最终斗垮了于谦，却也只高兴了四个月，就沦为了囚犯。人生对于他而言，已经落幕了。

可是同样身在牢狱的李贤却心如明镜，其实在这场斗争中，他才是唯一的胜利者，他尽力协助徐有贞，利用徐有贞的力量去打击石亨、曹吉祥。此外，他还充分发挥了徐有贞的盾牌作用，避过了石亨等人的反击。

不过现在看来，他似乎还是失算了，毕竟他也被关进了监狱，等待着他的是不可知的命运，杀头、充军或是流放？

但李贤却丝毫不见慌乱，这一天的到来早在他的预料之中，为此，他已经准备了很长时间。

不久之后，处罚决定下来了，总算是皇帝开恩，徐有贞被降为广东参政，李贤被降为福建参政。这两个地方在当时都是偏远地区，也算是一种体面的发配。

走出牢房的徐有贞抬头看着久违的天空，松了一口气，不管怎样，这条命还是保住了，而在他的心底，却对一个人始终感到过意不去，这个人就是李贤。

在徐有贞看来，李贤是自己的亲密战友，也是因为自己才到此地步，所以在临行前，他特意找到了李贤，满怀歉意地对他说，事情到了这个地步，实在没有料到，如今就要各自上路，离开京城，只好自己保重了。

李贤的反应却出乎意料，他一点也不沮丧，而是十分客气地与徐有贞交谈，表示自己并不在意，谈完后还亲自将他送出门外。

徐有贞怀着愧疚走了，看着他离去的背影，李贤露出了笑容:

“徐有贞，要走的只有你而已。”

◆ 李贤的真面目

徐有贞老老实实地去了广东，李贤却没有，因为就在出发前的一刻，有一个意想不到的人站出来说话了。

这个人正是那位差点被罢官的吏部尚书王翱，在这关键的时刻，他挺身而出，为即将出行的李贤说情。在他的大力游说下，朱祁镇终于办了人情案，将李贤留在了京城，并在不久之后恢复了他吏部侍郎的职位。

答案最终揭晓了。

李贤不排挤王翱，不担任吏部尚书，就是为了迎候这一天的到来，因为他需要王翱的帮助。

徐有贞聪明绝顶，认定李贤是他的亲信，可是他错了。

石亨位高权重，对李贤许以官位，以为可以拉拢他，可是他也错了。

他们都认为这个叫李贤的人会乖乖地听他们的话，为他们办事，却绝不会想到，在李贤的眼里，他们不过是猎物而已。

他原本可以投靠“还乡团”，做大官，拿厚禄，可是他没有这样做。在“还乡团”肆虐的日子里，他默默地隐藏着自己，从那些阴谋家身上学习权谋和诡计，并最终用这些武器打倒他们。但他这样做又是为了什么呢？

从他后来的言行中，我们可以找到答案：公道。

徐有贞不是李贤的朋友，石亨也不是李贤的朋友，甚至于王翱也不是他的朋友，李贤周旋于这几个人之间，似乎是个让人捉摸不定的人，但在我看来，他也有一个真正的朋友，这位朋友的名字叫做于谦。

事实上，李贤和于谦的交往并不紧密，而且他们之间也有政治分歧，在继位问题上，李贤主张朱祁镇复位，而于谦似乎对这位太上皇并不感冒，却主张由他的儿子朱见深继位。

因为有着不同的政治见解，两人关系一度比较冷淡，但在那场轰轰烈烈的北京保卫战中，李贤彻底被这个挺身而出、拯救国家危亡的人所折服，他的勇气和顽强、清正与廉洁给李贤留下了深刻的印象。

混迹官场多年的李贤被打动了，他第一次认识到，在这个污秽的地方，还有像于谦这样勇于任事、刚直不阿的人。

但转瞬之间，风云突变，那群不知所谓的投机者——“还乡团”一下子冒了出来，把朝政搞得乌烟瘴气，还冤杀了为国家耗尽心力的于谦。

在于谦被杀的那一天，李贤做出了他人生中的一个重要决定，他要为这个为国家付出一切、鞠躬尽瘁的人讨回公道。

他并没有站出来公开反对那些人的恶行，因为他知道，这是没有用的，要想战胜那些奸邪小人，必须比他们更狡诈、更有权谋。他静静地隐藏了自己，细心观察着对手的动向，利用他们之间的矛盾，将他们一一击破。

在这样险恶的环境中，他逐渐变得成熟、机敏，虽然也曾历经艰险、身陷不测之地，但他始终没有放弃过自己的信念。

现在他终于除掉了徐有贞，下面该轮到第二个人了。

◆ 徐有贞的最后结局

俗话说：风水轮流转，明年到你家。对这句话，徐有贞应该深有体会，就在四个月前，他得势之时，把于谦关进监狱却仍不罢休，一定要置其于死地。但他绝没有料到，现在这一情况竟然原封不动地套用在他的身上。

他已经万念俱灰，只想去广东当一个扶贫干部，可是石亨却坚持认为，囚犯的身份更适合这位仁兄。于是又发动言官弹劾徐有贞,而且每天都到朱祁镇面前去闹，朱祁镇被他烦得不行，加上他本人也确实讨厌徐有贞，便连夜派人把正在路上的徐有贞抓了回来。

二进宫的徐有贞苦不堪言，他又一次回到了熟悉的地方——锦衣卫诏狱，并倾情出演了《监狱风云》第二部。在这里，他与那些态度“和蔼”的看守们重逢了，每天住在潮湿的房间里，吃着霉变的牢饭，估计还吃了不少闷棍（锦衣卫指挥门达是石亨的人），整日以泪洗面。

可是对于石亨而言，这些还不够，他一定要杀掉徐有贞，朱祁镇最终也答应了他的要求，准备选个黄道吉日给徐有贞放血。

可偏偏在这个时候，京城发生的一件事情最终救了徐有贞的命。

就在刽子手在家磨刀霍霍之际，京城突然迎来了一场大雷雨，很多建筑被大风破坏，石亨家也被水淹了。古人办事都讲个吉利，婚丧嫁娶都要查查皇历，杀人也不例外，出了这么大的天灾，大家都人心惶惶，认为此时杀人不吉利，徐有贞就此捡了一条命。

可是死罪可免，活罪难饶，本着惩前毖后、治病救人的精神，石亨体贴地将已经五十多岁的徐有贞安排到云南参军，发挥余热，实现了老有所为。

这也算是个不错的安排，如果把徐有贞发配到辽东参军，他很有可能在那里遇到三个月前被自己安排充军的江渊，成为他的战友。而按照新兵老兵的排列顺序，没准徐有贞还要帮江渊洗袜子。

之后，徐有贞在那个风景如画的旅游胜地扛了四年长矛，天顺四年（1460）被放回老家苏州，苟且偷生十余年，最后死去。

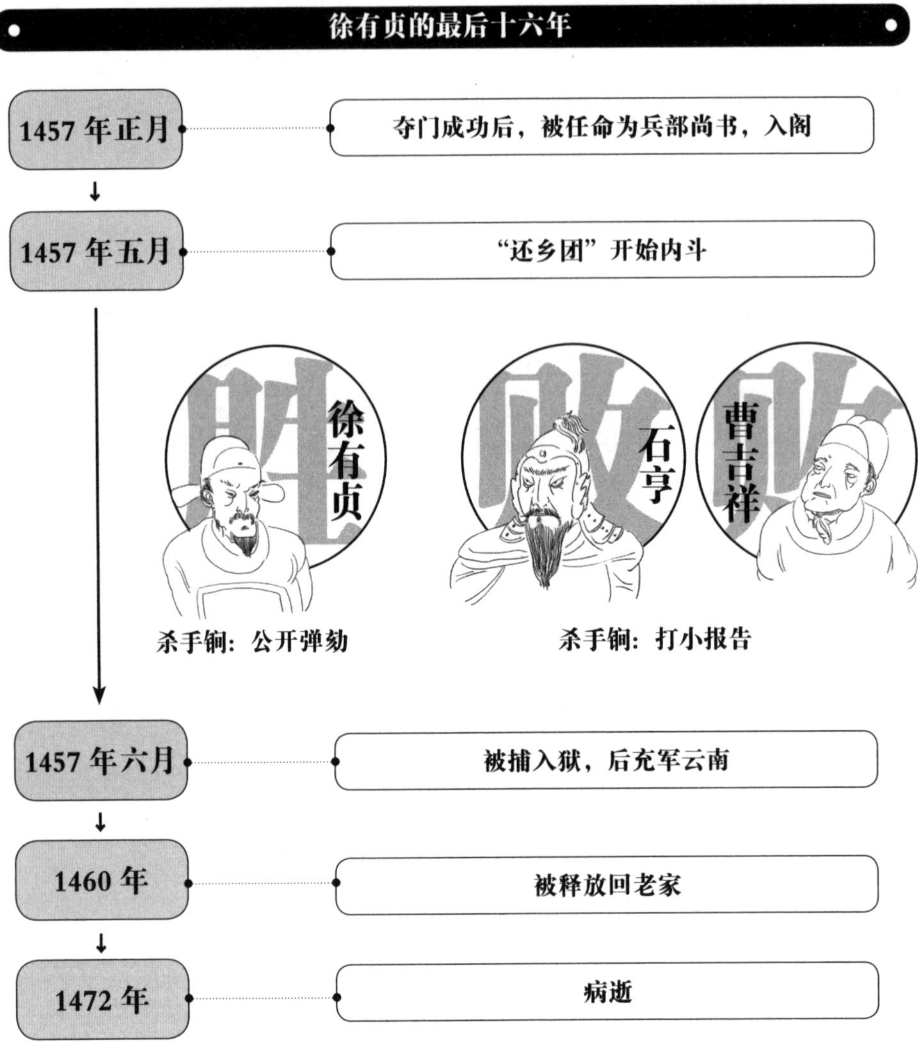

徐有贞，宣德八年（1433）进士，混迹官场十六年，毫无成就，正统十四年因为说错一句话，被人取笑嘲弄，隐姓埋名七年，天顺元年元月投机成功，飞扬跋扈，冤杀于谦。四个月后被关入监狱，免死充军云南，最后回到故乡，在人们的鄙视和谩骂中死去。

对于这个人，我已无话可说。

第十五章

公道

○○○

于谦 属于你的公道 我一定会替你拿回来

时机终于到了 他们已经走到了悬崖的边缘 很快就将坠入万丈深渊 永不超生

现在 只需要轻轻地一推

◆ 石亨的智商

有一句话用来形容石亨是再合适不过了——头脑简单，四肢发达。他的智商和武力似乎是成反比的，恰似三国游戏里设定的吕布，武力很高，智力很低。

他能够夺门成功，靠的是徐有贞，能够打倒徐有贞，靠的是曹吉祥。现在于谦没了，徐有贞也没有了，他终于露出了自己那原本啥也不明白的愚蠢面目。

愚蠢表现之一：

一次，石亨带着自己手下的两个小军官大摇大摆地去见朱祁镇，言谈极为随意，朱祁镇见状，脸色马上就沉了下来，毕竟这里是皇帝的地方，不是菜市场，什么阿猫阿狗的都进来成何体统！

他生气地问道：“这两个是什么人？进来干什么？”

石亨却毫不在意地说道：“是我的心腹手下，希望皇上提拔他们。”

朱祁镇的忍耐几乎快到极限了，却还是耐着性子说：“这事情不急，改日再说吧。”

石亨却不依不饶：“请皇上今天就批准了吧。”

朱祁镇冷冷地看了石亨一眼，最终答应了他的要求，但愤怒的种子已经深深地埋下。

愚蠢表现之二:

石亨的侄子石彪镇守大同，有一次带兵出去巡视，遇到一群瓦剌人，不管三七二十一，上去就砍，结果杀死对方几十人。回来后他灵机一动，向上报成大同大捷，而石亨也以此为资本，反复吹嘘。

事实上，当时的边患已经十分严重，瓦剌不断与明朝为敌，发动攻击。朱祁镇看到这份边报，哭笑不得，只好顺着意思给了点赏赐算是讨个吉利，回头却找来了恭顺侯吴瑾询问相关对策。

“边关吃紧，如何是好？”

吴瑾只说了一句话:

“如果于谦还在，不会有这样的事情！”

朱祁镇沉默了，面对这样的控诉，他也只能保持沉默。

偏偏石彪派的报功使者是个二百五，看着石亨吹牛，他也跟着吹，说什么斩获无数，俘虏无数。内阁学士岳正是个喜欢调侃的人，便问他:

“你说俘虏无数，可是人在哪里啊？”

“人数太多，没法带回来，都在树林里杀掉了。”

按说这句话应该能搪塞过去，可使者没有想到，这次岳正却想把玩笑开到底。

他拿出了当地的地图，笑着对使者说:

“这附近都是沙漠啊，哪来的树林？”

石亨的拙劣表演远不止如此，可这位老兄的脑袋似乎进了水，就是不明白他不过是个打工的，皇帝才是真正的老板。而不久之后发生的一件事情也彻底断送了他的锦绣前程。

在这一年，朱祁镇在自己的宫殿里会见了一个特别的客人，正是这次会见解开了一直以来缠绕着朱祁镇的一个疑团，并最终将“还乡团”送上绝路。

这位特别的客人叫朱瞻墡，是朱祁镇的叔叔，他正是当年传言中要来京城接任皇位的人，也就是“还乡团”所说的于谦准备拥立的那个人。

为了打消朱祁镇心中的疑虑，以免有朝一日被不明不白地干掉，他特意来到京城说明情况。宾主双方举行了会谈，会谈在热情洋溢的气氛中举行，双方回顾了多年来的传统友谊，并就共同感兴趣的问题交换了意见，朱瞻墡重申了皇位是朱祁镇不可分割的财产，表示将来会坚定不移地主张这一原则。朱祁镇则高度评价了朱瞻墡所做的贡献，希望双方在各个方面有更进一步的合作。

会议结束了，朱瞻墡满意地走了，朱祁镇却愤怒了。

事实最终证明了于谦的清白，石亨等人不但飞扬跋扈，不把自己放在眼里，还借自己的手杀死了于谦，这个冤大头当得实在窝囊。

朱祁镇立刻跑去责问石亨，石亨哑口无言，只能把责任推给徐有贞，可是这些托词更让朱祁镇不满，他不再多言，拂袖而去。

在一旁静静观察的李贤这才惊奇地发现，石亨实在是“还乡团”中最蠢、最差劲的一个，和徐有贞相比，他的档次实在太低，对付这样的人，根本不用自己动手，他迟早会自取灭亡。

话虽如此，但李贤仍然不敢轻敌，因为在石亨的背后，还有一个曹吉祥。

这个世界上最为残酷的游戏就是政治游戏，因为在这场游戏中从来都没有亚军，亚军就是失败者，只有冠军才能生存下去。李贤明白，在保证能够完全击倒对手前，他必须忍耐，接受无数次考验，等待时机的到来。

可是朱祁镇却没有这样的耐心，有一次，他私下单独找到李贤，问了他一个问题：

“这些人（此辈）干预政事，搞得来报告事情的人不来找我，却先去找他们，该怎么办呢？”

李贤慌了，他知道，这位皇帝陛下的不满已经到达了顶点，想发泄一下，才问出了这个问题，可是自己却不能实话实说，因为时机还不成熟。

他想了一下，讲出了一个堪称绝妙的答案：

“陛下你自己看着办吧。”

有人可能会纳闷，这句话不是推卸责任吗，到底妙在何处呢？

要分析这句话，必须和问题联系起来，这句话绝就绝在一语双关，听起来好似是让皇帝自己看着办，实际上，它的意思是让皇帝看着“自己办”，收揽大权。

这样说话确实绕了太多弯子，有这个必要吗？

很有必要，因为李贤的高明之处恰恰就体现在此处。

李贤比徐有贞聪明得多，他之所以这样说话，是因为他知道，也许就在不远的地方，有一双耳朵正在倾听他们的谈话！他始终记得，自己的敌人绝不仅仅是没有大脑的石亨，还有一个管太监的曹吉祥。

朱祁镇若有所思地点了点头，停止了问话，他已经明白了李贤的意思。对于这几个“还乡团”成员，他已厌恶到了极点。但已经发生的事情还不足以让他最终下定决心，与“还乡团”决裂，直到翔凤楼上的那次简短的谈话。

这年冬天，朱祁镇带着恭顺侯吴瑾和几个大臣内监登上翔凤楼，登高望远，很是惬意，突然朱祁镇指着城区中心黄金地带的一座豪华别墅问吴瑾：

“你知道那是谁的房子吗？”

吴瑾不但知道这是谁的房子，还知道朱祁镇为什么要问这个问题。作为李贤的同道中人、于谦的同情者，他决定趁此机会下一剂猛药，让那些人彻底完蛋。

“那一定是王府（此必王府）！”吴瑾斩钉截铁地回答道。

在听到答案的瞬间，一丝杀意掠过朱祁镇的脸庞，他冷笑着说道：

“那不是王府，你猜错了。”

朱祁镇回头冷冷地看着那些跟随而来的大臣们，抛下了一句话，飘然而去：

“石亨居然强横到这个地步，竟没有人敢揭发他的奸恶！”

石亨，你的末日到了！

◆ 石亨的覆灭

对于皇帝的反感，石亨并不是没有感觉的，相应的，他也准备了自己的应对，埋伏在皇帝周围的大臣自不必说，他还特意安插了自己的侄子石彪镇守大同，自己则统帅京城驻军，只要一有动静，便可里应外合。这是个相当厉害的安排，进可攻，退可守，确实有水平。

阵势摆好了，朱祁镇你放马过来吧，看你敢动我一根手指头！

石亨太天真了，事实证明，朱祁镇确实解决了他——用一种他绝对想不到的方式。

在石亨看来，朱祁镇不过是个任他摆布的老实人，也正是因为这个原因，他才敢如此专横跋扈。现在他已经羽翼丰满，自然更没有什么可怕的。

事实似乎确实如石亨想象的那样，朱祁镇那边一点动静也没有。他委托自己最为信任的心腹锦衣卫指挥逯杲四处打探消息，得到的结果是宫内无事，天下太平。看来事情似乎就这么过去了，然而就在他洋洋自得的时候，却得知了一个令他震惊的消息。

石彪被抓了。

天顺三年（1459）八月，一直默不作声的朱祁镇突然发飙，将镇守大同的石彪逮捕下狱。这一举动大大出乎了石亨的预料，让他目瞪口呆。

石彪被抓，意味着自己的所有外援已经被切断，单凭现在手上这些人，别说造反，搞个游行示威都不够数。他这才意识到，眼前的这位皇帝已经不是当年那个忠厚老实的朱祁镇了，经过这么多年的历练，那个懵懂无知的年轻人已经成为久经考验的政治老手。

但后悔也太晚了，石亨打起精神，准备迎接朱祁镇的下一次冲击。

可是奇怪的事情又一次发生了，自石彪入狱后，朱祁镇又没有了动静。石亨搞不清楚对方到底想干什么，便上书表示自己对侄子犯罪负有领导责任，要求罢官辞职回家种田。

朱祁镇却和颜悦色地告诉他，你不用担心，你侄子的事情与你无关，放心大胆地过你的日子吧。

石亨相信了他的话，便不再坚持，放弃了辞职的打算，同时也放弃了他的最后一丝生存的希望。

真正的政治老手是不同于常人的，他们炒菜时从来不用大火爆炒，只用小火慢炖，打仗时从不中央突破，总是旁敲侧击。

从朱祁镇决定除掉石亨的那一天开始，他已经做好了充足的准备。为了掌握石亨的第一手资料，他策反了石亨身边的一个人，这个人正是锦衣卫指挥逯杲。

说起这位逯杲，也算是个奇人，锦衣卫出身，人送绰号“随风倒”，但凡风吹草动都逃不过他的眼睛，反应极其之快，北京保卫战有他，“夺门之变”有他，整徐有贞有他，现在对付石亨，他又毅然站在了第一线，着实让人佩服。

于是石亨的罪证通过逯杲源源不断地送到了朱祁镇的手中，而石亨得到的却只是每日平安无事的安慰。

在逯杲的帮助下，朱祁镇料理了石彪和石亨的其他部下，逐步完成了扫清外围的工作。现在石亨已经是孤家寡人了，可谓不堪一击。但出乎意料的是，在这关键时刻，朱祁镇却停住了进攻的脚步，迟迟不向石亨下手。

逯杲对此十分不解，他不明白，既然已经到了这个地步，为什么不干脆解决石亨呢？

但李贤却是明白的，朱祁镇这奇怪的举动早在他的预料之中。

李贤十分了解朱祁镇，这位皇上虽然历经政治风波，但归根到底还是个比较忠厚、念及旧情的人，他连拥立自己弟弟的于谦都不忍杀害，更何况是曾经有过夺门之功的石亨？

李贤很清楚，要想破解朱祁镇那最后的慈悲，只有一个方法，那就是揭开“夺门之变”的真相！只有这样，才能将这些“还乡团”彻底一网打尽！

于谦，属于你的公道，我一定会替你拿回来！

时机终于到了，他们已经走到了悬崖的边缘，很快就将坠入万丈深渊，永不超生。

参考消息　敲诈专家逯杲

逯杲这个人天生有生意头脑，擅长利用锦衣卫的优势敲诈勒索。他天亮就派校尉四处侦察情况，文武大臣、富家高门纷纷主动进献伎乐、财宝，破财消灾。凡是不肯主动贿赂的，都被逯杲找个理由定了罪。到京城朝觐的官员也一大半被捉去挨打，敲诈财物。往往一人入狱，相关联的几个大家族立刻破产，就连亲王、郡王们都没能幸免——弋阳王没有主动行贿，逯杲居然诬告他和母亲通奸，母子二人全部冤死。天下人无不闻之色变，以至于各地的奸诈之徒时常冒充校尉，横行不法，无所顾忌。

现在，只需要轻轻地一推。

◆ 最后致命的一击

“石亨已然如此了，可是他夺门有功，全部革去未免太过了吧！”

当李贤奉诏进宫议事，从朱祁镇口中听到这句话时，他立刻意识到，完成最后一击的时刻来到了。

他突然故作神秘地说道:“不瞒陛下，当初也曾有人劝我参与夺门，可是我拒绝了。”

“什么！”朱祁镇顿时大为意外，他马上厉声追问，“那你为何不参加呢？”

李贤不慌不忙地说道:“因为即使不夺门，皇位依然是陛下的（天位陛下固有），既然如此，又何必夺呢？”

朱祁镇糊涂了，这是什么意思？不夺门我又怎么会有今天的皇位呢？

他满腹狐疑地看着李贤，等待着他的答案。

其实从“夺门之变”发生的那一天起，李贤就已看穿了这场所谓的政变的真相。他很清楚，这其实只是一个投机者的骗局，但当时由于一个关键问题尚未解决，他无法给出确切的答案，现在时候到了。

因为解决那个关键问题的，就是朱祁镇与襄王的那一次会面。

正是在这次会面中，朱祁镇知道了所谓藩王进京继位是子虚乌有的事情。他十分生气，却没有意识“夺门之变”的伪装已因为这件事情的发生被彻底揭去，直到李贤为他解开这个谜团。

李贤带着狡黠的笑容说出了他的谜底：“陛下难道还不明白吗，如果景泰（朱祁钰）一病不起，陛下即使身处南宫，天下也必然为陛下所有啊！”

朱祁镇沉思良久，这才恍然大悟！

他终于知道了其中的奥妙。

如果诸位还不明白，那么就让我来解释一下这个谜团的开始和结束，下面探案开始。

开端就是徐有贞的那句“不杀于谦，此举无名”，如果细细分析，就会发现，这句话很不简单，徐有贞之所以能够得出这样的结论，是基于两个前提。

前提一：朱祁钰已经一病不起，可能很快就会驾崩，他也没有儿子，到时皇位必然空缺。(此为事实)

前提二：于谦准备拥立外地藩王进京继位。(此为徐有贞编造)

于是徐有贞就此得出了一个理所应当的结论：夺门有功，谋反无罪。

当年如果不是我们夺门，让你继承皇位，你还不知道在哪儿凉快呢！

当年的朱祁镇也是这样认为的，所以于谦才会被认定为反面典型，而“还乡团”却大受重用。

然而两年之后的李贤却用事实戳破了这个看似合理的逻辑陷阱。

前提一依然存在：朱祁钰没有儿子，死后皇位必然空缺。

但事情到这里发生了变化，因为前提二已经被事实驳倒了，那么一个最为关键的问题便浮出了水面——皇位到底会属于谁呢？

而当你列出所有的可能性后，就会发现，李贤的话是对的，天下非朱祁镇莫属！

首先由于朱祁钰没有儿子，他这一支已经不可能继承皇位，其次皇族的其他成员（如襄王）继位也已被证明是子虚乌有，那么就只剩下了两个可能性：

一、朱祁镇复位。这对于朱祁镇而言自然是最好的结局；

二、沂王朱见深继位，他是朱祁镇的儿子，原本就是名正言顺的皇太子，更为重要的是，他当年（1457）只有十岁，而维护朱祁镇的孙太后也还在世，所以皇位传给了朱见深，也就是给了朱祁镇。

谜团终于解开了，朱祁镇这才明白，这场所谓的“夺门之变”真正的受益者并不是他，而是那些“还乡团”。

李贤看见朱祁镇已经醒悟，便趁势又点了一把火：

“石亨那些人说是迎驾还勉强可以，怎么能说是夺门呢？！天下本就是陛下的，何必要夺！幸好事情成功了，万一有个三长两短，事情失败了，他们那几条烂命没了也就算了，可陛下怎么办呢（朱祁钰还活着呢）？

“如果景泰就此去世，陛下顺利继位，石亨等人便没有丝毫功劳，他们拿陛下冒险，只是为了自己的荣华富贵啊！”

夺门的真相

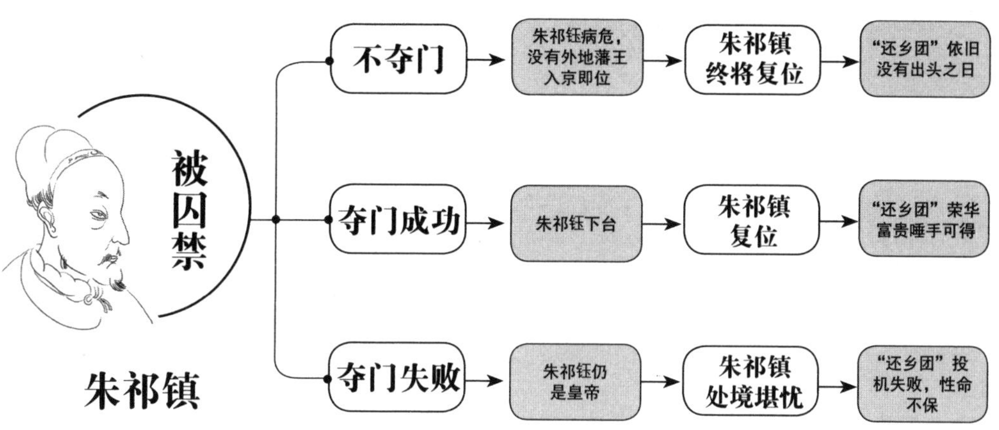

真正是岂有此理!

被忽悠了几年的朱祁镇顿时火冒三丈，他立刻召集群臣，下达诏令：今后但凡奏折一律不准出现“夺门”二字，违者严惩不贷！那些冒功领赏的人，趁早自己出来承认领罚，不要等我亲自动手！

石亨终于活到头了。

天顺四年(1460)正月，时值“夺门之变”四周年纪念日，石亨光荣入狱，一个月后凄惨地死于狱中。

可他在地府还没住满一个月，就在阎王那里见到了一个熟人——他的侄子石彪也于同月被押赴刑场斩决。

这位正统年间第一勇将就此结束了他的一生，从名将到奸臣，贪婪和私欲改变了他的人生轨迹，人各有志，无须多说，只是不知他黄泉之下，有何面目去见当年的亲密战友于谦。

所谓君子报仇，十年不晚。可李贤却似乎是一个热爱生命、珍惜时间的人，解决徐有贞和石亨，他只用了四年，现在他的猎物还剩下最后一个人：曹吉祥。

徐有贞足智多谋，石亨兵权在握，这两位仁兄都不是善类，与他们相比，曹吉祥实在算不上啥，要学历没学历，要武艺没武艺。现在“还乡团”的两位主力已经被罚下了场，只剩下了他。对李贤来说，解决这个硕果仅存的小丑应该是他计划中最为轻松的一步，可他没想到，这个不起眼的曹吉祥不但是最难对付的一个，还差点要了他的命。

◆ 曹吉祥的雄心壮志

石亨死了，曹吉祥慌了，这也难怪，不用细想，光掰指头算就能明白，下一个也该轮到他了。

在如此险峻的时刻，一般人考虑的应该是低调为人，苟且偷生，能混个自然死亡就谢天谢地了，可这位仁兄的思维却着实异于常人，他不但毫不退让，还积极要求进步，他还有着更高的精神追求——当皇帝。

曹吉祥有个养子叫曹钦，他和曹吉祥一样，有着远大的理想，并对此充满信心，但要真的动手，他还需要一样东西。为此，他私下找到自己的门客冯益，问了他一个意味深长的问题:

“自古以来，有宦官子弟当皇帝的吗？”

冯益心知不妙，但毕竟自己在人家里混饭吃，便顺口答了一句:

“曹操。”

对于这个答案，我们有必要说明两点，首先，这个答案不能算对，因为曹操先生是死后才被追认为皇帝的，其次，估计冯益也没有想到，为了这句话，他赔上了自己的老命。

找到了理论依据的曹钦大喜过望，他立刻在曹操的光辉形象指引下，大张旗鼓地干了起来。

书生造反，三年不成，而曹吉祥和曹钦用行动证明了自己文化有限，不是书生，他们二话不说，甩开膀子就准备造反了，昔日司礼太监王振预备几天，就敢出征打仗，而曹吉祥紧随其后，筹划一个多月就动手了。

曹吉祥和曹钦经过“仔细”筹划，制订了一个简便易行的计划（简单到只有一句话)：

曹钦带兵杀进宫，曹吉祥在内接应，杀掉朱祁镇，自己当皇帝。

以上，计划完毕。

制订人：曹吉祥、曹钦。

人才，真是高效率的人才啊。

虽然这是一个漏洞百出、不知所谓的计划，但曹钦敢造反，还是有一定资本的。

他的资本就是手下的鞑官。

所谓鞑官，就是投降的蒙古兵，从朱棣时代的朵颜三卫开始，蒙古官兵就已经成为明军中最精锐的部队，曹吉祥曾经镇守边关，深知这些蒙古兵好勇斗狠，便私下招募拉拢蒙古士兵，为自己效力。

实事求是地讲，曹钦手下的这些鞑官确实相当厉害，其战斗力要高于明军，可那也要看是由谁指挥，放在曹钦手里，也只能是风萧萧兮易水寒了。

但对曹钦有利的一点在于，宫内的驻军不多，而明代为防止武将造反，调兵手续十分复杂，身为主将，如无兵符，一兵一卒也难以调动。等到大军齐集，大事已定。所以，成功的真正关键在于时间。

只要能够在城外驻军调动之前攻入宫城，抓住朱祁镇，胜利就必定属于我！

一切就绪后，曹钦开始了他造反前的最后一项准备工作：选定造反日期。

选一个黄道吉日谋反，是古往今来所有阴谋家的必备工作，曹钦也不例外，而他在这个问题上还表现出了一定的科学精神，曹钦并没有迷信皇历，而是抱着实事求是的态度去询问他的同党——掌管钦天监的天文学家、专业人士汤序。

汤序接受了这个任务，他仰头望天，认真观察许久，然后面目严肃地告诉了曹钦那个起兵的黄道吉日。

天顺五年（1461）七月庚子日，大吉，利动刀兵。

曹钦千恩万谢地走了，他相信这一天是起兵的最好时机，因为他相信“科学”。

如果他知道汤序为他挑的这个日子到底多“好”的话，只怕他在造反时做的第一件事就是拿刀砍死这位仁兄。

◆ 混乱的夜晚

庚子日，夜。

曹钦在自己的家中设宴招待即将参与谋反的鞑官们，在宴会上，他十分兴奋，对所有的人封官许愿，希望在座人等努力放火，认真砍人，造反成功，前途无量！

曹钦造反前请客并不仅仅是请这些人吃一顿，他还有更深的目的。因为这些所谓的鞑官都是为钱卖命的雇佣军，他们能够背叛自己的国家为大明效力，谁能保证他们不会为了更多的钱出卖自己呢？

所以他虽谈笑风生，同时却用警惕的眼睛盯着在座的人，并嘱咐亲信看好大门，谨防人员出入。

曹钦思虑确实十分周密，但随着酒宴的进行，会场气氛活跃起来，他也开始有些麻痹，然而，就在此时，一个早有准备的人趁机溜了出去。

这个人的名字叫做马亮，平日并不起眼，曹钦只知道他是蒙古人，却不知道他有一个叫吴瑾的朋友。

马亮溜出来后，一路狂奔，直奔吴瑾所住的朝房。此时已经是夜晚二更，吴瑾被上气不接下气的马亮吵醒，闻听此事，顿时大惊失色。

可是吴瑾惊慌之后，才发现自己也是无能为力，因为他此刻孤身一人，手头无兵。情急之下，他突然想起还有一个人也住在朝房，便立刻起身去找这个人。

此人就是十二年前北京保卫战中那个“力战不支，欲入城”的孙镗。

他即将成为这个夜晚的主角。

吴瑾实在应该感到庆幸，因为事实证明，在这个混乱的夜里，正是这位孙镗起到了最为关键的作用。奇怪的是，孙镗平日并不住在朝房里，可为什么偏偏在这个夜晚，他会待在这个地方呢？

事情就有这么巧，原来就在一天前，朱祁镇召见孙镗，命令他第二天领军西征，孙镗收拾妥当，今夜本应该在家休息，可偏偏他身体不适，为了方便第二天出征，便睡在了朝房里。

估计这种情况几年也难得遇见一次，可是那位伟大的天文学家汤序经过仔细研究，偏偏就挑中了这一天，找了这么个蹩脚的家伙当同党，曹钦的水准也着实让人汗颜。

孙镗从吴瑾口中得知了正在发生的一切，当即做出了决定：立刻报告朱祁镇。

可是此刻已是深夜，皇帝也已经下班回家睡觉了，而皇宫的门直到白天上朝才能开启，所以当两人赶到紧闭的长安门时，他们只剩下了一种选择——急变。

所谓急变，是明代宫廷在最为紧急的情况下使用的联系方法，一旦有十万火急的事情发生，必须在夜间惊动皇帝时，上奏人应立即将紧急情况写成文书，由长安门的门缝中塞入。而守门人则应在接到文书的第一时刻送皇帝亲阅，不得有任何延误，否则格杀勿论！

可这一次出现了意外，孙镗和吴瑾在长安门外急得团团转，却始终没有把文书投进去。

因为这二位仁兄事到临头，才发现他们面临着一个十分棘手的问题。

吴瑾摊开纸笔准备写上奏，却迟迟不动手，只是眼巴巴地看着孙镗，原因很简单——他认字不多，写不出来。

孙镗被他盯得浑身不自在，禁不住吼道："你看我做甚？我要是写得出来，还用得着干武将这行？"

于是，这两个职业文盲围着那张白纸抓耳挠腮，上蹦下跳，却无从下笔。眼看时间一分一秒过去，情急之下，他们也顾不得什么文书格式、问安礼仪，便大笔一挥，写下了中国历史上最短的一篇奏折，只有六个大字：

曹钦反！曹钦反！

这二位也是真没办法了，如此看来，普及义务教育实在是一件功德无量的好事。

这封上奏立刻被送呈给了朱祁镇，危机之中，这位皇帝表现得很镇定，他当机立断，下令关闭各大城门，严防死守，并立刻逮捕了尚在宫中的曹吉祥。

这项重要工作完成了，但吴瑾和孙镗明白，真正的战斗才刚刚开始。在这个惊心动魄的夜里，他们两个人都将面临生死存亡的考验。

要知道，曹钦虽然兵力不多，但对付皇宫守军仍绰绰有余，如果在天亮援军尚未到来之前，谋反者已然攻破皇宫，那一切就全完了。面对着前途未卜的茫茫黑夜，吴瑾和孙镗没有选择退缩，虽然他们都是孤身一人，却毅然决定承担起平叛的重任。

两人决定各自去寻找援兵，平定叛乱，稳定局势。商讨完毕后，他们就此分别，并约定来日再见。

可是谁也没有想到，长安门前一别，他们再也未能见面。

当吴瑾和孙镗在宫外四处乱窜的时候，喝得头晕眼花的曹钦终于发现了一个严重的问题：

"马亮去了哪里？"

深更半夜，谋反前夕，他又能去哪里呢？一个清晰的结论立刻浮现在他的脑海里：计划已经泄漏了。

事情到了这个地步，不反也活不成了。瞬息之间，曹钦做出了决断：

反了！不是鱼死就是网破！

曹钦带着他的雇佣军们出发了，曹氏之乱正式拉开序幕。

然而，也正是从这一刻起，曹钦开始了他让人难以理解、不可思议的表演。

根据原先的计划，他们的目的地应该是皇宫，可是曹钦却擅自改变了方向，他要先去杀一个人。

这个人就是锦衣卫指挥逯杲，他也是曹钦最为痛恨的人。逯杲原先曾经是曹钦的朋友，但后来因为"还乡团"失势，逯杲翻脸不认人，成了曹家的敌人，所以曹钦第一个就准备干掉他。

此刻，消息灵通的逯杲已经收到风声，正准备出门跑路，却恰好撞到赶过来的叛军，曹钦二话不说，当头就是一刀，砍掉了逯杲的脑袋。

与此同时，曹钦还派出另一路叛军进攻东朝房，因为在那里有着另一个重要人物——李贤。

李贤正在朝房里睡大觉，突然听见外面人声鼎沸，心知不妙，准备起身逃跑，却被一拥而入的叛军堵了个正着。

叛军也不跟他讲客气，挥刀就砍，李贤躲闪不及被砍伤了背部，而其他叛军也纷纷拔出刀剑，准备把李贤砍成肉酱。

如无意外情况，李贤同志为国捐躯的名分应该是拿定了，可在这关键时刻，一声大喝救了他的性命：

“住手！”

李贤想不到的是，喊出这一声的人竟然是曹钦。

曹钦刚刚从逯杲家回来，他喝住众人，一手拿着血刀，一手提着逯杲的人头，走到李贤的面前，笑着说道：

“李学士（李贤是内阁学士），有劳你了，帮我一个忙吧。”

这是令人毛骨悚然的一幕，手持人头、身上沾满鲜血的曹钦对眼前的猎物展开笑容，从他后来的行为看，由于原定计划的泄漏，此时的曹钦似乎已经有些不知所措，行为失常。

李贤终于迎来了他一生中最为危险的时刻，几年来，他历经风雨，披荆斩棘，除掉了一个又一个的对手，却没有想到，这最后的敌人竟然会狗急跳墙，拼死一搏。现在他已经身负刀伤，还成为了对方手中的玩偶。更要命的是，他面对着的是一个不太正常的人。

慌张是没有用的，镇定下来，一定有解决的办法！

李贤恢复了他泰然自若的神情，他强忍住伤口的疼痛，叹息一声，说道：

“事情怎么会到这个地步啊。”

曹钦用一种十分形象的方式回答了他的问题，他把逯杲那血淋淋的头提到李贤的眼前，一字一句地说道：

“是这个人逼我的（杲激我也）！”

李贤强压心中的恐惧，深吸了一口气：

“需要我做什么吗？”

曹钦笑了，他突然上前一步，抓住了李贤的手：

“事情到了这个地步，不是我的原意，请先生帮我代写一封解释的奏折呈交给皇上吧。”

李贤万没想到，这位仁兄提出的竟然是如此的一个要求，可这位仁兄如此凶神恶煞，没准写完后等着自己的就是鬼头刀，为了争取时间，他故作为难地说道：

“我写是可以的，但此地没有纸笔啊。”

曹钦的脸上又一次浮现出了诡异的笑容，他指向了门外正吓得哆嗦的一个人：

“不要紧，他有。”

那位被叛军抓住的第二个人质，就是李贤的死党——吏部尚书王翱。

与此同时，分头行动的吴瑾和孙镗正在黑夜中寻求支援，但情况却让他们大失所望，长安门外住着很多文武百官，此刻听见动静，却没人出头，看来该出手时就出手在某些时候只是梁山强盗的行为准则。

吴瑾没有办法，只好回家找来自己的堂兄吴琮和几个家丁，向东安门方向奔去，他深通兵法，知道曹钦今夜必反无疑，而叛军要想抓住皇帝，控制局势，进攻的目标必然是内城的城门，所以他准备去那个方向打探动静。

可他这一去就没能再回来。

而另一边的孙镗也是一头雾水，他四处寻找没有结果，情急之下，竟然摸到了太平侯张瑾的家里，要求他带领家丁帮助作战。

张瑾是一位武将，家里养着很多的家丁，如果他能站出来，确是不错的办法，可孙镗在这个时候去找这位仁兄，只能说他是晕了头了。

因为这位张瑾就是“还乡团”成员张軏的儿子！

虽然张軏在夺门后不久就死掉了，但他的儿子却还没有打倒自己老子的觉悟，所以对跑上门的孙镗置之不理，孙镗也只好无奈离去。

有人可能会注意到这样一件奇怪的事情：孙镗不是准备带兵出征吗，为什么不去调那些兵呢？

孙镗当然不是白痴，明明有兵还要到处跑，真正的原因在于那些兵只有等到他第二天拿到兵符，奉命出征后才能调得动！

但现在已经没有办法了，帮手找不到，城外驻军也指望不着，眼看就要陷入绝境，孙镗突然灵机一动，想出了一个办法。

此刻，李贤和王翱已经在曹钦的威逼下写好了请罪奏折，并塞入了宫门，他们曾以为曹钦准备就此罢手，却万万没有料到此时的曹钦已经完全失去了控制。

看见那封文书被塞进了门里，曹钦长出了一口气，似乎事情已经了结，但转瞬之间，他改变了主意，突然厉声喝道:

“众军集结，即刻攻击长安门！”

这是一道让后人百思不得其解的命令，曹钦的叛乱计划已经被揭破，相信他自己也知道，这封请罪文书糊弄不了朱祁镇，骗不开城门，而且老兄你都请罪了，干吗还要打呢？

无论如何，他还是动手了，可他手下的鞑官虽然勇猛，却一直无法打败长安门的守军。为了打破这个僵局，曹钦放火烧城门，可守军也早有准备，他们用砖头塞住城门，还兼具了防火功能。曹钦在门前急得转了几圈，反复调兵攻打，就是进不去。

曹钦彻底失去了控制，他突然丢下了鞑官，自己一个人跑回来找李贤和王翱。

这两位仁兄奉命写完了文书，心里正七上八下，突然看见曹钦风风火火地提着刀跑了进来。

李贤心知不妙，当即站了起来，大声对曹钦喊道：

“你想干什么？！”

曹钦也不说话，用他的行动回答了这个问题——他举起了带血的钢刀。

到了这个份儿上，也没办法了。

可是李贤等了很久，才发现这一刀始终没有砍下来。

曹钦先生似乎突然改变了主意，他恶狠狠地告诉李贤小心点，然后又急匆匆地走了。

被吓出一身汗的李贤和王翱这才松了一口气，落到这么个精神不正常的家伙手里，他们也只有认命了。

就在几乎同一时刻，孙镗带着自己的两个儿子来到了军营驻地。面对巡哨，他没有亮出兵符，却运足中气，气沉丹田，大呼一声:

“刑部大牢有人逃跑了！大家快去抓啊，抓住了有重赏！”(最后这句话很重要)

正在睡觉的士兵被他喊醒，许多人都不予理会，但有些士兵却闻声而起，抄起家伙就跟着孙镗走了（赚钱的机会怎能放过）。后经统计，孙镗这一嗓子喊来了两千人，正是这两千人最终稳定了局势，平定了叛乱。

孙镗带着两千位想发财的志愿者来到长安门附近，这才说出了他的真正目的：

“你们看见长安门的火光了吗，那是曹钦在造反！大家要奋力杀敌，必有重赏！”

原本想来砍囚犯的士兵们这才知道自己上了当，但既然来了也不能空着手回去，叛军也是人，打谁不是打啊，反正有钱拿就行。于是大家纷纷卷起袖子憋足力气，向长安门冲去。

然而当孙镗到达长安门时，才发现曹钦等人已经撤走，他立刻列队，随着叛军的踪迹追击而去。

原来曹钦眼看长安门无法攻下，天却已经快亮了，于是他决定立刻改变方向，进攻东安门。

然而在行军的路上，他遇见了另一个往东安门赶的人——吴瑾。

大家都携带武器，杀气腾腾，不用自我介绍也知道是来干什么的，于是二话不说，开始对打。此时吴瑾身边只有五六个人，根本不是叛军的对手，但他毫无惧意，与叛军拼死相搏，力尽而亡。

这位于谦的昔日战友最终死在了“还乡团”覆灭的前夕，他没有能够看到最后的胜利。

曹钦杀掉了吴瑾，带领着叛军到达了东安门，开始了新一轮攻击行动，和长安门一样，他这次又用上了火攻，烧毁了东安城门。

曹钦原本以为东安门易攻，这才绕了个大圈跑过来，可他实在没有想到，实际情况恰恰相反。

东安门的守将没有用砖头塞门，却想了一个更绝的方法。曹钦在外面放火，他也没闲着，自己竟然找来木头，在里面又放了一把火！这样一来火势越来越大，形成了一片火海，别说叛军了，兔子也钻不进来。

曹钦又一次陷入困境，正在此时，尾随而来的孙镗赶到了，看见这群深更半夜还在开篝火晚会的仁兄们，他立刻趁势发动了进攻。

按说到了这个地步，这场叛乱应该很快就能够结束，可曹钦手下的鞑官的战斗力实在让孙镗大吃了一惊，这些蒙古人在山穷水尽之际仍然十分勇猛，虽然人少却能以一当十，孙镗仗着人多，曹钦仗着人猛，战斗从东安门一直打到长安门，从凌晨打到了中午，打打停停，停停打打，一直没断过。

这是奇怪的一天，大臣们早就得到了消息，躲在了家里不去上朝，老百姓也不上街溜达，都待在家里打开窗户看街上的这场热闹。

最苦的是曹钦，他已经没有出路了，为了突出重围，他集中了一百多骑兵，向着包围圈发动了最后的冲锋。

可是曹钦的这点把戏在久经战阵的孙镗面前实在太小儿科了，他立刻安排了大批弓箭手站在队伍前列，对纵马冲锋者一律射杀，双方又一次陷入僵局。

这场让人哭笑不得的造反行动已经持续了十二个小时了，搞成现在这个样子，是曹钦万万没有想到的。而随着时间的推移，曹钦发现鞑官们的战斗力越来越弱，这也难怪，毕竟造反也算是体力活，鞑官们为造反已误了中午的正餐，这么闹下去谁能受得了？

万般无奈之下，曹钦逃回了自己的家，跟随而来的孙镗随即领兵包围了曹家，发动了总攻击。眼见大势已去，曹钦投井自尽，结束了他的一生。可攻进曹家的官兵们似乎还没过瘾，顺带着把曹家上下不论大小杀了个一干二净（估计是因为带走了不少东西，顺便灭个口）。

这就是权倾一时的曹家最终的下场。

最后补充几个人的处理结果：当夜，朱祁镇在午门召开大会，宣布判处曹吉祥死刑（注：凌迟处死），与他一同被处决的还有在曹家混饭吃的冯益（多说了一句话）、业务不精的天文学家汤序（其实我认为他应该算是有功之臣）。

至此，经过历时五年、惊心动魄的激烈斗争，“还乡团”的成员们全军覆没，正义最终得到了伸张。

“于谦，公道还是存在于世上的啊！”

在那个星光灿烂的夜晚，李贤露出了笑容。

李贤，立朝三十余年，虽历经坎坷，却能百折不挠不改其志，终成大业。官至少保、吏部尚书、华盖殿大学士，成化二年（1466）病逝，名留青史。

李贤的忍与谋

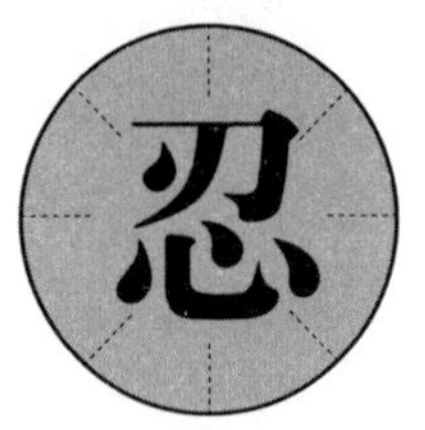

李贤

潜伏到“还乡团”周围

①实力悬殊的时候不动声色

于谦被冤杀后，没有公开反对，而是和徐有贞、石亨等人交好，甚至让他们产生“自己人”的错觉

②矛盾出现的时候各个击破

“还乡团”内部分裂后，先利用徐有贞反对石亨，又不失时机地揭露“夺门之变”的真相，逼使朱祁镇翻脸

成功为于谦讨回公道

史赞：

伟哉！宰相才也！

李贤的故事已告一段落，但其身后事却更为精彩。话说这位学士大人招了一个叫程敏政的女婿，而在他去世三十四年后，他的女婿主持了一次科考，别出心裁出了一道考题，难倒了几乎全天下所有的应试举人，在那一年，只有两个人答出了这道题。

可是具有讽刺意味的是，这两个答出了考题的人不但没有飞黄腾达，反而彻底改变了自己的命运，在历史上留下了截然不同的痕迹。而在那两个人中，有一个叫做唐寅，我们通常称其为唐伯虎。

第十六章

不伦之恋

○对于朱见深而言　万贵妃是他的妻子　是这个世界上最善良　最可信的人　但可惜他不知道　这位万贵妃还有另外一副隐藏的面孔

◆ 朱祁镇的遗愿

经历了无数的刀光剑影，权谋争斗，朱祁镇终于迎来了安宁稳定的生活。就在这片宁静中，他走向了自己人生的终点。

天顺八年（1464），朱祁镇三十八岁，应该说这是个并不算大的年龄，但此时的朱祁镇已经身患重疾，奄奄一息。大漠的烽烟、宫廷的争斗，耗尽了他所有的精力，现在的他唯一能做的就是静静地等待，等待着死亡的到来。

这位皇帝的一生并不算光彩，他宠信过奸邪小人，打过败仗，当过俘虏，做过囚犯，杀过忠臣，要说他是好皇帝，真是鬼都不信。

但他是一个好人。

他几乎信任了在他身边的每一个人，从王振到徐有贞，再到石亨、李贤，无论这些人是忠是奸，不管在什么样的环境下，他都能够和善待人，镇定自若，抢劫的蒙古兵、看守、伯颜帖木儿、阮浪，最后都成为了他的朋友。

可是事实证明，好人是做不了好皇帝的。

这年正月，朱祁镇在病榻之上，召见了他的儿子、

兄弟间的政权更迭

正统年间（1436-1449）
朱祁镇
即位——太皇太后死——土木之变
1435
1442
1449
北京保卫战
1449
景泰年间（1450—1457）
朱祁钰
朱祁镇返京——改立太子——复储之议
1450
1452
1454
“夺门之变”
1457
天顺年间（1457—1464）
朱祁镇
徐有贞下狱——石亨事发——曹吉祥造反
1457
1459
1461

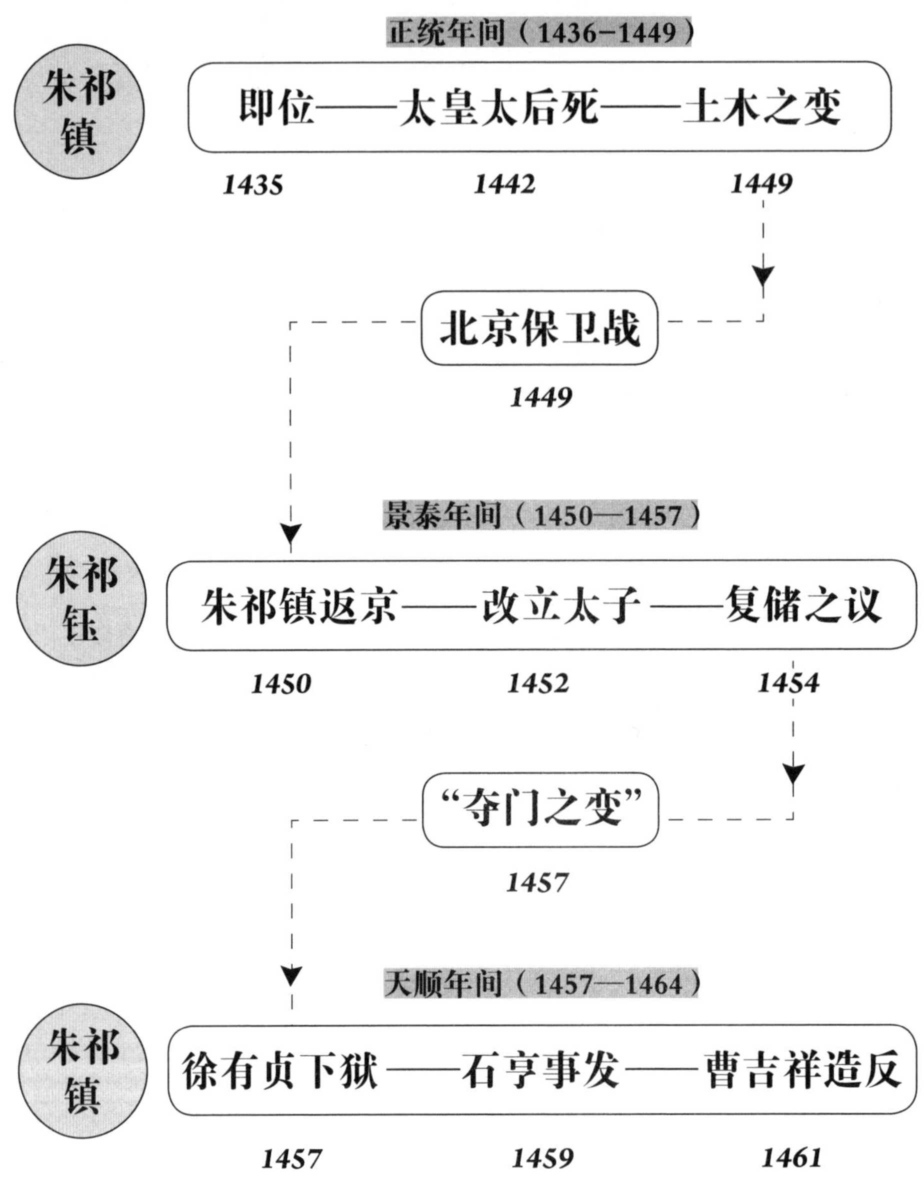

同样饱经风波的朱见深，将帝国的重任交给了他。

然后，这位即将离世的皇帝思虑良久，对朱见深说出了他最后的遗愿，正是这个遗愿，给他的人生添加了最为亮丽的一抹颜色:

“自高皇帝以来，但逢帝崩，总要后宫多人殉葬，我不忍心这样做。我死后不要殉葬，你要记住，今后也不能再有这样的事情！”

“我一定会照办的。”

跪在床前的朱见深郑重地许下了他的允诺。

自朱元璋起，明朝皇帝制定了一项极为残酷的规定，每逢皇帝去世，后宫都要找人殉葬。朱重八和朱老四自不必说，连老实巴交的朱高炽、宽厚仁道的朱瞻基也没有例外，现在这一毫无人性的制度终于被这位历史上有名的差劲皇帝废除了，不能不说是一种讽刺。

朱元璋统一天下，建立帝国，留名青史；朱棣横扫残元，纵横大漠，威名留存至今，他们都是我们今天口中津津乐道的传奇。他们的功绩将永远为人们牢记。

但在他们丰功伟绩的背后。是无数战场上的白骨，家中哀嚎的寡妇和幼子，还有深宫中不为人知的哭泣，一帝功成，何止万骨枯！

朱祁镇最终做成了他的先辈们没有做的事情，这并不是偶然的。他没有他的先辈们有名，也没有他们那么伟大的成就，但朱祁镇有一种他的先辈们所不具备（或不愿意具备）的能力——理解别人的痛苦。

自古以来，皇帝们一直很少去理解那些所谓草民的生存环境，只要这些人不起来造反，别的问题似乎都是可以忽略的，更不要说什么悲欢离合，阴晴圆缺。

但朱祁镇做到了，至少在废除殉葬这件事情上，他理解了后宫那些无辜者的痛苦。八年前，他从一个作威作福的皇帝变成了俘虏，之后又成为囚犯，从衣来伸手、饭来张口到衣食不继、相拥取暖，这一惨痛的经历让他深刻地了解了身处困境、寄人篱下的悲哀，也知道了身为弱者要生存下去有多么的艰难。

所以在生命的最后一刻，他决定违背祖制，去解救那些无辜的人。

应该承认，这是一个勇敢而伟大的行为。

在这个世界上，任何人都没有无故去夺取别人生命和尊严的权力。

虽然他一生中干过很多蠢事、错事，但在我看来，他比那些雄才伟略的帝王们更像一个“人”。

我们可以用一句话来评价朱祁镇的一生:

他是一个好人，却不是个好皇帝。

天顺八年正月，明英宗朱祁镇结束了他传奇的一生，终年三十八岁。太子朱见深继位，一个让人哭笑不得的朝代就此拉开序幕。

◆ 明宪宗朱见深

曾经有一个朋友让我帮他解决一个难题：他和他的女友关系很好，但是由于他的女友比他大两岁，家里人反对，他拿不定主意，想问问我的意见。

我想了一下，给他讲了一个故事，朱见深的故事。

◆ 悲惨的童年

一般说来，皇帝的童年或许不会快乐，却绝不会悲惨，明代皇帝也是如此，当然了，首任创业者朱重八同志例外。

但朱见深先生的童年似乎可以用这个词来形容，客观地讲，这位仁兄确实受尽了累，吃够了苦，虽然他后来终于成功继位，当上了皇帝，但如果你研究过他的发展史，相信你也会由衷地说一句:

兄弟，你实在不容易啊!

正统十二年，朱见深出生了，他是皇位未来的继承者，用今天的话说，他是含着金钥匙出生的，可是没有人会想到，仅仅两年之后，他的人生悲剧就将开始。

正统十四年，父亲朱祁镇带兵出征，却成了肉包子打狗——一去不回。在大明王朝的最关键时刻，朱见深毛遂他荐，被挺而出，在牙还没长全的情况下被光荣任命为皇太子，时年两岁。

两岁的朱见深自然不会知道，他之所以在这个时候被立为皇太子，有着极为复杂的政治背景。

当时，朱祁镇战败被俘，朱祁钰即将顶替他哥哥的位置。老谋深算的孙太后早已料到这个弟弟是不会就此罢手的，为防止皇位旁落，她急忙拥立朱见深为太子，并以此作为支持朱祁钰登基的交换条件。

虽然孙太后成功地将朱见深立为太子，但她深知深宫之中，人心险恶，保不准朱祁钰先生什么时候来一个斩草除根之类的把戏，而她自己也不可能时刻与宝贝孙子在一起。为确保安全，她做出了一个决定：派出自己的一个亲信去保护朱见深。

她做梦也不会想到，正是这个不经意的决定，改变了朱见深的一生。

她派出的亲信是一个姓万的宫女，从此这位宫女开始无微不至地照料幼童朱见深。

那一年，她十九岁，他两岁。

事实证明，孙太后的政治感觉是很准确的，朱祁钰坐稳皇位之后，丝毫没有归还的意思，不但自己追求连任，还想让自己的儿子也能连任。于是在景泰三年，他买通了大臣，废除了朱见深的太子地位，改立自己的儿子朱见济为太子。对于这一变动，孙太后虽然极不服气，却也无可奈何。

这些政治人物为了自己的利益争来斗去，却没有人意识到，他们的举动，已经为一场悲剧拉开了序幕。

此时已经五岁的朱见深自然不知道大人们的事情，他每日只是在深宫中闲逛。由于他身处险境，且地位不稳，大家都认为他被废掉是迟早的事情，所以没有多少人愿意接近这位所谓的皇太子，对他十分冷淡。

从两岁时起，孤独和寂寞就不断缠绕着这个幼童。对他而言，童年是灰暗色的。而在这灰暗的生活中，唯一可以给他带来安慰的就是那位万姑姑。

无论周围的人对他如何冷淡，也无论人们如何排斥他，不陪他玩耍，这位万姑姑却总是一直陪伴着他，安慰着他，照料他的生活。虽然他的母亲周贵妃也常常来探望他，但宫中到处都是朱祁钰的耳目，为了不惹麻烦，每次总是来去匆匆。在他那幼小的心灵中，这个日夜守候在他身边的人才是他可信赖的依靠。

就这样，朱见深和他的万姑姑相依为命，过着这种冷清而又平静的生活，可有一天，这种生活被打破了，一群人突然闯进了朱见深的宫殿，气势汹汹地对他说，你不可以再用太子的称谓，从此以后，你的称呼是沂王。

然后这些人告诉他，沂王是没有权利继续住在这里的，你要马上滚出宫去，因为你的堂兄朱见济将很快搬进来，成为这里的主人，新的太子。

接下来要处理的就是原任太子、现任沂王身边太监宫女的下岗分流遣散问题。而从使用价值方面来讲,废太子还不如废旧轮胎。这是因为废旧轮胎还能回收利用，而根据历史经验，废太子往往会一废到底，永久报废。

人们很早就知道这个道理，所以这种时刻经常出现的景象就是树倒猢狲散，身边的人纷纷收拾行李，离开朱见深，另寻光明的前途。

面对着这一突变，那位姓万的宫女的表现却异于常人，她没有说话，只是默默地看着那些离去的人，默默地为朱见深准备着出宫的行装。

五岁的朱见深并不清楚到底发生了什么事，他只知道他很快就要搬出这里，而那些熟悉的面孔也即将离他而去，在他的脑海中没有答案，只有疑惑和忧虑:

“你也会走吗？”

“不会的，我会一直在你身边陪伴着你。”

这句话，她最终做到了。

景泰三年，朱见深被废为沂王，搬出宫外。

参考消息 **怀献太子朱见济**

怀献太子朱见济，生母是不被史家承认的杭皇后，景泰三年被封为太子，景泰四年就去世了，以至于朝鲜王贺立太子的使节还没回去，悼太子的使节就又出发了。怀献太子去世之说众说纷纭，民间长期流传着各种版本：有说是骤病而死的，也有说是被忠于英宗者暗杀的。景帝本就只有一子一女，莫名其妙地死了一个，英宗复辟后又被关了一个，而且一直被关到英宗驾崩后，宪宗即位，才得以以公主的规制嫁了人。

这一年，她二十二岁，他五岁。

朱见深的沂王生活开始了，事实证明，这是他人生中最为黑暗的一个时期。虽然他的父亲已经从蒙古载誉归来，但立刻又被委以囚犯的重任，关进南宫努力工作，由于事务繁忙，无法与他见面。而由于他已经搬出了宫外，他的母亲周贵妃也无法出宫来看他。此外，他身边布满了朱祁钰的手下，无时无刻不在监视着他的举动，如果被人抓住把柄，没准就要从废太子更进一步，变成童年早逝的废太子。

五岁的朱见深，没有父母的照料和宠爱，没有老师的耐心教导，身处不测之地，过着今日不知明日事的生活，他随时都可能被拉出去砍掉脑袋，或者在某一次用餐之后突然食物中毒，暴病不治而亡。对他而言，每一天都可能是生命的终点，每一天都是痛苦的挣扎，而这样的生活持续了整整五年。

在这让人绝望的环境中，只有她始终守在他的身边，照顾他，安慰他，无论遇到什么困难，也从未动摇过。

对朱见深而言，这个人已经成为了他的母亲，他的朋友，他的依靠，是他不可分离的一部分。在那黑暗的日子里，这个人支撑着他，和他一起熬过了最困难的时刻。

五年后（1457），朱见深的父亲又一次得到了皇位，他的苦日子终于熬到了头，风水轮流转，他又一次搬回了宫中，恢复了太子的身份。自然，她仍陪伴在他的身边。

这一年，她二十七岁，他十岁。

在担任东宫太子的日子里，日渐成熟的朱见深逐渐对这位大他十七岁的女人产生了微妙的感情，相信就在这段时间之内，他们的关系发生了特殊的变化。

对于这些情况，他的父亲朱祁镇和母亲周贵妃都有所察觉，但他们并没有阻止，而是为朱见深挑选了三个女子作为皇后的候选人，等待他登基之后挑选册封。因为他们相信，这个姓万的宫女绝不可能成为皇后，等到朱见深长大懂事后，自然会离开她的。

天顺八年，朱祁镇病死，朱见深继位，从此这位万宫女正式成为了皇帝的妃子。

这一年，她三十五岁，他十八岁。

◆ 皇后又如何！

虽然明代的宫廷政治十分复杂，王公贵族、文臣武将个个粉墨登场，卷起袖子你来我往，斗得不亦乐乎，不过在我看来，要论斗争水平，后宫的诸位佳丽们也层次甚高，顾盼一笑，举手投足之间，足以致人死命，可谓巾帼不让须眉。

对于这个问题，其实很早以前，亲爱的花木兰同志就曾经教导过我们：

谁说女子不如男！

太子朱见深成了皇帝，万宫女也变成了万妃，大致可以算是功德圆满。此时的万妃历经风波，已经年近不惑之年，但让众人惊异的是，这个女人竟然得到了皇帝朱见深的大部分宠爱，很多人都不理解。

而这一情况的出现，对后宫那些正值妙龄的女子们来说就不仅仅是一个理解的问题了，她们十分愤怒，也很不服气：这样的一个女人凭什么得到专宠？

在那些不服气的女人中，级别最高的是皇后吴氏。

要说这位吴小姐，那可是大大的有来头、有背景。想当初竞选皇后的时候，评委（朱祁镇）最先定的是一位王小姐，可是这位吴小姐凭着自己家出身官宦，而且交际甚广，竟然找人搞定了评委，搞了暗箱操作，把王小姐挤了下去，最终当上了皇后。

要知道，皇后的人选是朱祁镇亲自定的，那这位吴小姐到底有什么神通，能够改变朱祁镇的决定呢？

这是因为她认识一个十分厉害的人——牛玉。

关于这个人我们不用介绍太多，只用说两点就够了：一、他是朱祁镇的亲信太监；二、朱祁镇临死前召见了两个人，一个是朱见深，另一个就是他。

有这样的一个人关照，吴小姐当上皇后自然不在话下，实在不用搞什么潜规则。

有这样的后台和关系网，年轻貌美的吴小姐自然不把三十五岁的万阿姨放在眼里，她绝对无法忍受自己被朱见深冷落，于是她想了一个办法去整治万阿姨。

可是不幸的是，事实证明，这不是一个好的方法。

可能毕竟是太年轻了，吴小姐丝毫不考虑后果，竟然直接找到万阿姨，把她拉回来打了一顿板子。

这个方法可以用四个字来形容：简单粗暴。当然了，她打这顿板子还是有理论基础的，她到底是皇后，所以对此美其名曰——整顿后宫纪律。这一顿板子打得万阿姨差点丢了命，也帮很多后宫的妃子出了一口气。风头甚猛。

据说最猛的风是十二级的暴风，这位吴小姐的举动也真可谓是暴风骤雨，但事实证明，在历史中，最猛烈的风不是暴风，而是枕头风。

万妃挨了打，回去就向朱见深告了状。在这场争斗中，吴皇后靠的是家世和身份，而万妃靠的是宠信，那么结果如何呢？

自然是万妃赢了。(还是皇帝说了算)

朱见深听说万妃被打之后，十分生气，当即做出了处理。

他废掉了吴小姐的皇后名分，而此时她刚当皇后一个月。除此之外，吴小姐的父亲也被免官充军，而吴家的老朋友牛玉也被牵连在内，这位原先的司礼监竟然被发配去孝陵种菜，做了菜农。

更让人难以置信的是，那位曾挺身而出平定叛乱的孙镗也被免了职，原因竟然是据说他和牛玉有亲戚关系。

皇后只干了一个月就被废掉，这可谓是前所未闻，而且此事竟然牵涉进去那么多无关的人，影响实在太坏。内阁成员李贤、彭时向朱见深进言，希望皇帝能够三思，收回成命。

朱见深只是笑了笑，没有回答，也没有解释，只是一如既往地宠爱万妃。

一年后（成化二年），万妃迎来了她人生的转折点，这一年正月，她为朱见深生下了一个儿子。朱见深闻讯大喜过望，立刻封她为贵妃，还为此去宗社祭天，感谢祖宗保佑。

如无意外，万贵妃的这个儿子必定会成为将来帝国的继承者，可是遗憾的是，这一幕最终并没有出现。

第二年，这位皇子就患病夭折了，而这一年万贵妃已经三十八岁，她几乎不可能再生育儿女了。

这一事件严重地打击了朱见深，却并没有影响到朱见深对万贵妃的喜爱。此时的朱见深年仅二十一岁，正是少年风流的时候，可他却一反常态，日夜守在这个大龄女人的身边，似乎永远也不会厌倦。

朱见深不急，下面的大臣们可急了。内阁成员彭时估计是分管妇联工作的，眼看朱见深如此专宠万贵妃，而这位中年妇女很明显已经过了生育年龄，担忧皇帝无后，于是便发挥了文官集团以天下为己任、无论大事小事都要管的居委会工作精神，给皇帝上了一封十分特别的奏折。

这封奏折可算奇文，具体内容就不写了，大致意思是：

皇帝陛下，您的后宫有很多妃子，可是到现在却还没有儿子，臣想这应该是陛下过于宠爱某一个人所致吧，所以希望陛下能够将宠爱分给其他的妃子，这是国家大计啊。

真是不看不知道，一看吓一跳，这位彭时先生竟然干涉起皇帝的私生活来，公然上书劝皇帝平时多找其他老婆联络感情（文言“雨露均沾”）。按说一般的皇帝看到这样的文书早就跳起来骂了：“我睡老婆，还要你管吗？”

可这位朱见深先生的反应更加出人意料，他一点也不生气，只是淡淡地说道：

“这是我的私事，你让我自己做主吧。”

然后他依然故我。

大臣们的疑惑已经到了极点，他们不明白，这个万贵妃容貌并不突出，年龄也大了，为什么皇帝陛下竟然可以忽略那么多年轻貌美的女子，专宠她一个人呢？

朱见深明白大臣们的疑虑，但他并不想解释什么，因为他知道，这些人是不会理解的。

在那孤独无助的岁月里，只有她守护在我的身边，陪伴着我，走过无数的风雨，始终如一，不离不弃。

是的，你们永远也不会明白。

在这世上，爱一个人不需要理由，从来都不需要。

◆ 意外的收获

对于朱见深而言，万贵妃是他的妻子，是这个世界上最善良、最可信的人，但可惜他不知道，这位万贵妃还有另外一副隐藏的面孔。

要知道，虽然朱见深是一个很专情的人，可他毕竟是皇帝，绝不可能只宠信万贵妃一个人，他也会时常找后宫的其他妃子或是宫女，万贵妃也从未反对过，双方似乎相安无事。但朱见深似乎一直以来都忽略了一个重要疑点：为什么这么久过去了，他还没有任何子女呢？

朱见深万万想不到，之所以出现这种情况，是因为所有怀上他孩子的妃子或宫女都被人逼迫堕胎了！而干这件缺德事正是那位集万千宠爱于一身的万贵妃。

但从来就没有人告诉过朱见深这些事情，原因很简单，他们不敢。

如果就这样搞下去，也许下一任皇帝朱祐樘先生就得另找地方投胎了。但也就在此时，万贵妃真正的敌人出现了，正是这个人彻底打破了万贵妃的如意算盘。

说来滑稽，万贵妃的这位敌手并不是选出来的，而是打出来的。

成化初年（1465），广西，大藤峡。

都察院都御史、远征军指挥官韩雍正站在峡谷的入口，仰望着上方的悬崖绝壁，为了平定两广土官叛乱，他带兵千里行军赶到这里，却发现山势险恶，方向难寻，常年的带兵经验告诉他，这里是最好的伏击地点。

正当他为找不到一条安全的出山之路发愁的时候，手下兴奋地向他报告，他们在前方找到了十几个当地的儒生和里长，熟悉附近地形，愿意为大军带路。

韩雍说：带我去看看。

他缓步走到那些当地人的面前，并没有迎上前去和他们热情握手，感谢他们即将为祖国作出的贡献，却出人意料地大笑起来：

“就凭你们这几个人，也敢来行刺！都给我抓起来！”

儒生里长们大惊失色，左右人却都是莫名其妙，士兵们随即上前搜身，果然在他们身上发现了行刺的利器。

部下们十分惊奇：你怎么就知道这些人是叛军派来的呢？

韩雍笑着说道："你们还不明白吗，此地荒郊野岭，道路难行，鬼才来闲逛，而且附近都是叛军，怎么会有儒生里长四处活动？不是奸细刺客还能是谁？"

这件事情传到了叛军那里，没文化的土官们十分惊讶，以为韩雍有特异功能，惊为天神，士气受到了严重打击。不久之后韩雍分兵五路进攻大藤峡叛军营地，叛军不堪一击，被全部歼灭。

得胜功成的韩雍站在山顶之上，俯视着山间的那条大藤，所谓大藤峡即因此藤而得名，历来被土官们视为圣物，顶礼膜拜。

韩雍笑着问被俘土官："这藤是干什么用的？"

土官对他的调侃态度十分不满，一脸严肃地回答："此藤横跨山崖，白天不见踪影，夜晚方现，是此地天赐神物。"

韩雍的脸上闪过一丝坏笑，对身边士兵说道："拿斧头来！"

没等土官们反应过来，韩雍突然举起大斧，朝那藤全力砍去，于是神物就此一斧两断，成了废物。

这下子土官们一下子炸了锅，个个目瞪口呆、惊慌失措地看着韩雍，而韩雍却只是轻松地笑了笑：

"诸位不要激动，藤断了也没什么，改个名字就行，我拿主意，今后此地就叫断藤峡吧。"

这就是明代历史上著名的成化两广叛乱和断藤峡之战，要说这事也算是个大事，但因为如果和由此事引发的后续事件比起来，那可就只能算是小巫见大巫了。

说来让人难以相信,后来那惊心动魄的一幕幕活剧竟是由这样一件小事引起的。

平定了叛乱后，韩雍准备班师回朝，这时他的一个部下向他请示了一件事：

"我们俘获了很多当地土民，如何处理？"

韩雍漫不经心地回答道：

"这还不简单，交当地官衙放归乡里严加管束就是了。"

说到这里，他突然想起了什么，便补充了一句：

"去挑一些年轻的，男女都要，我要带回京去。"

这里有必要说明一下，韩雍的举动也算是老习惯了，明朝每逢边界打仗抓到俘虏，总会挑一些男男女女到京城，送进王府或是宫里各有不同用场。

一般说来，女的会被安排做宫女，而男的就比较惨，他们的新职业比较统一——太监。伟大的郑和同志就是这样进入宫廷的。

韩雍做梦也想不到，他的这一举动将给大明帝国带来深远的影响，并导致了两个截然不同的结果——八年心惊肉跳的乱世、十八年国泰民安的盛世。

因为在那批进宫的人中，有这样一男一女，男的叫汪直，女的姓纪，名字不详。

男的还没到出场的时候，让他先等等吧，而那个姓纪的女孩，将成为风光无限的万贵妃最为可怕的敌人。

◆ 最强大的武器

吴小姐的下场让所有的人都知道了一个常识：这个不起眼的万姓中年妇女是皇帝最为宠信的人，如果要得罪了她，只有死路一条。

接替皇后位置的王小姐也是胆战心惊，经常串门，主动问安，就怕这位无冕之后什么时候心血来潮，闲来无事整她一下，那可就大大的不妙了。这也难怪，吴皇后有容貌有权势有名分，来势汹汹，万贵妃却只用一个小报告就结束了她的皇后任期，杀人于无形之中，着实厉害得紧。

此时的万贵妃俨然已经成了后宫真正的统治者，呼东喝西，指南骂北，但凡有后宫妃嫔宫女怀孕，她便立刻指使手下的人去逼迫堕胎，好不威风，自己生不出来就不让别人生，真可谓是断子绝孙、一统江湖。

也就在这个时候，广西来的纪姑娘进入了深宫。此时的她背井离乡，孤苦一人，怯生生地注视着周围陌生的一切，没有人会想到（包括她自己），就在不久之后，这个羞涩胆怯的小姑娘将会撼动万贵妃那看似稳如泰山的权势与地位。

纪姑娘被分配入宫，做了一名普通的宫女，可是出人意料的是，这位宫女一进宫就得到了宫中几乎所有人的喜爱，因为很快人们就发现，她是一个十分容易相处的人。她原先是广西土官的女儿，养尊处优，还能够识文断字，却从不因由官宦之家的小姐沦为宫女而怨天尤人，即使人家欺负她，交给她很多脏活累活，她也并不在意，只是一个人默默地做完。

她虽然没有权势、没有背景，甚至于没有过人的容貌，却有着一样女人最为强大的武器——善良。

她真心诚意地对待每一个人，从不去计较什么，只是一心一意地完成分派给自己的工作。由于她的出色表现，上级派给了她一个重要的职务——仓库管理员。

一般来说，这管仓库实在不能算是个体面的差事，但纪姑娘这个仓管员当得却是十分风光，这是因为她管的那个仓库比较特别——钱库。

更为重要的是，她管的这个钱库并非国库，而是内藏库，这里有必要解释一下，国库里存放的就是国家的钱，是由户部管的，而所谓内藏库里存的是皇帝的私房钱，由他自己掌管，并不用交给后宫的老婆们（不容易啊）。这也为后来发生的一切埋下了伏笔。

成化五年(1469)的一天，纪姑娘正如往常一样认真清点着仓库，一个人走了进来。

这位仁兄就是朱见深同志，不知他是不是闲来无事，想去自己的钱库数钱玩，便一路进了仓库，正遇上仓库管理员纪姑娘。

这是他们之间的第一次相遇。

朱见深对这个管仓库的小姑娘起初并不在意，他关心的只是仓库里的钱，四处巡视之后，他开始询问仓库的收支情况。

可是问着问着，朱见深突然发现了一件很有趣的事情。

后宫中女子众多，许多人几年也难得见皇帝一面，所以每当真正见面时，往往都是“激动的心，颤抖的手，一句话也说不出口”。对这一场景朱见深已经是司空见惯了，可这一次，通常的那一幕却并没有发生。

眼前的这个小姑娘十分特别，虽然初次见面，却应答如流，而且神情自然，不卑不亢，回答问题条理清楚，井然有序，毫不紧张，好像并没有意识到眼前的这个人就是众多妃嫔争夺的对象、君临天下的皇帝。

后宫的那些你争我夺、钩心斗角的是是非非似乎与她毫不相干，回答完朱见深的问题，她便退后静立一旁，不说一句多余的话，不问一个多余的问题。在她的眼中，管理仓库才是自己唯一的工作。她不想去获取什么，也不想去争夺什么。

> 不自是，故彰；不自伐，故有功；不自矜，故长；夫唯不争，故天下莫能与之争！
>
> ——《道德经》

朱见深被深深地打动了，这个看仓库的小姑娘没有矫揉造作的仪态，也没有心思机敏的试探，她的身上只有如清风流水一般平淡的随和与友善，但这已经足够了。

他喜欢上了这个小姑娘，当然了，由于他是皇帝，自然不用经过加深了解、互致问候、拜见双方父母之类的复杂过程，直接就“临幸”了。

这以后的事情出乎意料地平淡，仓库管理员纪姑娘并没有如诸多后宫小说中描述的那样飞黄腾达，这并不奇怪，因为以她的性格，是不会主动向朱见深要求些什么的。

此后，她依然如往常一样管理着她的仓库，也从未对人谈论过这件事情。对她而言，这件事情似乎从来都没有发生过。

可是上天偏偏要给她一个不平凡的命运，就在不久之后，她发现自己竟然怀孕了。

按照常理，在古代，要是哪位女子怀上了皇帝的孩子，那可是了不得的大事，地方政府要到该女子的家中敲锣打鼓，燃放鞭炮，洽谈将来的合作事宜，家中父母要一把鼻涕一把泪地给祖宗上炷香，而那些风水先生们也会跑到这家的祖坟上去搞理论研究，总而言之两个字——风光。

可当时纪姑娘面临的环境则应该用另外两个字来形容——危险。

因为当时的后宫正处于万贵妃的管辖之下，而这位万贵妃最不能忍受的声音就是婴儿的啼哭，对于她而言，这无异于丧钟的轰鸣。为了她的地位，她必须除掉所有可能对她造成威胁的新生命——包括那些即将诞生的。

出于母亲的天性，纪姑娘很想保住她即将出生的孩子，所以她多方隐瞒。可是很不幸，她怀孕的事情最终还是被万贵妃知道了，于是这位后宫的统治者决定派她身边的一位亲信宫女去处理此事——堕掉那个即将出生的孩子。

夺走她孩子的人就要来了，纪姑娘却没有任何对策，她身处后宫，无处可逃，更无处申冤。她很清楚，之前很多妃嫔的孩子都是这样被处理掉的，而她作为一个小小的仓库管理员，又能够做些什么呢？

上天无路，遁地无门。

万贵妃的亲信终于还是来了，她走进纪姑娘那所简陋的住所，面无表情地看着她挺起的肚子和惊慌的眼神，没有说一句话，转身走了。

然后她回到万贵妃的寝宫，回复了她的答案：

“她的身体有病，但并未怀孕。”

“你肯定吗？”

“我肯定。”

我没有能够在史书中找到这个宫女的名字，这并不奇怪，因为在后世史家的眼中，她不过是个无足轻重的小人物，不过在我看来，在王侯将相的历史中，她也有着属于自己的称呼——一个有良心的人。

万贵妃被瞒了过去，而纪姑娘肚子里的孩子终于保住了性命，后宫又恢复了往日的平静，但在这平静的外表下，事情才刚刚开始。

成化六年（1470），七月，己卯。

伴随着一声响亮的啼哭，经历了痛苦分娩的纪姑娘终于生下了一个男孩。和所有的母亲一样，她欣喜地看着自己的孩子，看着这个刚刚诞生的生命，紧紧地将他拥入怀中。她已经没有了父母，没有了兄弟姐妹，因为即使他们没有在战乱中死去，也注定永远不能再见面。

现在她终于有了在这个世界上唯一的亲人——儿子。

这是幸福的一刻，她孤独的生命终于有了寄托，有了希望。

可是她的幸福并没有延续多久，因为这一声啼哭也惊动了后宫中的另一个人，一个满怀失落和仇恨的女人。

她终归还是知道了这个孩子的诞生，嫉妒的火焰在她的心中燃烧起来，为什么她有孩子，而我没有？！我才是后宫的统治者，是皇帝最为宠信的女人，任何人都不能将这一切从我身边夺走！

她下达了命令：

“溺死那个孩子！”

接受命令的人叫张敏，他只是一个普通的宦官，但希望大家能够记住这个名字。

他奉命来到纪姑娘的住所，推开房门，看见了纪姑娘和她怀中正在吃奶的孩子。

这一次，纪姑娘不再惊慌了，历经这么多的风风雨雨，她很清楚即将发生些什么。

她从容地说道：

“做你该做的事情吧。”

张敏站在门口，静静地看着这对母子，一动也不动。过了很久，他走了进去，从纪姑娘手中小心翼翼接过了孩子。

“孩子在这里不安全，还是交给我吧，过段时间你再来看他。”

他没有再看纪姑娘那惊愕的表情，抱着孩子径自走了出去。

张敏抱走了孩子，找了宫中一间空置的房子，安顿了这个孩子。他还和宫中的其他太监商议，从他们那少得可怜的收入中挤出一些钱，买来乳糕裹着蜜糖喂养这个没奶吃的孩子。在没人注意的时候，纪姑娘也会经常来看望她的孩子。

从此，这个孩子就成了后宫中宫女太监们那枯燥生活的最大乐趣。他们都很喜欢这个孩子，原因很简单，作为这座冷酷的后宫中的普通一员，他们永远也不可能有自己的孩子。

可是随着这个孩子一天天长大，张敏等人逐渐发现了一个新的问题：他们养不活这个孩子。

张敏是一个普通的宦官，并非司礼监，而他的同事和那些知情的宫女们都只是这座金碧辉煌的后宫中的最底层，没有额外的收入，除了自己花销外，每月根本剩不下什么钱。虽然这个孩子不用上托儿所，也不用交什么择所费，更不用上那些各种各样的辅导班，但即使如此，他们还是无法承担养育他的费用。

对于这个问题，纪姑娘也没有更多的办法，她只是一个小小的仓库管理员，也没有额外收入，养不起自己的孩子。

大家都养不起，难道要拿去送给万贵妃？正当他们一筹莫展的时候，另一个人说话了：

“那就交给我来养吧。”

讲这句话的正是前任皇后吴小姐。

虽然是前任皇后，但毕竟瘦死的骆驼比马大，吴小姐家有钱有势，养一个孩子自然不在话下，当然了，她的动机估计没有那么单纯，打倒万阿姨仍然是她的最终目的。无论如何，这个孩子能够活下来了。

这之后的五年，纪姑娘的这个孩子一直在宫中生活，虽然他不能出去玩，但在她母亲、吴阿姨、张叔叔以及无数叫不出名字的内监宫女的照料下，他一直幸福地成长着——至少比他的父亲幸福。

日子一天天地过去，孩子一天天地长大，而这些生活在后宫最底层的人们却没有发现，他们已经创造了一个奇迹。

从成化六年到成化十一年（1475），整整五年时间，紧密森严的后宫中多了一个孩子。这一点，几乎所有的宦官、宫女、妃嫔们都知道，但他们却无一例外地保持了沉默，守住了这个秘密。

只有一个人不知道——万贵妃。

这不是一个故事，而是真实的史实，是发生在以争宠夺名、钩心斗角闻名于世的后宫中的史实。在这里，人们放弃了私欲和阴谋，保守了这个秘密，证明了善良的力量。

读史多年，唯一的发现是：几千年来我们似乎在重复着同一种游戏——权力与利益的游戏，整日都是永远也上演不完的权力斗争、阴谋诡计，令人厌倦到了极点。但这件事似乎是个例外，它真正地打动了我。

我们这个古老国度有着漫长的历史，长得似乎看不到尽头，但我却始终保持着对这些故纸堆的热情。

因为我始终相信，在那些充斥着流血、屠杀、成王败寇、尔虞我诈的文字后面，人性的光辉与伟大将永远存在。

◆ 最后的抉择

这个吃百家饭长大的孩子就这样在后宫中快乐地生活着，对他而言，有母亲的陪伴，还有那么多叔叔阿姨宠爱着他，每一天的生活都是幸福的。但纪姑娘明白，这种日子是不会长久的，她和她的孩子最终还是要面对命运的最后裁决。

这一天终于来临了。

成化十一年，五月，丁卯。

朱见深坐在镜子前，一个宦官正站在他的身后为他梳头，端详着镜中自己那憔悴的容貌，他深深地叹了一口气，虽然他还不到三十岁，却已未老先衰，这倒也罢了，他真正担心的是另外一件事：

“我还没有儿子啊！”

当朱见深为自己的不育问题而烦恼时，站在他身后的那个人也正在痛苦中思索着自己的抉择——说，还是不说？

这个梳头的宦官正是张敏。

五年前的那个夏天，他奉命去除掉一个孩子，面对着那对孤苦的母子，他最终违背了冷酷的命令，选择了自己的良知。五年之中，他和这个孩子朝夕相处，看着他一天天地长大，度过了很多快乐的日子，可他很清楚，这件事情总会有一个了结。这个孩子必须获得他父亲的承认，才能活下去，并成为这个帝国的继承者。

现在时机到了。

但他也很明白，自己不过是一个普普通通的宦官，无权无势，如果说出真相，以万贵妃的权势，他将必死无疑。

真相大白之日，即是死期来临之时。

这是张敏一生中最为痛苦的时刻，要让这个孩子活下去，他就必须舍弃自己的生命。

除此之外，别无选择。

一生低声下气、地位卑微、终日带着讨好笑容的张敏终于做出了他人生最后的抉择——一个伟大的抉择。

“陛下，您已经有儿子了。”

◆ 离别

朱见深惊诧地回过头，第一次认真地打量着这个为他梳头的宦官：

“你刚才说什么？”

“陛下，您已经有儿子了。”

朱见深一动不动地盯着跪在地上的张敏，确定他并非精神错乱之后，方才半信半疑地问道：

“在哪里？”

但这一次，张敏没有立刻回答他的问题，而是选择了沉默。

朱见深疑心顿起，厉声追问道：

“为什么不答话？！”

跪在地上、半辈子卑躬屈膝的张敏抬起了头，无畏地看着朱见深，提出了一个条件：

“我自知说出此事必死无疑，但只要皇上能为皇子做主，死亦无憾。”

就这样吧，我相信我做出了正确的决定。

朱见深被眼前的这个小人物震慑住了，他知道，一个有胆量说出这句话的人是不会说谎的：

“我答应你，告诉我在哪里吧。”

然后他得知自己有一个已经五岁多的儿子，正在后宫的安乐堂内玩耍。

此时的朱见深什么也顾不上了，他喜形于色地奔向了后宫，并立刻派人去安乐堂接他的儿子——大明皇位未来的继承者。

此时的后宫已经乱成一团，大家都已知道皇帝派人来接孩子的消息，宦官宫女们都十分高兴，而妃嫔们也纷纷来到纪姑娘的住处，向她道贺。

这也是一件十分自然的事情，自古以来母以子贵，纪姑娘保住了孩子，很快就能成为纪贵妃甚至纪皇后，甚至有可能取代万贵妃成为后宫的统治者。

纪姑娘微笑着送走了前来祝贺的人们，然后她关上了房门，向她的儿子做了最后的道别。

她在战争中永别了自己的亲人，被俘获进宫，在孤苦中延续着自己的生命，直到这个孩子的出现。六年的含辛茹苦，九死一生，她和自己的孩子最终熬到了出头的这一天。

但此刻的纪姑娘并没有丝毫的喜悦，因为她十分清楚，虽然皇位正向她的儿子招手，但死亡却离她自己越来越近。

万贵妃会毫不犹豫地杀死所有与她为敌的人，在这座皇宫中，没有任何人可以保护她的安全，即使她是皇子的母亲。而孩子的父亲，软弱的朱见深对此也无能为力。

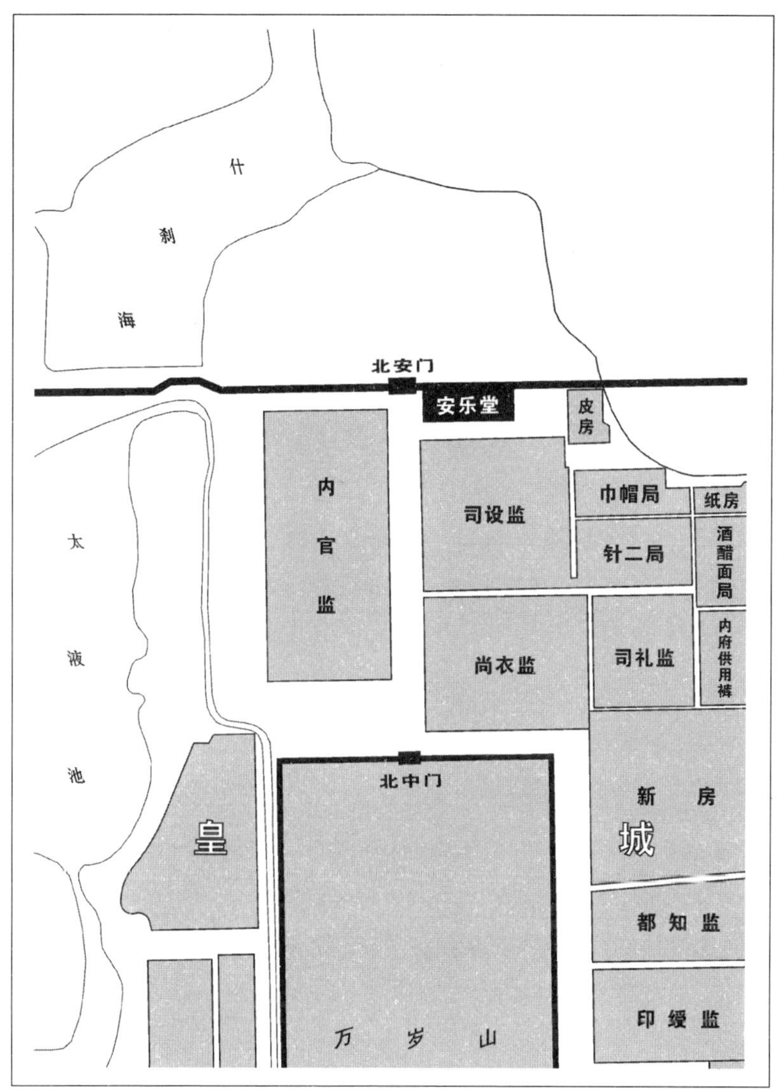

安乐堂位置←

她看着自己的孩子，这个她在世上唯一的亲人，最后一次亲手为他穿上了衣服，最后一次紧紧地将他拥入怀中，哭泣着向他告别：

“孩子，你走后，我也活不了多久了，你去到那里，看见一个穿着黄色衣服，有胡子的人，那就是你的父亲啊，今后一切千万小心，母亲再也不能陪伴你了。”

年幼的皇子并不知道发生了什么事情，为什么周围的人今天表现得如此奇怪，为什么母亲会痛哭失声？他只知道，自己就要离开这里，到另外一个地方去，去找一个有胡子的人。

离开了哭泣的母亲，这个孩子在他出生五年后第一次走出了自己居住的地方，离开了母亲，坐上了迎接他的小轿，踏上了未知的道路。

很快，他到达了这次旅行的终点，他的父亲正在那里等待着他。

由于深居简出，这位皇子快到六岁了还未理发，头发一直垂到了地上，他就这样跌跌撞撞地向那个穿着黄色衣服、坐在椅子上正凝视着他的人走去。

朱见深看着这个向自己走来的孩子，激动的心情再也无法抑制，他立刻迎上前去，抱住了这个孩子，放在自己的膝上，仔细地端详着他。

很快，他哭了，他一边流着眼泪，一边紧紧地抱着孩子大声说道：

“这是我的儿子，这是我的儿子啊，他像我！”

不用亲子鉴定，不用指认，不用证据，这就是我的儿子，毫无疑问。

他牵着这个孩子回到了自己的寝宫，并告知母亲周太后和所有的大臣，自己有儿子了。

所有的人都欢呼雀跃，周太后更是兴奋异常，抱着她这个来之不易的孙子丝毫不肯撒手，大家都在为大明帝国后继有人而高兴，只有一个人例外。

后宫中的那个女人已经愤怒得几乎丧失了理智，派去堕胎的人敷衍了她，派去谋杀的人隐瞒了她，所有的人都知道这个孩子的存在，却没有一个人告诉她。

“你们都欺骗了我！”

复仇的欲望在她心中猛烈地膨胀。

让那个孩子和她的母亲消失，让一切都回到事情的起点，敢于欺瞒我的人，一个也不能放过！

那个在宫中躲藏了多年的孩子终于可以正大光明地生活下去了，他有了自己的寝宫，自己的宫女宦官，自己的从属，也有了自己的名字—— 朱祐樘。

纪姑娘也变成了纪妃，正式成为了朱见深的合法妻子，这个广西来的小姑娘似乎已经迎来了人生的转折。但事实证明，她对自己命运的判断十分准确。

朱祐樘进宫一个月后（成化十一年六月），纪妃死于后宫住所，死因不详。

关于她的死亡方式，最终并没有一个定论，有的说她是被逼自尽，有的说是突发重病身亡。但她的死因却似乎并没有引起什么争论，后世那些特别热衷于挖人隐私的历史学家，出人意料地对这件事情没有产生太大的兴趣。

因为所有的人都知道凶手的名字以及行凶的动机。

这位从广西来的小姑娘就此结束了她的一生，直到现在，我们仍然不知道她的名字、她的家庭成员，甚至于她的准确年龄。因为她不善言谈，入宫之后大多数时间，她只是静静地干着自己的工作，接受着别人交给她的任务，从未向人谈起她的故乡和亲人。

十二年后，她的儿子、已经成为皇帝的朱祐樘曾发动无数人去寻找他母亲的家世和亲人。广西各级官员自发动员起来，从布政使到县令，甚至包括当年曾经出征广西的韩雍手下的将领们，纷纷赤膊上阵，改行当了户口稽查员，他们挖地三尺，历时近十年，把广西全境翻了个底朝天，闹得四处鸡犬不宁，最终却只找到几个想借机发财的骗子。无奈之下，朱祐樘唯有在当地树立祠堂，册立封号，以缅怀对这位伟大母亲的哀思。

在历史上，她最终也只是一个昙花一现、连名字也未能够留下的女子。

但我仍然记下了她的名字——一个尽力保护自己孩子的母亲，一个善良的女人。

听到纪妃去世的消息，宦官张敏苦笑着叹了一口气：

“这一天迟早是会来的。”

几天之后，他在后宫中吞金自尽。

当一个人不得不走向死亡时，自杀代表着尊严和抗争。

就在给朱见深梳头的那一天，张敏对天许下了一个承诺，用他的死亡去换取这个孩子的生存。上天在这个问题上表现得很公平，他履行了义务，给了这个孩子快乐的生活，也行使了权利，把张敏送上了不归之路。

我查了一下史料才发现，从仕途上讲，这位叫张敏的宦官混得实在很失败，从头到尾，他只是一个门监，在今天这一职务又被称为“门卫”或是“看大门的”。

可就是这个普通得不能再普通的看大门的宦官，却做出了无数名臣名相也未必能够做到的事情。面对死亡的威胁，他选择了良知。

舍弃生命，坚持信念，去履行自己的承诺。这种行为，我们称为舍生取义。

张敏，是一个舍生取义的人。

◆ 幸存者

纪妃和张敏都死了，短短一个月间，朱祐樘就失去了他最为亲近的两个人。此时的他还不懂得什么是哀伤，只是偶尔会奇怪为什么母亲再也不来看他。

而与此同时，死亡的阴影也正悄悄地笼罩着这个孩子。对于后宫的万贵妃来说，这个孩子是个极为危险的人物，他会夺走朱见深的宠爱，于是另一场谋杀的阴谋即将实施。

可能有人会奇怪，如此恶行，难道没有人管吗？

要知道，万阿姨虽然年纪大了，却并不是傻瓜，她之所以敢如此肆无忌惮地除掉每一个她厌恶的人，其中自有原因。

她看着朱见深长大，十分了解这位皇帝，如果用两个字来概括朱见深的性格，那就是懦弱。公正地讲，朱见深并不糊涂，智商也不低，算是一个正常孩子，可童年的阴影使他的性格十分软弱，并且有极强的恋母情结（关于这个问题，可以参照四百年后弗洛伊德先生的理论），因而极度依赖万贵妃。

这样的一个家伙，有啥好怕？

眼看朱祐樘就要英年早逝，另一个女人站出来挽救了一切。万贵妃虽然统领后宫，但这个女人，她无论如何也是惹不起的。

此人就是朱见深的母亲周太后，按照辈分，万贵妃还要叫她一声娘亲。要说这位周太后，那可是见过大世面的，想当年，正统土木之变，景泰金刀疑案，刀光剑影，你来我往，周太后都挺住了，万贵妃搞的这点名堂，只能算是和风细雨的小场面。

“把孩子交给我，看谁敢动他一指头！”

一声令下，朱祐樘住进了太后的仁寿宫，这下万贵妃彻底没戏了。

可是历史告诉我们，阶级敌人是不会甘心失败的，不久之后，朱祐樘就接到了万贵妃的热情邀请，希望皇太子（此时已册立）殿下大驾光临。

朱祐樘也没想太多，松一松腰带就准备上路，此时周太后却站了出来，郑重其事地告诉他：

“去到那里，什么也不能吃！千万记住了！”

“要是一定让我吃呢？”

“就说你吃饱了！”

到了地方，万贵妃果然拿出了很多好吃的东西，和颜悦色地对朱祐樘说：

“吃点吧。”

朱祐樘收住了口水，说出了违心的答案：

“吃饱了。”

按说事情到这里就算结束了，可是朱祐樘小朋友，世事难料啊。

“那就喝点汤吧。”

完了，这句没教过啊！

他低下头开始思考标准答案，一旁的万贵妃却仍在不停地催促着。要说这孩子心眼还真是实在，憋半天憋得脸通红，终于蹦出了一句惊世骇俗的话：

“我怕有毒！”

万贵妃目瞪口呆，看着一脸无辜的朱祐樘，几乎当场晕倒在地：你小子也太直接了吧。

阴谋被搞成了阳谋，这下彻底没戏唱了，那汤里到底有没有毒也不重要了，太子殿下过了一回眼瘾，就此打道回府。

万贵妃晕倒前最后留言：

“这小子现在就敢这么干，将来还不得吃了我！”

自此之后，万贵妃就如同被斗败的公鸡，彻底失去了往日的威风，不敢再堕掉别人的孩子，而朱见深同志也趁开放的大好形势，越发神勇，又生下了他的第四个儿子（前两个夭折了，朱祐樘是第三个），此后他又接连生了十余个儿子，一举彻底洗刷了不育的恶名。可他怎么都不会想到，除了太子之外，那位第四个出生的皇子在经历了无数风波之后，最终竟然也成了皇帝。

这些事情得等到四五十年后了，还是先安排成化年间的诸位大人出场吧，他们已经等不及了。

参考消息 **故技重施**

成化五年，柏贤妃生下一子，取名朱佑极。朱佑极刚满两岁，就被立为太子，这对于万贵妃无异是当头一棒。于是，不到三个月之后，太子突然暴病身亡，朱佑极的体质本来很好，如此神秘地夭折，宫内议论纷纷，众人怀疑这正是万贵妃一手导演的，但谁也不敢向宪宗告发。紧接着，柏贤妃亦不明不白地死了。万贵妃的胆子也越来越大，不但阻止宪宗与嫔妃们交往，就算使出堕胎、杀子等毒辣的手段也不在话下。

第十七章

武林大会

○如果你还在等待着名门正派的出现 恐怕就只能失望而归了 因为此时江湖的情形完全可以用一句话来概括 这年头 没有好人了

要说这成化年间的朝政，用一个词就可以完美地概括和形容——一塌糊涂。

这一点也不奇怪，朱见深同志的领导水平实在对不起人，他连自己的老婆都管不住，怎么管得住身边的秘书们？

在这种情况下，成化年间的政治顿时变得异彩纷呈，黑暗无比，而涌现出的各个政治流派更是多姿多彩，百花齐放，聚集在这个混乱的江湖中，召开了一场花招层出不穷、犯规屡禁不止的武林大会。

下面我们开始介绍参加武林大会的各大门派（排名不分先后）。

春派

全称：春药研究派。

掌门：梁芳。

门下弟子构成：术士、番僧。

独门绝技：化学物品研究（春药，现俗称伟哥）、生理卫生知识研究；

仙派

全称：修道成仙派。

掌门：李孜省。

门下弟子构成: 和尚、道士。

独门绝技: 炼丹（属化学门类)、修道;

监派

全称: 内监宦官派。

掌门: 汪直、尚铭。

门下弟子构成: 太监。

独门绝技: 地下工作（特务)、打小报告;

后派

全称: 后宫老婆派。

掌门: 万贵妃。

门下弟子构成: 宫女、太监、外戚。

独门绝技: 一哭二闹三上吊（此绝技经过长期演变，现已普及使用)；

混派

全称: 混日子派。

掌门: 万安。

门下弟子构成: 文官集团。

独门绝技: 混日子、弹劾（告状);

这就是当时纵横江湖的五大门派，要诉说他们的来历瓜葛，您且上坐，听我慢慢道来:

什么是江湖？有人的地方就有江湖。

话说两千多年前绝世高手嬴政一统武林，荣任第一任武林盟主之后，江湖便陷入了众派林立、腥风血雨的光辉岁月。

在众多的门派中，资格最老、水平最高的是两大门派——监派和后派。

这两派的地位大致相当于少林和武当。其中后派的历史学名叫做外戚，监派的历史学名叫权阉。

两派虽然都服从武林盟主（皇帝）的调遣，但从挂牌子成立那天起，就是不共戴天的死敌,此消彼长,你死我活,几千年来就没消停过,而两派门中也都是高手辈出。

比如监派的赵高、单超、李辅国、鱼朝恩以及后派的吕后、杨坚、韦后等人，全部都是纵横一时的高人，为本派争得了极大的荣誉。两派在斗争之余，偶尔也会携手合作。一旦这种情况出现，武林盟主便会趁机浑水摸鱼，不断在两派间挑起是非，以维护自己的盟主地位。

当然了，有时候如果盟主武功不高，也有可能被这两派的高手取而代之，如杨坚就成功地脱离后派，成为新的武林盟主。

到了成化年间，这一情况并没有改变，后派和监派仍然水火不容，而其他门派也趁此机会，开张的开张，壮大的壮大，这就是我们之前介绍过的另外三派。

春派是后派的附属门派，春派掌门人梁芳原先是后派掌门万贵妃的物品采购员，由于胆大心黑，敢于中饱私囊、贪污公款，工作干得十分出色，被提拔为春派掌门，自立门户。

这里还要表扬一下梁芳同志的刻苦认真态度，大家知道他是研究春药的，但他干这行也真不容易，因为他本人是个宦官，在看得见吃不着且理论脱离实际的情况下，能够如此卖力工作，着实体现了卓越的钻研精神和职业素养。

这是春派，下面我们说仙派。

仙派也是一个历史悠久的派别，该门派最出名的人物应该就是秦朝那个据说去了日本留学的徐福。而到了成化朝，仙派也出人头地了，该派掌门李孜省原先在江西衙门里当小公务员，后来改行去京城北漂，顺便也干点诈骗的活儿。

后来他在行骗过程中遇见了春派掌门梁芳，就当了梁掌门的随从，而梁掌门对他也甚是欣赏，支持他另立门户，发挥特长，为盟主朱见深炼丹修道，从而一举打响了仙派的威名。

接着是鼎鼎大名的监派，此派在明代极为兴盛，前有郑和、王振，后有刘瑾、魏忠贤，可谓人才济济，而在成化朝，这一派却出现了分裂。

如同华山派有气宗和剑宗一样，监派也分裂成了东监派和西监派，两大掌门各行其是，彼此之间斗争激烈。东监派掌门尚铭根基深厚，秉承传统，不断壮大本派的传统附属企业——东厂，脚踏实地做好刺探情报、诬陷忠良的特务工作。

而西监派掌门汪直，自从被韩雍大军带到京城，挨了一刀变成宦官之后，奋发图强，打破传统发展模式，积极进取（拍马屁），努力争取盟主朱见深的信任，并以人无我有、人有我优的创新精神在西安门开办了西厂，他的办厂准则可以用一句话概括——“没有最坏，只有更坏”。

后派就不用多介绍了，成化年间的万贵妃可谓一女当关，万夫莫敌。她不但是后派掌门，还是武林盟主朱见深的老婆兼保姆，独门招式枕头风和枕头状横扫武林，无人能挡。

最后是混派，此派原叫臣派，本是与监派、后派齐名的大派，门下出过无数如李斯、霍光、房玄龄、王安石、三杨之类的绝顶高手，可是到了此任掌门万安的手中，门庭冷清。万掌门武艺稀松，除了坚持练习磕头功和拍马功之外，没有什么其他的本事，逐渐成为了后派和监派的附庸，直到十几年后，这种情况才得到了改观。

综上所述，成化年间的武林形势是这样的，后派和春派、仙派是同盟关系，可称之为泛后阵营。监派内部存在矛盾，对外则与后派同盟敌对，最窝囊的是混派，无论监派后派它都不敢得罪，派如其名，只能乖乖地混日子。

以上就是武林五大门派的情况，相信你已看得出，这些都是所谓的邪派。如果你还在等待着名门正派的出现，恐怕就只能失望而归了，因为此时江湖的情形完全可以用一句话来概括：

这年头，没有好人了。

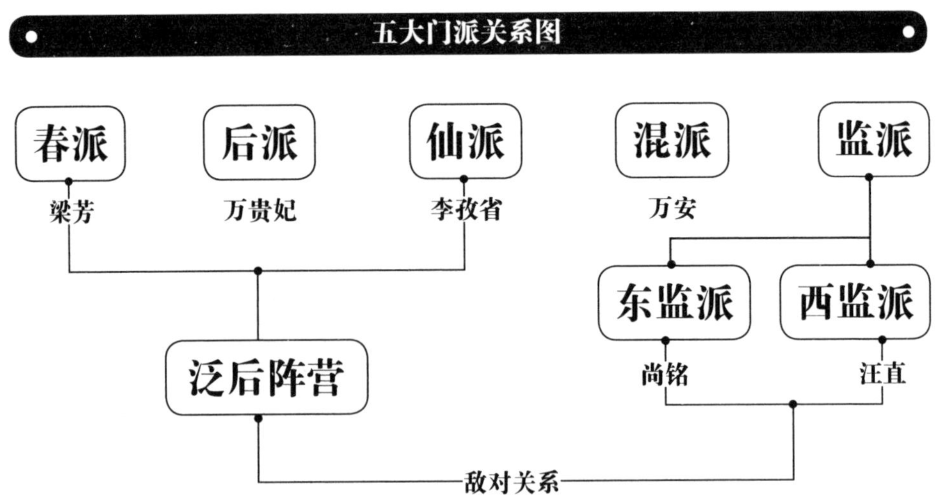

◆ 五派风云录

各派都到齐了，好戏也就该上演了。

春派掌门梁芳，卓越的药品批发商、物品采购商，他的发家之路主要有两条，其一是送礼给万贵妃，此外就是制造春药送给皇帝，两面讨好，大家都喜欢他，所以在一段时间里他十分得势。

他虽身为宦官，却并非监派成员。当时的宦官首领司礼太监尚铭和怀恩都曾试图收编他，梁芳的回答却是：你算老几？一边凉快去吧。

他仗着有人撑腰，大肆侵吞财物，朱见深同志的内藏原本有很多私房钱，可没过几年，就被这位仁兄用得干干净净，气得盟主大人几天吃不下饭。

但梁掌门也有一个好处，由于他本人读书少，没什么见识，和王振、魏忠贤等人比起来，档次差得太远，除了捞钱之外，也就是帮万贵妃去后宫堕个胎，更大的坏事他也干不出来（不是不想，实在是水平不高）。他万万没有料到，自己做过的最有影响的事情竟然是招募了一个人。

这个人就是后来的仙派掌门李孜省。

如果要问五派中谁最受朱见深的宠信，估计很多人会回答是后派或者监派，但实际上，朱见深最看重的恰恰是这个不起眼的仙派掌门李孜省。

对这一点，实在不必吃惊，朱见深的心声可以明确地告诉我们原因：

我真的还想再活五百年！

春药也好，耳目也好，老婆也好，只要有这条命在，随时都可以再找。

生命是最宝贵的，朱见深明智地认识到了这一点。

所以，号称可以长生不老的李孜省自然成了朱见深的宠臣，而他本人也可谓再接再厉，不满足于用修道成仙糊弄盟主，在炼丹的同时还在生产线上加入了副产品——春药，开始抢自己老领导梁掌门的生意。

这样一来，多面手李孜省就成了炙手可热的人物。混派的掌门万安和大弟子刘吉、二弟子彭华都是靠他的关系才进入内阁，做大官的。

可这位掌门并不满足，他还打算跨行业发展，竟然把手伸到了特务工作上，自己组织人员为盟主大人探听消息。这下子可算是捅了马蜂窝，东厂西厂的众多特务都眼巴巴地靠着这行吃饭呢，你李孜省算是个什么东西？！竟然敢打破垄断，搞竞争！

监派掌门尚铭、汪直卷起裤腿，抄起家伙，准备向这个无名小卒发动进攻。

可是斗争的结果是他们意想不到的。

李孜省和太监的斗争就放到后面吧，先说其他两个门派。

后派就没有什么可说的了，万贵妃仍然过着她的日子，三天两头巡视后宫，然后心有不甘地凝视着太子东宫的方向，仅此而已。

下面轮到混派出场了，我个人认为，这是最有趣的一个门派。

在成化五年（1469）之前，内阁是一个庄严神圣的地方，那时的内阁成员是商辂和彭时。

商辂也算是老熟人了，早在北京保卫战时，他就露了一次脸，站出来支持于谦的主张，但他更出名的还是他的考试成绩——连中三元。想当初乡试发榜的时候，榜刚刚贴出来，人家还在瞪大眼睛找名字，他随便看了一眼，就打道回府睡觉去了。同乡问他怎么不找自己的名字，他若无其事地指着榜单说道：

“费那工夫干啥，排最上面那个不就是我吗！”

除去靖难时被朱棣打击报复、删去名字的黄观，他是明代唯一一个完成这一高难度动作的人。事实证明，他的为官也十分优秀，而彭时也是状元出身，为官清正，在他们的带领下，大明帝国有条不紊地向前行进。

就在这个时候，万安进入了内阁。

万安，四川眉州人，正统十三年进士。这位仁兄书读得很好，当年高考全国第四名，位居二甲第一，可惜从他后来的表现看，他实在是应试教育的牺牲品，高分低能的典型代表。

他入阁后，不理政务，只是一门心思地干成了一件事——拉关系。他充分地使用了自己的姓氏资源，竟然和万贵妃拉上了亲戚。

什么亲戚呢？

据万安同志自己讲，万贵妃的弟弟的老婆的母亲的妹妹是他的妾，这可是了不得的近亲啊！

于是他跑到万贵妃的弟弟家，声泪俱下地认了这门亲事，并光荣地宣布：我万安终于找到亲人了！

无论亲戚是真是假，万安确实获得了提升的机会。成化十四年（1478），商辂退休回家，万安成了内阁首辅。

从此，在他的“英明”领导下，文官团体的历史进入了一个新的时代——混派时代。

◆ 外号党

混派与别派不同，承蒙江湖各位人物看得起，混派的许多精英都被赋予了外号。叫起来甚是响亮，不可不仔细谈谈。

混派掌门万安，江湖人送外号“万岁阁老”。

成化七年（1471），万安和内阁其他两名成员商辂、彭时前去拜见朱见深，商讨国家大事。彭时开口刚谈了几件事，正说到兴头上，突然听见旁边大呼一声：

“万岁！”

回头一看，万掌门已经跪在地上磕头了。

商辂、彭时瞠目结舌，待了一会儿，无奈地叹了口气，也跪了下来，磕头叫道：

“万岁！”

这奇怪的一幕之所以会发生，完全是因为万安的那一声万岁，这关系到一个严肃的礼仪问题。

在清代，官员之间商谈事情，若端起茶杯，就意味着本人不想再谈，请你走人，即所谓端茶送客。

而明代面圣也有着一套礼仪，朝见完毕，口呼万岁，这意思就是皇上再见，俺们下次再来。

万掌门不知是不是急着上茅房，没等谈几句，匆匆忙忙地喊了再见，搞得内阁极为尴尬，成为了满朝文武的笑柄，故而有了这个光荣的称号“万岁阁老”。

混派大弟子刘吉　江湖人送外号“刘棉花”

刘吉，河北人，正统十三年进士，是万掌门的同期同学，成化十一年成为内阁成员。这人品行和万安差不多，但还有一点要强于万安——脸皮更厚。

明代弹劾成风，言官也喜欢管闲事，刘吉这种人自然成了言官们的主要攻击对象。可这位仁兄心理承受力好，言官说了什么权当没有听见，所以江湖朋友送

参考消息　“刘棉花”的反抗

刘棉花这个外号用来形容刘吉非常贴切，但也正因为被人戳到了痛处，刘吉十分生气。反复琢磨之后，他认为这个外号极有可能是某些屡考不中的举子的泄愤之作。义愤填膺之下，刘棉花写了一封奏书，建议以后会试三次不中者，不得再考。没想到这一规定居然得到了皇帝的批准，并延续了明清两代，一直到 2001 年我国取消高考年龄和次数限制之后，才算彻底终结。

他一个雅号“刘棉花”。

何意?

棉花者，不怕弹也!

混派跟班小弟倪进贤 江湖人送外号“洗鸟御史”

倪进贤，安徽人，半文盲，拜入万掌门门下，系关门弟子，身无长物，却有着一个祖传秘方，据说配成药粉溶于水后，可以治疗ED（学名)。万掌门估计亲身试验过，所以一喜之下，让这位兄台干了个御史。

要是换在今天，他大可不必去干什么御史，投身医药界，必定能兴旺同类行业，胜过辉瑞公司，为国争光。

考虑到他对万掌门的巨大贡献，江湖朋友十分尊敬地送给他一个外号“洗鸟御史”。

内阁中硕果仅存的刘翊，基本上也是每天混日子。至于下面的六部尚书，着实不愧为混派的优秀弟子，秉承门派章程，每日坐在衙门里喝茶聊天，啥事也不干，严格遵守门规。

由于成化内阁及各部官员的优异表现，人民大众特别授予他们集体荣誉称号:

内阁三成员集体获得“纸糊三阁老”光荣称号。

六部尚书集体获得“泥塑六尚书”光荣称号。

这是群众给予他们的肯定。

叹服，叹服，都是些什么玩意儿!

下面我们讲最后一个门派——监派，之所以把它留在最后讲，是因为成化年间最大的黑幕、最狠毒的人物都由此派而起，却也由此派而灭。

◆ 汪直的奋斗史

在韩雍带回来那一大群俘虏中，汪直并不是一个显眼的人，也没什么特长，咔嚓之后老老实实地做了宦官。不过他的运气很好，在宦官培训完毕分配时，他有幸被分到了后宫侍候皇帝的一位妃嫔——万贵妃。

事实证明，虽然汪直没有啥才艺技术，但他的服务态度是十分端正的，服务水平也很高，哄得万贵妃十分开心，一来二去，万贵妃就推荐汪直到朱见深那里继续培养深造，而汪直也着实不负众望，步步高升，最终成为了御马监的太监。

我们曾经介绍过，御马监是仅次于司礼监的重要部门，能爬到这个位置，可以说已经是宦官中的成功人士了。可是汪直并不满足，他又把手伸向了皇宫内最为神秘的太监管理机构——东厂。

汪直自发组织人外出打探消息，汇报京城及各地的一举一动，表现自己的情报收集能力，就是希望朱见深能够把东厂的控制权交给他。一时之间，京城内外四处都是汪直的便衣密探，没日没夜地打探消息，抓人关人，势头非常之猛。

有了这些“政绩”，汪直便得意洋洋地去向朱见深汇报，准备接手东厂这个明朝最大的特务组织，干一把地下工作。

盟主大人听取了他的报告，给予了高度的评价，并表示希望他继续努力，可盟主似乎讲上了瘾，在上面长篇大论，讲得头头是道，就是不说关键问题。汪直跪得腿发麻，终于忍不住插话:

“皇上，东厂的事情应如何办理？”

盟主被打断了发言，却并不生气，只是笑着摆摆手说道:

“那个人干得还不错，就这样吧。”

汪直的东厂梦想就此破灭。

盟主口中的“那个人”就是现任东厂掌印太监尚铭，这可不是一个简单的人。

尚铭入宫很早，办事十分利落，性格极其谨慎（注意这个特点），东厂在他的手下搞得有声有色，为了扩大财源，他还干起了副业——绑票敲诈。

尚掌门有一个公认的闪光点——对待工作认真负责，对他的副业也是如此。他一上任，就搞了一个花名册，上面一五一十地记载了京城各大富户的地址、家庭环境，并就财富多少列出了排行榜。

同时他还有着扎实的哲学功底，始终坚信世界是一个联系的整体，所有的事情都是有联系的，每当东厂有了案件，他都会把这些富户和案件联系起来，并且逐个上门抓人，关进大牢，让家人拿赎金来才放人。

这实在是一件十分缺德的事情，但出人意料的是，虽然他一直这样干，名声却还不错，许多人谈到他还时有夸奖，着实是一件十分奇怪的事情。

这是因为尚掌门还有一个很大的优点——讲究诚信。他虽然绑票，却从不虐待人质，而且钱到放人，从不撕票，和他打过交道的人质家属也不禁如此感叹：收钱就办事，是个实诚人啊。

此外他虽然劫富不济贫，却也不害贫，从来都只在富户身上动手，不惹普通百姓，在中下层群众中间很有口碑。他资历很高，却从不欺负后辈，人缘很好，还经常给盟主大人和后宫万掌门送礼，群众关系也不错。

这样的一个人，汪直自然是扳不动的。

可是汪直实在是一个很执著的人，他下定决心要打破尚铭的垄断，开创特务工作的新局面。禁不住他的反复要求，成化十三年（1477），朱见深终于特批汪直开办新型企业——西厂。

新官上任的汪直对此倾注了全部的心力，他立刻颁布了厂规和指导方针，大致可以概括为：

东厂害不了的，我们害；东厂整不死的，我们整；东厂做不到的，我们做！

此后，西厂特务就成了死亡的代名词，他们比东厂手段更为狠毒，一般百姓进了西厂几乎就等同于进了鬼门关，压根儿就别想活着出来。京城上下人心惶惶，谈虎色变。

西厂夜以继日辛勤工作，可不久之后，汪直却郁闷地发现，无论业绩还是名声，他的西厂始终赶不上东厂。这是很自然的，毕竟东厂有着悠久的历史和特务文化积淀，短时间内西厂确实望尘莫及。

汪直是一个不服输的人，他不愿意屈居在尚铭之下，也不愿意等待，为改变这一局面，他发动下属提合理化建议，并虚心采纳意见。

很快，一个下属给他出了一个主意，要想快点压过东厂，就得解决几个重量级的人物，这样才能短时间内打出威信，打响西厂品牌。

事后证明，这是个馊主意。

可是汪直却觉得这个建议十分好，立刻准备付诸实施。

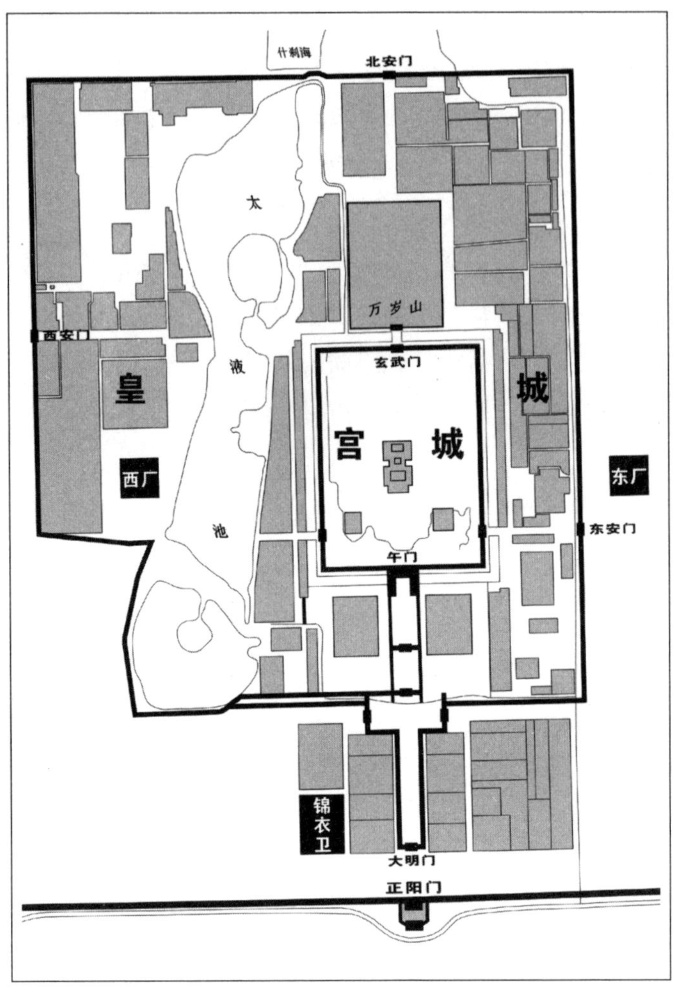

→ 锦衣卫、东西厂所在地

方针已经确定，那么拿谁开刀呢？

汪直冥思苦想，终于找到了一个当时谁也不敢惹的人物，他决定首开先例，用来树立自己的威信。

这位即将倒霉的仁兄叫覃力鹏，也是个太监，他虽然不在京城。却是除汪直外，地位仅次于司礼太监怀恩和东厂太监尚铭的第三号人物，时任南京镇守太监。

明代虽然迁都北京，但南京依然是明朝都城。南京镇守太监向来就是一个十分重要的职位，而且覃力鹏背景深厚，和许多皇亲国戚都有私人关系，虽然经常违法，却从来没有人敢找他的麻烦。

可是这次汪直决定麻烦一下他，虽然同是太监，但为了西厂的品牌，只好牺牲老兄你了。

他打定主意，马上动起手来，收集了很多覃力鹏的罪证（那是相当容易），东扯西拉的，竟然搞出一个罪当斩首的结论。

覃力鹏万没想到，汪直竟敢拿他开刀，可这位仁兄也实在不是好欺负的，他连夜派人入京，做了一番工作，结果大事化小，被批评了两句也就算了。

汪直没有打垮覃力鹏，却也得到了朱见深的表扬，被授予敢于办事、公正无私的称号。受到领导称赞的汪直顿时精神焕发，接连搞出了几件莫名其妙的事情。

首先是几个刑部官员，刚刚从外地出差回来，一进京城就被西厂的人逮捕，放进牢里猛打了一顿，也不说他们犯了什么法，就又被释放出狱。搞得这几个人稀里糊涂，还以为是在做梦。

之后是一个外地的布政使进京办事，还没等找地方住下，也被西厂的人拉去打了一顿，吃了几天牢饭。

这当然都是汪直指使的，他的行为看似很难理解，其实只是想证明一点:

他能够在任何时间，以任何理由，解决任何人。

此时的汪直内有皇帝的宠信，外有西厂的爪牙，在很多人看来，他已经是一位不折不扣的成功太监。

可是汪直并不这样认为:

成功？我才刚上路哎。

他没有满足于目前的业绩，谦虚地认为还需要不断地进步，为了更好地确定自

参考消息 **覃力鹏的把柄**

覃力鹏被汪直抓到的把柄，其实还真的是论斩的罪：一为贩卖私盐，一为杀死朝廷命官。一次进京朝贡后，覃力鹏以百艘船载私盐，还沿途骚扰官民。船队路过武城县时，遭到了当地典史的盘问。覃力鹏当即火气骤增，大打出手，结果一人被杀死，还有一人掉了牙。但让汪直失望的是，尽管此案已经牵扯到了明朝视为根本的盐运，覃力鹏竟然毫发未伤，只是挨了区区几句斥责就过关了。虽没有达到预期效果，但汪直却因此意外得了个惩奸的美名。

己的权威，他决定寻找第二个重点打击的目标。不久后，他找到了。

这次被盯上的人叫做杨晔。他本人虽然只是个小官，名气不大，却也不是等闲之辈，他的曾祖父就是大名鼎鼎的“三杨”中的杨荣。由于在家惹了麻烦，他和他的父亲杨泰一同来到京城暂住。

对汪直来说，这是一个绝好的机会，这一次，他准备大干一场。

当然，他不会想到，这件事情最终也解决了他自己。

汪直派人逮捕了杨晔和他的父亲杨泰，关进了大牢。

在牢里,汪直耍起了流氓。他下达命令,给杨晔表演了东厂乐队的拿手节目“弹琵琶”。

所谓“弹琵琶”，并不是演奏音乐，而是一种独特的行为艺术。具体说来，就是用利刃去剃人的肋骨，据说行刑之时痛苦万分，足可以让你后悔生出来。这一招当年开国时老朱也没想出来，是东厂的独立发明创造。

可怜杨晔先生，足足被弹了三次，体力不支，竟然就死在了监狱里。

汪直却并不肯善罢甘休，一定要把事情做绝，他接着安插罪名，判处杨晔的父亲杨泰死刑，斩首。

此时的西厂也已经嚣张到了顶点，比如杨晔的叔父杨仕伟，时任兵部主事（正处级），西厂没有办理任何法律手续，逮捕证也没一张，就跑到他家里去抓人，半夜三更，搞得鸡飞狗跳。住在旁边的翰林侍讲陈音听见动静，十分恼火，拿出官老爷的派头，隔着墙大喝一声：

“你们这样胡作非为，不怕王法吗？！”

可对面的西厂特务倒颇有点幽默感，也隔墙答了一句：

“你又是什么人，不怕西厂吗？！”

事情闹大了，汪直却满不在乎，毕竟杨晔本人也不是什么了不得的人物，可后来事情的发展彻底打破了他的幻想。

他没有想到，虽然杨荣已经死去多年，但威信很高，是文官集团的楷模，他的子孙出了事，大臣们怎肯甘休！

第一个做出反应的是内阁首辅商辂，他派人查明了杨晔的冤情，召集内阁开会，痛斥汪直的罪行，并写了一封奏折给朱见深，要求废除西厂，罢免汪直，其中有一

句非常厉害的话:

“不驱逐汪直，天下迟早大乱！”

朱见深发怒了，他虽然脾气温和，看到这句话也气得不行，大叫道:

“用一个太监，也会天下大乱吗？！”

他十分激动，立刻叫来身边的人，传达了他的口谕:

“让商辂明白回话，到底是谁指使他的！主谋是谁！”

朱见深很少发火，但发起火来绝不善罢甘休，按照常理，商辂要吃大苦头了。

但他这次的运气实在不错，因为奉命传旨的人，是司礼太监怀恩。

怀恩，山东人，本姓戴，宣德年间，因父亲涉罪抄家，他被逼入宫成为宦官，改名怀恩，历经三朝，最终成为了手握重权的司礼太监。

这是一个十分关键的人物，正是他多次挽救了时局，并在最后时刻力挽狂澜，将朱祐樘送上了皇位。

怀恩奉旨出发了，他刚刚领教了朱见深的怒火，却没有想到，在内阁等待着他的，是另一个更为愤怒的人。

怀恩来到内阁，刚好商辂、刘吉、万安等人都在，他便二话不说，传达了朱见深的口谕:

“奏折是谁写的，何人指使？！”

这是两句十分严厉的问话，说明皇帝生气了，后果很严重，可商辂却出乎所有人的意料，他不但没有丝毫畏惧，反而拍案而起，大声说道:

“奏折是我写的，也是我主使的，那又如何！你就这样回复皇上好了！

“汪直不过是个太监，竟然敢私自关押处死朝廷官员，擅自调动边关将领和内

参考消息 **内臣典范：怀恩**

朱见深小时候因为长期生活在密闭空间，语言上的协调能力一直不大好，说穿了就是磕巴、口吃，所以跟别人交流总是有困难。周太后派从小伺候在身边的怀恩做了他的贴身太监。怀恩也不负重托，朱见深宠信奸佞，常常误伤好人，他就屡次冒死救了被诬陷的朝官。因为他在内臣中很有声望，辈分又高，连梁芳等也避忌三分。朱祐樘即位后，他被召回京中，更加忠心地辅佐孝宗，遂成就了一代中兴明君。

官人员，让他这样放肆下去，天下必定大乱！不除汪直，王法何在！”

商辂这一激动，内阁的全体成员也跟着激动起来，你一言我一语大有闹事的苗头。

关键时刻，怀恩保持了镇定，他安抚了商辂等人，即刻紧急回复朱见深，转述了商辂的回复，希望朱见深认真考虑。

听完了怀恩的汇报，朱见深感到了一丝恐惧，他意识到，商辂是对的，汪直已经成为了一个有威胁的人，必须采取行动了。

不久之后，朱见深下谕，罢免了西厂，将汪直逐回御马监。

对于内阁来说，这是一次了不起的胜利，商辂等人弹冠相庆，高兴万分。

但与此同时，御马监太监汪直却并不沮丧，因为他十分清楚，软弱的朱见深不会坚持多久，他仍然需要自己，不久之后，他就能回到原来的位置。

◆ 汪直的疏忽

汪直是对的。

对于朱见深而言，正确还是错误、忠臣或是奸臣，都并不是那么重要，童年时候的经历给朱见深打下了深刻的烙印——过得舒舒服服就好。

所以他需要的并不是在背上刻字的武将，也不是在朝廷上骂人的文官，他只喜欢一种人——听话的人。

汪直是一个听话的人，不但老老实实地伺候朱见深，还能够提供各种娱乐服务，这样的人上级自然不会让他闲太久。

于是不久之后，西厂重新开张，汪直也成了新任厂长。

汪直又一次达到了他太监生涯的顶峰。

然而不久之后，他就犯了一个错误，一个他的先辈曾经犯过的错误。

和王振一样，汪直也有着一个横刀立马的梦想。

既然是个太监，就应该踏踏实实地干好这份有前途的工作，可汪直先生偏偏要出风头，但问题是当时边界比较平静，为了达到自己的目的，汪直贯彻了新的边防方针：人不犯我，我也犯人。

事实证明，汪直确实是一个不折不扣的孬种，他所谓的进攻不过是杀掉人家进贡使者，或是趁人家大人不在家的时候去骚扰一下老少妇孺。等人家来报复了，他又成了和平主义者，一溜烟地就逃了。可经过他这么三下两下胡搞，鞑靼和辽东各部落真的被惹火了，不断地到明朝边界找麻烦。

朱见深纳闷了，原本平安无事的边境突然四处传来战报，他没有相信汪直的鬼话，而是自己派人出去打听，这才发现原来所有的事情都是汪直惹出来的，这下他火大了。

朱见深同志要求不高，只想老婆孩子热炕头，过两天安逸日子，没事研究一下金丹、春药之类的化学制造，可是汪直偏偏不让他消停，他开始对汪直不满了。

这种情绪很快被两个人察觉到了，他们决定利用这个机会把汪直彻底打垮。这两个人一个是李孜省，另一个是尚铭。

他们两个人决定抛弃以往的成见，精诚合作，尚铭寻找汪直的罪证，而李孜省则串通万安上书告状，双方各司其职，准备着最后的攻击。

成化十七年（1481），机会来了。

这一年，鞑靼部落开始进攻边境，朱见深接到消息十分不满，立刻找汪直进见，直截了当地对他说：

“你自己惹出的麻烦，自己去解决！”

汪直大气也不敢喘就连夜去了宣府，可当他到达那里的时候，人家已经抢完东西走了。汪直便急忙向皇帝打报告，说这边已经完事了，我准备回去。

朱见深同志回复：

那里非常需要你，多待几天吧。

尚铭和李孜省敏锐地感觉到，汪直快要完了，他们立刻按照计划发动了最后攻势。一时之间，弹劾满天飞，原本的优秀太监、先进模范突然变成了卑鄙小人、后进典型。朱见深立刻下令，关闭西厂，将汪直贬为南京御马监。

出来时还风光无限的汪直灰溜溜地去了南京，沿途风餐露宿，以往笑脸相迎的地方官们此时早已不见了踪影。汪直已经没有别的野心，只希望能够安心到南京做个太监。

汪直的宦官生涯

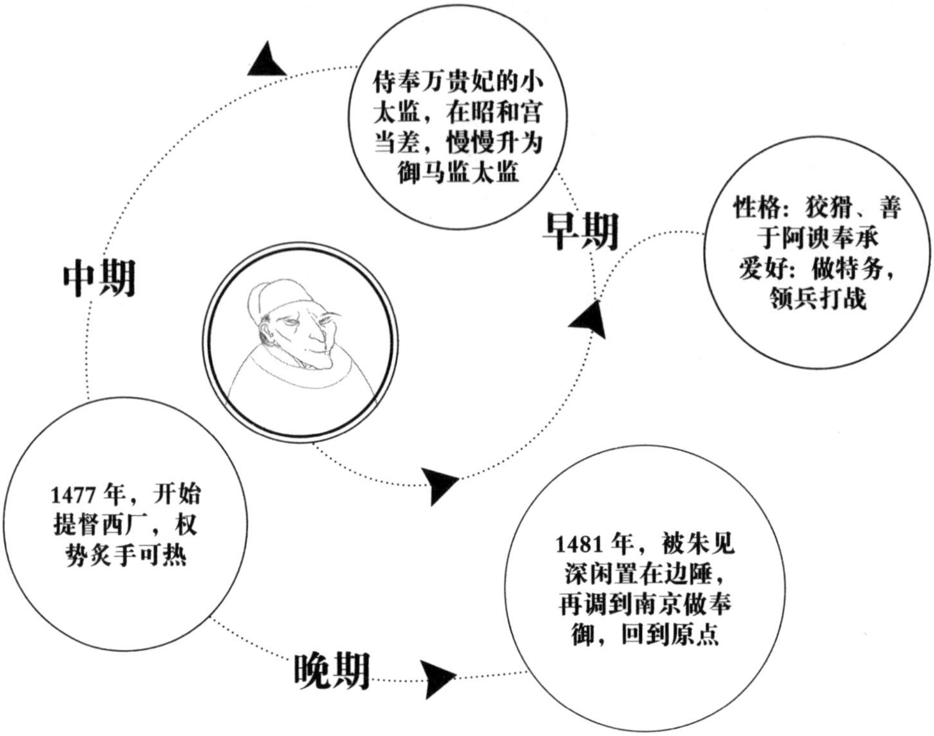

侍奉万贵妃的小太监，在昭和宫当差，慢慢升为御马监太监

早期

性格：狡猾、善于阿谀奉承
爱好：做特务，领兵打战

中期

1477 年，开始提督西厂，权势炙手可热

晚期

1481 年，被朱见深闲置在边陲，再调到南京做奉御，回到原点

可是我国向来都有痛打落水狗的习惯，尚铭还嫌他不够惨，又告了一状，这下子汪直的南京御马监也做不成了，只能当一个小小的奉御，他又操起了当年刚进宫时候打扫卫生的工具，在上级太监的欺压下，干起了杂务。

成化初年进京成为奉御，成化十九年又被免为奉御，十余年从默默无闻到权倾天下再到打回原形，一切如同梦幻一般。

《明史》没有记载汪直这位风云人物的死亡年份，这充分说明，此人已经不值一提。

汪直的离去，最为高兴的自然是尚铭了，东西监派终于可以统一了。可他没有想到，下一个倒霉的人就轮到自己了。

要说仙派掌门李孜省也实在不够朋友，当年弹劾汪直的时候，他就给尚铭准备了另外一份备用本，没等过河，他已经准备拆桥了。

很快言官们就把矛头对准了尚铭，纷纷上书弹劾他的罪行，于是尚铭掌门终于也被盟主大人废了武功——去明孝陵扫地。

仙派和后派打倒了显赫一时的监派，成为了武林的主宰。当然了，这两派也不是啥好东西，江湖还是那个江湖，但就在一片黑暗之中，光明的种子开始萌芽。

说来可笑，亲自播下这种子的居然是李孜省，因为正是拜他所赐，尚铭和汪直才被赶走，从而使得另一个人登上了掌门之位，这个人就是司礼监怀恩。

怀恩敏锐地抓住了时机，安排自己的亲信陈准登上了东厂厂公的位置，全面掌握了监派的大权，小心地保护着光明的火种，等待着时机的到来。

◆ 坚持到底

我一直认为，好人和坏人是不能用职业以及读书多少来概括的，饱读诗书的大臣有很多坏人，而以文盲居多的太监里也有很多好人，郑和自不必说，而成化年间的怀恩也是其中的优秀代表。

他本来出生于官宦之家，衣食无忧，却飞来横祸，父亲罢官，家被抄，他自己被送进宫内，强行安排做了宦官。最缺德的是，皇帝陛下竟然还要他感激涕零，赐了个叫“怀恩”的名字。

在这样的境遇下成长起来的怀恩，如果尽干坏事，那实在是不稀奇的，可怪就怪在，这位仁兄却是个不折不扣的好人。

在鬼哭狼嚎、妖风阵阵的成化年间，他和商辂努力支撑着大局。但怀恩要比商辂聪明得多，他早就看出了这黑暗时局的真正始作俑者不是梁芳，不是李孜省，甚至也不是万贵妃，而是软弱的朱见深。

因为这乱七八糟的五派都是为皇帝服务的，春派给他提供化学药品，仙派为他求神拜佛，监派为他打探消息，后派照顾他的生活，混派拍他的马屁。只要朱见深还活着，这出丑剧将一直演下去。

所以当商辂心灰意冷、退休回家时，怀恩依然坚持了下来，因为此时的他已经找到了破解这片黑幕的唯一方法——朱祐樘。

他曾与后宫的人们一起保守过那个秘密，也经常去看望这个可怜的孩子。在张敏说出实情的时候，他主动站了出来，为此作证，他见证了朱祐樘的成长，并且坚信这个饱经苦难的少年一定能够成为他心目中的明君英主。

他最终没有失望。

但此时，上天似乎认为朱祐樘受的磨难还不够，于是，它为这个孩子安排了最后一次，也是最为致命的一次考验。

事情是由一次谈话开始的。

成化二十一年（1485），三月。

朱见深又一次来到后宫的内藏库查看他的私房钱。由于忙于炼丹等重要工作，他已经很久没有来过了，可当他打开库门时，眼前的景象让他大吃一惊。

他立刻下令:

“把梁芳叫来！”

梁芳来了，朱见深没有说话，只是让他自己往库门里看。

里面空空如也。

十余年之前，这里还曾堆满金银财宝，一个质朴的小姑娘在这里默默地工作。如今已经是人去楼空。

朱见深指着库房，冷冷地说道：这些都是你花的吧。

按说盟主发怒了，梁掌门就应该低头认罪了，可这位仁兄竟然回了一句:

“这些钱我可是拿去修宫殿祠堂，给皇上祈福了。”

花了钱还不认账，把皇帝当冤大头！

这下盟主大人火大了，气得满脸通红，可他憋了半天，却冒出了一句匪夷所思的话:

“我不管你，将来自然有人跟你算账！”

这句话大概类似现在小学生打架时候的常用语：你等着，我回家叫人来打你！

盟主混到这个份儿上，也真算是窝囊到了极点。

朱见深愤愤不平地走了，可是在梁芳的耳中，这句话的意思发生了变化:

“我管不了你，将来我的儿子会来对付你！”

好吧，既然这样，就先解决你的儿子。

梁芳明白，要想达到这个目的，必须得到一个人的帮助，于是他跑到后宫，找到了万贵妃。

自从十年前的那次失败之后，万贵妃已沉默了很久，但她对朱祐樘的仇恨却一点也没有消散，梁芳的建议又一次点燃了她复仇的火焰。更重要的是，她杀死了朱祐樘的母亲，一旦朱祐樘登基，她是不会有好下场的。

不能再等了，趁这个机会彻底打倒他吧，否则将来我们必定死无葬身之地！

这一年，她五十五岁，他三十八岁，朱祐樘十五岁。

虽然已经年过半百,万贵妃的枕头风依然风力强劲，在她的反复鼓吹下，朱见深终于下定了决心。

在做出决定的前夕，朱见深做出了一个关键的决定，他找到了怀恩，想找他商量一下执行问题。

“我想废掉太子，你看怎么做才好。”

跪在地上的怀恩听见了这句话，却没有说话，只是脱下了自己的帽子，向朱见深叩首。

朱见深等了很久，也没有回音。

“为什么不说话？”

“请陛下杀了我吧。”一个低沉的声音这样回复。

“为什么？”朱见深惊讶了。

“因为陛下的这道谕令，我不会遵从。”

“你不要命了吗？”朱见深愤怒了。

怀恩抬起头，大声说道:

“今日我若不为，陛下杀我，但我若为之，将来天下人皆要杀我！”

“是以虽万死，亦不为。”

朱见深惊呆了，这个平日恭恭敬敬的老太监竟然来了这么一手。他以更为凶狠的眼神盯着怀恩，却发现毫无效果，怀恩那平静的眼神没有丝毫的慌乱。

朱见深突然发现，虽然他是皇帝，主宰着千万人的生死，却战胜不了眼前的这个人。

一个人要是不怕死，也就没有什么可怕的了。

他万般无奈之下，只好对怀恩说：

“这里不用你了，回中都守灵吧！”

所谓中都，就是老朱的老家凤阳，当时已经比较荒凉了。怀恩丝毫不动声色，也没有求饶，只是磕了个头，谢恩之后飘然而去，只留下了无计可施的朱见深。

但是怀恩的执著并没有能够打动朱见深，在万贵妃的不断鼓吹下，他仍然决定废掉太子。

事情到了这个地步，也真算是无计可施了，朱祐樘先生唯一能做的也只能是对天大呼一句：

“天要亡我！”

没准他还真的喊过，因为不久之后，老天爷也看不下去了，进来掺和了一把。

成化二十一年，四月，泰山地震。

古代虽然没有地震局普及科学知识，但地震也算是司空见惯的常事了，没有啥稀奇的，可这次地震实在不一般。

要知道，这次地震的可是泰山，那是古代帝王封禅的地方，秦皇汉武才够资格上去，光武帝同志斗胆上去了一次，还被人骂了几句。朱元璋一穷二白打天下，天不怕地不怕的人，也没敢去干这项工作。用现在的话来说，这座山有着重要的政治意义。

朱见深有点慌，他立刻派人去算卦，看看到底哪里出了问题，结果那位算卦的鼓捣了半天，得出了一个结论：

“应在东宫。”

这意思就是，泰山之所以地震，是因为东宫不稳，老天爷发怒了。

朱见深一听这话，马上停止了他的行动，他还打算长生不老呢，老婆可以得罪，老天爷不能得罪。

就这样，朱祐樘在上天的帮助下，迈过了最后一道难关。

但此时的朝政之黑暗，已经伸手不见五指。朱见深虽不废太子，也不怎么管理朝政了，梁芳肆无忌惮地贪污受贿，李孜省肆无忌惮地安插亲信，混乱朝纲，万安则是肆无忌惮地混日子。

五大派失去了所有的管制，开始了任意妄为的疯狂，但这一切不过是黎明前的最后黑暗，因为光明即将到来。

成化二十三年（1487）春，朱见深终于遭受了他一生中的最大打击，万贵妃在后宫去世了。

这个陪伴了他三十八年的女人终于离开了，无论风吹雨打，她始终守护在这个人的旁边，看着他从两岁的孩童成长为四十岁的中年人，从未间断，也从未背叛。

“我会一直在你身边陪伴着你。”

整整三十八年，她履行了自己的诺言。

她并不是什么十恶不赦的坏人，只是嫉妒的火焰彻底地毁灭了她的理智，对她而言，朱见深已成为她生命中不可或缺的一部分，她不能容忍任何人把他抢走。

卑劣、残忍、恶毒不是她的本性，却是她必须付出的代价——为了她的爱情。

朱见深彻底崩溃了，几十年过去了，春药、仙丹早已毁坏了他的身体，万贵妃的死却更为致命地摧毁了他的精神，他登上了皇位，成为了统治帝国的皇帝，但他的心灵仍然属于三十多年前的那个孤独无助的孩子，需要她的照顾。

谢幕的时候终于到了，你虽然先走一步，但你不会寂寞太久的，很快我就会来陪伴你。几十年后宫的你争我夺，其实你并不明白，即使你没有孩子，也没有任何人可以取代你在我心中的地位。皇位和权势对我而言并不重要，我也不感兴趣，我所要的只是你的陪伴，仅此而已。

参考消息 **万贵妃暴薨**

万贵妃暴薨，实在是自己一手折腾出来的。自从朱祐樘的身世公开，万贵妃就为了扳倒太子开始违背自己的初衷，蓄意让宫人怀孕，以求众子争立，她可继续操控局面。结果，宫人接二连三地生下皇子的消息又反复折腾得自己不安稳。朱见深倒是依旧跟她鹣鲽情深，万贵妃去世之后，竟然不顾内廷外朝所有人的反对，将万贵妃以皇后级别的礼仪下葬，然后辍朝七日，从此便茶饭不思，直到最后郁郁寡欢而亡。

结束吧，让一切都回到事情的起点。在那个时候，那个地方，只有你和我。

成化二十三年八月，朱见深病倒，十日后，不治而亡，年四十一。

朱见深是一个奇特的皇帝，在他统治下的帝国妖邪横行，昏暗无比，但他本人却并不残忍，也不昏庸，恰恰相反，他性格温和，能够明白事理，辨别忠奸。出现如此怪状，只因为他有着一个致命的缺点：软弱。

他不处罚贪污他钱财的小人，也不责骂痛斥他的大臣，因为他畏惧权力，畏惧惩罚，畏惧所有的一切，归根结底，他只是一个想安安静静过日子的人。

他应该做一个老老实实的农夫，或者是本分的小生意人，被迫选择皇帝这个职业，对他来说，实在是一个不折不扣的悲剧。

朱见深不是一个好皇帝，也不是一个好人，他是一个懦弱的人，仅此而已。

朱高炽大事记

年份	年龄	事件
1378 洪武十一岁	1 岁	出生，为朱棣长子
1395 洪武二十八年	18 岁	被册封为燕世子
1399 建文元年	22 岁	靖难之役中，主持北平保卫战
1404 永乐二年	27 岁	被立为太子
1414 永乐十二年	37 岁	朱棣北征回师，朱高炽遣使迎驾稍迟，朱棣一怒之下，将东宫官属全部逮捕下狱
1424 永乐二十二年	47 岁	即皇帝位，以次年为洪熙元年 下诏赦免建文帝的旧臣，及遭连坐充军戍边和沦为家奴的官员家属
1425 洪熙元年	48 岁	拟将首都迁回南京，后因去世未果 于钦安殿去世，葬入明十三陵中的献陵

朱瞻基大事记

年份	年龄	事件
1399 建文元年	1 岁	出生，为朱高炽长子
1410 永乐八年	12 岁	朱棣北征沙漠，以皇长孙身份留守北京，与监国南京的父亲朱高炽临时处理一般政务
1414 永乐十二年	16 岁	随朱棣北征蒙古，参加忽兰忽失温大战

年份	年号	年龄	事件
1424	永乐二十二年	26 岁	父朱高炽即位，被立为太子
1425	洪熙元年	27 岁	即皇帝位，以次年为宣德元年
1426	宣德元年	28 岁	八月，亲征讨伐朱高煦叛乱 设置“内书堂”，教导宦官们读书
1427	宣德二年	29 岁	决定从交趾撤兵，撤销交趾布政使司
1428	宣德三年	30 岁	立长子朱祁镇为太子，废胡皇后，立孙贵妃为皇后
1429	宣德四年	31 岁	处死朱高煦，其诸子皆被处死
1430	宣德五年	32 岁	以外番多不来朝贡为由，命郑和再次出航 派于谦、周忱等六人分抚南北直隶等处，从此各省专设巡抚渐成制度
1435	宣德十年	37 岁	于乾清宫去世，葬入明十三陵中的景陵。遗诏：国家重务请示皇太后

朱祁镇大事记

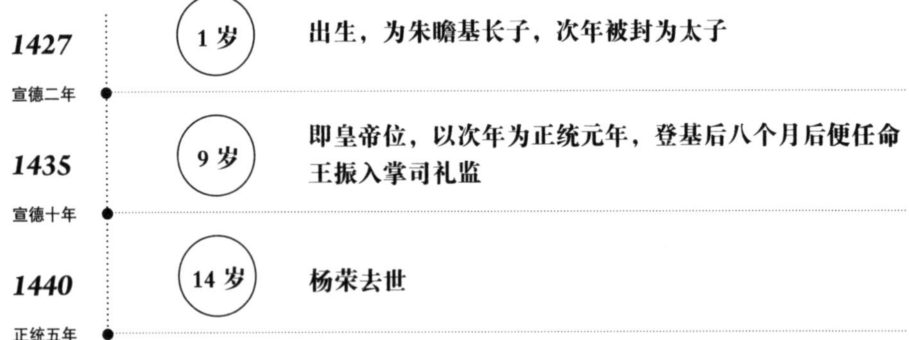

年份	年号	年龄	事件
1427	宣德二年	1 岁	出生，为朱瞻基长子，次年被封为太子
1435	宣德十年	9 岁	即皇帝位，以次年为正统元年，登基后八个月后便任命王振入掌司礼监
1440	正统五年	14 岁	杨荣去世

年份	年龄	事件
1442 正统七年	16 岁	太皇太后张氏去世，自此王振擅权更无顾忌
1444 正统九年	18 岁	杨士奇去世
1446 正统十一年	20 岁	杨溥去世
1449 正统十四年	23 岁	亲征蒙古，酿成土木之变。弟朱祁钰即位，尊朱祁镇为太上皇
1450 景泰元年	24 岁	自瓦剌回国后，被软禁于南宫
1457 天顺元年	31 岁	正月，“夺门之变”发生，改景泰八年为天顺元年 二月，废朱祁钰为郕王，迁至西内 三月，复立朱见深为太子 十月，赐王振祭葬，并为之立祠纪念
1459 天顺四年	33 岁	石亨、石彪谋反被诛
1461 天顺五年	35 岁	曹吉祥造反被诛
1463 天顺七年	37 岁	废除殉葬制度
1464 天顺八年	38 岁	正月去世，葬入明十三陵中的裕陵

朱祁钰大事记

年份	年号	年龄	事件
1428	宣德三年	1 岁	出生，为朱瞻基次子
1435	宣德十年	8 岁	兄朱祁镇即位后，被封为郕王
1449	正统十四年	22 岁	即皇帝位，以次年为景泰元年 用于谦为兵部尚书，粉碎了瓦剌对北京的进攻
1450	景泰元年	23 岁	朱祁镇回国，软禁其于南宫
1452	景泰三年	25 岁	废朱见深的太子之位，改立自己儿子朱见济为太子，朱见济在次年去世 废皇后汪氏，立太子朱见济的生母杭氏为皇后
1455	景泰六年	28 岁	听从太监高平建议，砍去南宫的树木，以防范朱祁镇
1457	景泰八年	30 岁	朱祁镇复辟，被降为郕王，软禁于西苑。一个多月后去世，死因不明

朱见深大事记

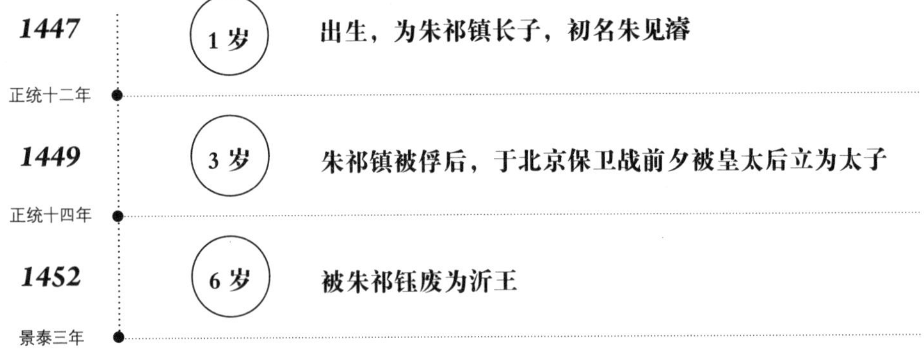

年份	年龄	事件
1457 天顺元年	11岁	英宗复辟，又被立为太子，改名朱见深
1464 天顺八年	18岁	正月，朱祁镇病故，即皇帝位，以次年为成化元年 七月，立吴氏为皇后 八月，废皇后吴氏 十月，立王氏为皇后
1465 成化元年	19岁	平反于谦冤案 命韩雍平叛广西大藤峡起义
1466 成化二年	20岁	正月，万妃生皇长子。十一月，皇长子夭折
1469 成化五年	23岁	皇子朱祐极出生
1470 成化六年	24岁	皇子朱祐樘生于西内
1471 成化七年	25岁	立朱祐极为太子，朱祐极在次年去世
1475 成化十一年	29岁	五月，皇了朱祐樘及生母纪氏回宫 六月，朱祐樘生母淑妃纪氏暴卒 十一月，立朱祐樘为太子 十二月，恢复郕王朱祁钰帝号
1477 成化十三年	31岁	设西厂，用汪直为提督，其权力超过东厂
1482 成化十八年	36岁	因群臣屡上谏言，罢废西厂
1487 成化二十三年	41岁	正月，万贵妃去世，八月，因过于悲痛而去世，葬于明十三陵中的茂陵

图书在版编目（CIP）数据

明朝那些事儿．第3部／当年明月著．—北京：北京联合出版公司，2017.5（2023.1重印）

ISBN 978-7-5596-0157-5

Ⅰ．①明… Ⅱ．①当… Ⅲ．①中国历史- 明代- 通俗读物 Ⅳ．① K248.09

中国版本图书馆 CIP 数据核字（2017）第 079359 号

明朝那些事儿 第3部

作　　者：当年明月

出 品 人：赵红仕

责任编辑：李　征

特约监制：何　寅

产品经理：夜　莺

特约编辑：刘晨楚

插画制作：李宝剑

地图制作：王晓明

内文设计：typo_design

封面设计：魏　魏

北京联合出版公司出版

（北京市西城区德外大街 83 号楼 9 层 100088）

三河市冀华印务有限公司印刷　新华书店经销

字数 280 千字　710 毫米 ×1000 毫米　1/16　19 印张

2017 年 5 月第 1 版　2023 年 1 月第 23 次印刷

ISBN 978-7-5596-0157-5

定价：45.00 元